Die 100 schönsten Landgasthöfe in Deutschland

Christine Gräfin von der Pahlen

Die 100 schönsten Landgasthöfe in Deutschland

NAUMANN & GÖBEL

DIE 100 SCHÖNSTEN LANDGASTHÖFE IN DEUTSCHLAND

Die Kartenausschnitte wurden dem Pilot Autoatlas Deutschland/Europa
(© Naumann & Göbel Verlagsgesellschaft mbH, Köln) entnommen.
Kartographie: Kartographisches Institut und Verlag G. Nabert, Frankfurt/M.
Redaktion: Astrid Leibisch
Gestaltung: Assenmacher Design, Köln
Gesamtherstellung: Naumann & Göbel Verlagsgesellschaft mbH, Köln

ISBN 3-625-10719-8

Bei der Recherche zu diesem Buch hat der Verlag mit großer Sorgfalt auf die Aktualität und Richtigkeit der Texte und der Kartenausschnitte zum Zeitpunkt der Drucklegung geachtet. Dennoch können wir keine Verantwortung für etwaige Fehler, Mängel oder bei Redaktionsschluß noch nicht bekannte Änderungen, wie Besitzerwechsel in einem Gasthof, übernehmen.

Vorwort

Schmucke Schwarzwaldhäuser, rustikale bayrische Höfe mit roten Geranien auf den Balkonen, reetgedeckte Holsteiner Bauernhöfe, liebevoll restaurierte Fachwerkhäuser, ehemalige Poststationen, umgebaute Wassermühlen und noch vieles mehr verbirgt sich hinter dem Begriff „Landgasthof". Doch das ist noch längst nicht alles. Landgasthof, das bedeutet auch gute deutsche Küche mit schmackhaften Braten, deftigen Brotzeiten, köstlichen Fischgerichten, selbstgebackenen Kuchen und Torten, guten Weinen und Bier aus der eigenen Brauerei. Häufig findet man ebenfalls raffinierte internationale Spezialitäten oder veredelte regionale Speisen. Der gute Service – verbunden mit einer herzlichen, oftmals familiären Atmosphäre – läßt einen Landgasthofaufenthalt zu einem unvergeßlichen Erlebnis werden. Ob behagliche Winterabende vor dem Kaminfeuer oder fröhliches, sommerliches Treiben im Biergarten – jeder kommt auf seine Kosten, zumal alle Höfe landschaftlich schön gelegen sind, sei es in freier Natur, in dörflicher Umgebung oder in der ländlichen Peripherie von Städten.

Man hat die Wahl zwischen den unterschiedlichsten Landgasthöfen. Da gibt es ganz schlichte Wirtshäuser wie das der Familie Gröbmeyer in Netterndorf bei Glonn, mit Hühnern im Stall und eigener Metzgerei, oder das versteckte „Haus am See" in Lindow in der Ruppiner Schweiz, wo man am Gudelacksee die Angel ins Wasser hält und im Sinne Theodor Fontanes die Zeit vergißt. Da gibt es Schwarzwaldgasthöfe wie das „Rößle" in Todtmoos, wo man seine heißgelaufenen Wanderschuhe vor die Tür stellt und beim ersten Viertele mit hausgeräuchertem Speck ganz einfach die Augen schließt. Und da gibt es die Reetgedeckten im hohen Norden, wo man nach reichlich Aal und Grünkohl beweisen muß, daß man auch trinkfest ist. Und natürlich nicht zu vergessen das Land der Bayern, in dem es mehr Gasthöfe als Maibäume gibt und unter ihnen einige, in denen sich alle Träume von einem idealen Gasthaus erfüllen, wie zum Beispiel der Gasthof „Aying", wo der Schweinsbraten aus der eigenen Schlachtung, die Forelle aus dem eigenen Bassin und das Bier aus der eigenen Brauerei stammen.

Unter den vielen wunderschönen Landgasthöfen in Deutschland die 100 schönsten auszuwählen, war eine überaus schwierige Aufgabe. Sicherlich lassen sich bei solch einer problematischen Auswahl auch Aspekte des persönlichen Geschmacks und eigene Vorlieben nicht ganz in den Hintergrund stellen. Dennoch galten beim Abwägen und beim Vergleich, kurzum bei dem Bemühen, eine möglichst objektive Auswahl zu treffen, einige grundlegende Kriterien. Ganz gleich ob es sich um ein einfaches Haus oder um einen Edelgasthof handelte, wurden folgende Maßstäbe angelegt: Einbindung in regionale Tradition, gute gepflegte Küche, liebenswürdiger Umgang mit den Gästen, vor allem aber ein angenehmes ländliches Ambiente.

Abschließend noch ein Wort zur äußeren Form: Wir haben uns entschlossen, in bezug auf Essen und Trinken keine Preise zu nennen, weil diese sich viel zu schnell ändern können. Die Zimmerpreise sind in drei Kategorien eingeteilt: in die einfache Kategorie von 45 bis 90 DM, die mittlere Kategorie von 90 bis 150 DM und die gehobene Kategorie von 150 bis 280 DM. Dieser Grundpreis bezieht sich immer auf den niedrigsten Preis für ein Doppelzimmer mit Frühstück.

Inhalt

Schwarzwald, Schwabenland und Bodensee

München und das Voralpenland

Oberbayern und der Chiemgau

Alte Friesenstube

Lange bevor es den Ort Westerland gab und lange bevor die Friesen-Insel zur In-Insel wurde, existierte eine Straße namens Gaadt. Wo heute der südliche Teil Westerlands zu finden ist, lagen vor über 300 Jahren allein ein paar bescheidene Katen links und rechts von der Straße, die eigentlich nur ein schmaler Weg war. Neben dem Pastorenhaus befand sich ein noch älteres Gebäude aus dem Jahre 1648. Dieses wohl älteste Haus der Insel ist die heutige „Friesenstube" mit ihren aus Lehm und Muschelkalk gemauerten Wänden. Sylt war damals viel größer als heute, die Menschen ernährten sich von der Landwirtschaft und kämpften regelmäßig mit der stürmischen, unberechenbaren Nordsee.

Die schlimmste Sturmflut, die jemals die norddeutsche Küste erreichte, gab es im Januar 1362. 100 000 Menschen starben, die Nordfriesischen Inseln wurden für alle Zeiten auseinandergerissen. Damit begann auch der schleichende Untergang des westlichen Teils von Sylt – seinen endgültigen Verlust besiegelte die Buchardiflut im Oktober 1634, der allein in Nordfriesland mehr als 8000 Menschen und rund 50 000 Stück Vieh zum Opfer fielen. Wie üblich versuchten die Betroffenen, soviel wie möglich von dem wertvollen Baumaterial zu retten, um es an anderer Stelle wieder zu verwenden. Mit einem Teil der Steine, die man aus der versinkenden Eidum-Kirche gerettet hatte, wurden auch die Grund-

mauern für die „Friesenstube" gelegt.

Unter dem tiefgezogenen Reetdach dieses Hauses lebten viele Generationen der Seefahrerfamilie Matzen. Ihre stolzen Kapitäne umsegelten die ganze Welt, während sich die Daheimgebliebenen um die Landwirtschaft kümmerten. Dies blieb so bis zum Jahre 1919, als Claas Matzen nach dem Tod seiner Frau Haus und Land verkaufte. Der übernächste Besitzer war der deutsche Konsul in Manchester, der das Haus mit seiner Familie als Feriendomizil benutzte. Er begann mit den ersten Umbauten, und nach ihm kamen noch viele andere, die neue Pläne für das Haus machten. Dennoch war es in seinen Grundmauern in etwa unverändert, als Paul Peters es 1950 kaufte und fünf Jahre später eine Gaststätte daraus machte. Dabei bleib es für 20 Jahre – doch danach schien das älteste Haus in Westerland langsam zu verfallen.

Als Retter in letzter Minute kamen wieder neue Besitzer, die Geschwister Schacht. Sie trugen alles zusammen, was erhaltenswert erschien, auch die alten Kacheln und die Planken der gestrandeten Schiffe, die jahrelang als Deckenbalken gedient hatten.

1980, als Westerland sein 125jähriges Jubiläum als Bad beging, hatten auch die Geschwister Schacht allen Grund zu feiern: Aus dem halbverfallenen Friesenhaus war ein wunderschönes Gasthaus geworden. Tradition verpflichtet auch in bezug auf Essen und Trinken, sagten sich die Schachts und setzten neuen Ehrgeiz daran, alte norddeutsche und speziell Sylter Rezepte zusammenzustellen. Wer kein Ohr für das Plattdeutsche hat, dürfte sich schwer tun, den Geheimnissen der „Speeskort" auf die Spur zu kommen, die Ragna Schacht und Küchenchef Bernhard Zickeli mit viel Liebe zusammengestellt haben. Doch je mehr man versteht, desto mehr läuft einem das Wasser im Mund zusammen. Zu den absoluten Leckerbissen auf der handgeschriebenen Liste gehören: „Matjes, unerscheedlich torecht maakt mit Swattbrot", „Grönkohl mit Kasseler, Kaakwurst im Swinsbacke, dorto Kantüffeln ut de Pann" oder „Nordfressche Pannfisch, as det Wurt all seggt, ünnerscheedliche Fisch un Kantüffeln schmort in de Pann, mit Sempstippe im Salaat dat smeckt nach Meer!"

Juniorchef Nicolaus Schacht, der inzwischen die Führung übernommen hat, ist nicht nur mit den alten Rezepten vertraut, sondern selbstverständlich auch mit dem plattdeutschen Dialekt seiner schönen Heimat.

Betriebsferien: Restaurant: die ersten 2 Wochen im Dezember und der ganze Januar	Ruhetag
Hauptsaison: Montag Ruhetag Nebensaison: Sonntag und Montag Ruhetag	
Ostern bis Ende Oktober geöffnet sowie Weihnachten und Neujahr täglich ab 18 Uhr	
spezialisiert auf Sylter und alte norddeutsche Rezepte	
Kreditkarten werden nicht akzeptiert	
Strand in der Nähe	
Parkplatz vorhanden	
Hunde gestattet	

„Alte Friesenstube"
Gaadt 4
2280 Westerland
Telefon 0 46 51-12 28

Dat Swarte Peerd

Auf halbem Weg zwischen Husum und Sylt hat man etwas Mühe, das abgelegene Gasthaus „Dat Swarte Peerd" im nordfriesischen Ockholm-Bongsiel zu finden. Wer nach dem Weg fragen muß, wird gleichzeitig die Erfahrung machen, daß Hanni Thamsens Lokal mehr als einen Namen hat. Freunde sagen ganz einfach „Bi Hanni", andere Einheimische kennen es unter „Thamsen's Gasthof", und in dem Hausprospekt nennt es sich sogar „Gaststätte Bongsiel". Doch wie man es auch nennt und wieviele Umwege man macht – der Weg lohnt sich in jedem Fall und ganz besonders, wenn man Aalspezialitäten liebt. Noch etwas: Hanni ist nicht, wie man vielleicht meinen könnte, eine Frau, sondern es handelt sich hierbei vielmehr um den urigen Wirt Johannes Thamsen, der mit seinen Gästen einen rauhen, aber herzlichen Umgangston pflegt. Manch einer hat sich schon gewundert, in der Einsamkeit der westholsteinischen Küstenlandschaft, an den Wänden des anspruchslosen, schlichten Gasthofs, eine kleine, aber für den Kenner bedeutende Kunstsammlung vorzufinden. Wie Hanni bestätigt, hat dies mit der Geschichte des Gasthofes zu tun und natürlich auch mit der Tatsache, daß berühmte Maler wie Emil Nolde in dieser Landschaft gelebt haben.

Es fing damit an, daß die örtliche Sielverwaltung dem Schleusenwärter Lauritz Thamsen, Hannis Großvater, am Bongsieler Kanal ein Häuschen baute. Um zu zeigen, daß man mit seiner Arbeit zufrieden war, erlaubte man ihm schon nach kurzer Zeit, in dem Diensthaus auch noch eine kleine Wirtschaft zu betreiben. Daß man den einfachen Mann später als Kunstmäzen bezeichnete, hängt mit den vielen Malern und Schreibern zusammen, die bei ihm ein- und ausgingen und – wie es zu jener Zeit, als Bilder noch zu normalen Preisen gehandelt wurden, üblich war – statt mit Geld mit Kunst ihre Rechnungen beglichen. So kommt es, daß gleich neben der Theke ein Nolde-Holzschnitt mit persönlicher Widmung hängt.

Seit Anfang der sechziger Jahre haben Hanni und seine Frau Elsbe das Erbe des Großvaters angetreten. Obwohl Hanni keine Hotelfachschule absolviert hat und auch keine Gelegenheit hatte, wie man so schön sagt, einem berühmten Kollegen beim Kochen über die Schulter zu gucken, sind die Gäste hochzufrieden mit dem, was aus der Küche kommt. Hanni stellt sich einfach an den Herd und haut den Fisch auf die gleiche Art in die Pfanne wie sein legendärer Großvater. Wie man sieht mit Erfolg, sonst würden nicht Namen wie der von Helmut Schmidt und Prinz Philipp im Gästebuch stehen. Sie alle haben es sich in dem kleinen Schankraum mit den schönen alten Kacheln und den 150 Originalen mehr oder weniger bekannter Meister an den Wänden gemütlich gemacht und die klassische Reihenfolge eingehalten: zuerst eine Bongsieler Aal-

suppe, danach eine gemischte Fischpfanne, dazu ein eisgekühltes friesisches Pils, zwischendurch einen skandinavischen Aquavit und hinterher ein kräftiger Magenbitter.

Für ein entsprechendes Freizeitprogramm im „Land des Schimmelreiters" gibt Hanni Thamsen folgende Tips: wandern gegen den Wind, radfahren ohne Abgase, angeln, wo Fische noch nicht in Aquarien gehalten werden, sehen, wo Emil Nolde lebte und sitzen, wo Theodor Storm schon saß.

Betriebsferien von Anfang Januar bis Mitte Februar	Ruhetag
im Winter Dienstag Ruhetag, im Sommer Dienstag ab 17 Uhr geöffnet	
12 Doppelzimmer, ein Ferienhaus	
Kategorie: einfach	
Kreditkarten werden nicht akzeptiert	
Garten, Liegewiese, Angeln	
Parkplatz vorhanden	
Hunde gestattet	

„Dat Swarte Peerd"
Familie Thamsen
2255 Ockholm-Bongsiel
Telefon 0 46 74-14 45

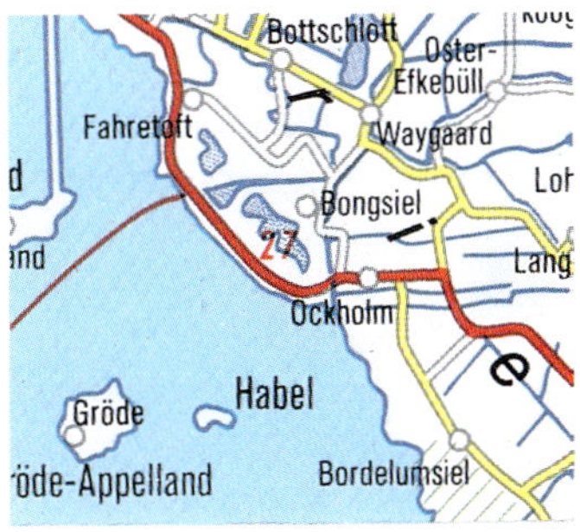

Historischer Krug

Auf dem Weg nach Norden liegt ein Gasthaus, das sich kurioserweise zur Kette der dänischen „Krüge" zählen darf. Denn: Als die dänischen Könige Ende des 12. Jahrhunderts damit anfingen, an Handelsstraßen und Schiffsanlegestellen Gasthöfe einzurichten, um den Handelstreibenden das Reisen zu erleichtern, gehörte der kleine Ort in Schleswig-Holstein noch zu Dänemark. Die Privilegien der „Krug"-Wirte lauteten wie folgt: Der Wirt durfte Bier brauen, Brot backen und Schnaps brennen und an Durchreisende verkaufen. Er konnte mit dem Tod bestraft werden, falls er einem Gast die Unterkunft verweigerte. Soldaten mußte er allerdings nur dann einquartieren, wenn sie in Begleitung des Königs waren.

In Dänemark gibt es von diesen Krügen heute noch mehr als 100 – in Deutschland nur den „Historischen Krug" in Oeversee. Seinen Namen verdankt er der Schlacht bei Oeversee, in deren Verlauf sich bei Eis und Schnee Dänen, Preußen und als deren Verbündete Österreicher gegenseitig die Köpfe einschlugen. Im Gasthof wurden nicht nur Verwundete verpflegt, sondern im Jahre 1864 in seiner Nähe auch 70 Gefallene begraben.

Die „kriegerische" Vergangenheit des „Kruges" bestätigen heute noch Waffen, Helme und Schlachtszenen an den Wänden. Ansonsten geht es inzwischen sehr friedlich zu.

Mehr als 300 Jahre diente der Gasthof später als Poststation, was sich heute noch an seiner äußeren Einteilung erkennen läßt. Der langgezogene Bau mit dem hohen Reetdach hat vorne eine breite Einfahrt, die früher von den Kutschen befahren wurde. Erst wurden die Pferde ver-

sorgt, dann der Kutscher verköstigt und zum Schluß fuhr man hinten wieder zum Haus hinaus. Damals wie heute war das Haus weiß gestrichen, und seine Fenster waren mit dem landesüblichen Blau eingefaßt.

Hinter der gediegenen norddeutschen Fassade geht es weniger schlicht zu. Die „Krug"-Köche eifern – was die Kochkunst betrifft – ihren großen Vorbildern nach und werden nicht müde, mit allem, was die regionale Küche an Grundprodukten bietet, zu spielen und zu experimentieren.

Durch die jahrhundertelange Geschichte war der Blick grundsätzlich nach Norden gerichtet. Mit anderen Worten: Dem kalten Klima entsprechend gab es viel Fettes, Schweres und Mehliges. Alle Lebensmittel kamen aus Wald, Feld und den Gewässern der nächsten Umgebung. Getreu dem Wunsch „Laat Di dat bi uns smecken" kommen auch heute noch Scholle, Grünkohl, Katenschinken und dicke Bohnen mit Speck auf den Tisch – von der Zubereitung her allerdings wesentlich leichter bekömmlich. Die verfeinerte Form läßt sich auch am allseits beliebten Schleswig-Holstein-Menü feststellen: hausgebeizter Lachs mit zarter Senf-Dillsauce; Fasanenessenz; Seezungenröllchen mit Krabben, Spargel und Champignons in Hummersauce; Filetsteak mit Gänseleber und Gemüse; Eis mit Früchten aus dem Rumtopf.

Eine ebenfalls sehr lange Tradition hat das Wikinger-Menü: geräucherter Lammschinken mit Salaten; Essenz von Waldpilzen; Ostseelachs in Wildkräutern; Elchrücken in Preiselbeersauce mit Äpfeln, Nüssen in Honig, Schrotpfannkuchen, Rentierkäse und Blaubeeren.

Die früheren Standards der Holsteiner Hausmannskost wurden konsequent veredelt: Aus Steckrüben und Schweinebauch wurde Steckrübenessenz mit Streifen von Räucheraal; aus Rehrücken mit Rotkohl wurden Scheiben vom Rehbockrücken in Champagnersauce mit Pfifferlingsauflauf.

Während die Rote Grütze außer Landes überall Furore macht, hat man sie hier ebenfalls durch etwas Neues ersetzt: frische Zwetschgen mit Ingwer und Rumtrauben-Eis nehmen ihren Platz ein.

Übrigens: Wer die Geheimnisse dieser kulinarisch fortgeschrittenen Küche persönlich lüften möchte, kann in den Monaten Januar, Februar und März Kochkurse buchen. Vom Einkauf bis zum dekorativen Anrichten der Speisen arbeitet man mit den Profis Schulter an Schulter.

keine Betriebsferien	kein Ruhetag
44 Zimmer und 3 Appartements	Kategorie: mittel/gehoben
American Express, Eurocard, Visa, Diners	Sonnenterrasse, Schwimmbad, Sauna, Solarium, Kanus, Angeln, Fahrräder
Parkplatz, Einzelgaragen	keine Hunde im Restaurant

„Historischer Krug"
Familie Hansen-Mörck
2391 Oeversee
Telefon 0 46 30-3 00
Fax: 0 46 30-7 80

Haus Bömoos

Aus verschiedenen Gründen fällt dieser Gasthof aus dem üblichen Rahmen: Er liegt nur 200 Meter vom Ostseestrand entfernt, sein Besitzer hat John Lennon auf dem Baß begleitet und kümmert sich fürsorglich um das leibliche und seelische Gleichgewicht seiner Hausgäste. Mit anderen Worten: Wer seine Füße unter den reichgedeckten Tisch des historischen Bauernhofs stellen möchte, muß gleichzeitig auch seine Zahnbürste in einem der attraktiven Appartements plazieren.

„Haus Börmoos" eignet sich hervorragend für diskrete Tagungen im kleinen Kreis, ein paar schöne Tage mit engen Freunden und für ganz und gar individuelle Familienfeiern.

So wie es heute dasteht, ist es der Wirklichkeit gewordene Traum von Klaus Voormann, dem einzigen deutschen Rockmusiker, der in den sechziger Jahren im traditionellen Sinn Karriere gemacht hat. Dieses Haus bedeutet die verdiente Ruhe nach einem stürmischen Leben, das Refugium für einen rastlosen Geist, den es um die halbe Erdkugel getrieben hat.

Außer daß er weiß, wie man erfolgreich an einer Baßgeige zupft, ist Klaus Voormann auch noch gebürtiger Berliner, gelernter Graphiker, Plattenproduzent, musikalischer Berater und inzwischen ebenfalls Gastwirt und Hotelier. Der gleiche Mann, der 1961 im Hamburger Star-Club mit den Beatles Freundschaft schloß, der mit Eric Clapton, Donovan, Randy Newman und Manfred Mann musizierte und für die Beteiligung am „Concert for Bangla Desh" den Grammy,

einen amerikanischen Schallplattenpreis, bekam, ließ nicht locker, bis er nach monatelangen Suchfahrten entlang der Ostseeküste schließlich seinen ganz persönlichen Schlupfwinkel gefunden hatte. Das Dörfchen Habernis gehört zu den Orten, von denen man behauptet, daß hier die Welt noch in Ordnung ist. Doch mit dem Ende der Reise war das Ziel noch lange nicht erreicht. Bis aus dem alten Bauernhof aus dem Jahre 1876 „Haus Börmoos" wurde, war noch ein weiter Weg. Ein origineller Gedanke übrigens, daß Astrid Kirchherr, die gleiche Frau, die vor dreißig Jahren den Pilzkopf für die Beatles erfand, für die Inneneinrichtung des Hauses verantwortlich zeichnet.

Die Bauarbeiten dauerten insgesamt zwei Jahre. Zunächst wurde das Haus vollkommen entkernt, d.h. die Fassade blieb rundum erhalten, doch die Räume wurden neu eingeteilt, Mauern gezogen, Kamine gebaut und ein neues Reetdach gedeckt.

Wo früher Pferde untergestellt wurden oder Heuwagen, entspannen sich heute gestreßte Großstadtbürger am offenen Kamin, hören klassische Musik und verplaudern endlose Teestunden.

Traditionelle Tagungs-Profis joggen vor dem Frühstück am Meer entlang, versammeln sich zum fantasievollen Picknick an einem der fünf Börmoos-Teiche oder strampeln sich auf Radtouren die bei den schmackhaften Mahlzeiten aufgenommenen Kalorien ab.

Das Frühstück gehört mit zum normalen Tagesprogramm, Mittagessen und gemeinsame Diners müssen vorher arrangiert werden. Ein kleiner Eindruck vom Küchen-Repertoire: butterzarte Deichlammkeule mit Meerrettich, fangfrischer Dorsch mit Senfsoße oder Weißkohlpudding mit Muskatsoße.

	keine Betriebsferien	Ruhetag
	kein Ruhetag	
	10 Appartements mit Küche Mittag- und Abendessen für Hausgäste	
	Kategorie: mittel	
	Kreditkarten werden nicht akzeptiert	
	Fitneßräume, Sauna, Liegewiese, Tennisplatz, Fahrräder, Ruderboote, Reitpferde u. -schule nebenan	
	Parkplatz vorhanden	
	Hunde nur nach Absprache gestattet aus Rücksicht auf das Naturschutzgebiet	

„Haus Börmoos"
Grüfft 9
2391 Steinberg
Telefon 0 46 32-76 21

Schlie Krog

Zwischen Hamburg und Flensburg, also ganz weit oben im Norden, findet man an der Schlei den kleinen Ort Sieseby. Unter Feinschmeckern kam das Dorf für kurze Zeit verstärkt ins Gespräch, als Peter Möller, der Chefkoch vom „Schlie Krog", im Rahmen des Schleswig-Holstein Gourmet Festivals seinen Herd mit Starkoch Manfred Schwarz teilte, der normalerweise das Küchenkommando im „Deidesheimer Hof" unter sich hat. Sinn des Festivals, das zu dieser Zeit zum fünften Mal mit Erfolg wiederholt wurde, ist es, Meisterköche und Kochkünstler aus dem Süden des Landes in den kühlen Norden einzuladen, um gemeinsam zu experimentieren und zu komponieren, mit dem Ziel, nicht nur Erfahrungen auszutauschen, sondern auch konkrete Ergebnisse vorzuweisen. Das heißt: Dies ist eine neue Art, die besten unter den regionalen Produkten in Töpfen und Pfannen miteinander in Einklang zu bringen.

Manfred Schwarz, der Lieblingskoch des Kanzlers, mit dem er die pfälzische Abstammung gemeinsam hat, wählte Kohls Leibgericht, einen Pfälzer Saumagen, als Auftakt für seine exterritoriale Menüfolge. Anschließend wandte er sich dem zu, was er gemeinsam mit Kollege Möller ausgetüftelt und bereits probegekocht hatte: Auf den Saumagen folgte ein Guglhupf von Räucherlachs mit Reibekuchen, danach gab es bunte Ravioli vom Rehbock auf Steinpilzen, gefolgt von gebratenem Seezungenfilet in Balsamicoschaum mit gefüllter Zucchiniroulade. Doch das war noch nicht alles. Bevor zum Abschluß ein lauwarmes Quittensüppchen mit Korinthenpudding auf den Tisch kam, gab es vorher noch Rückenfilets vom Deichlamm mit glacierten Sherryzwiebelchen, Thymianjus, Bohnengemüse und Gratin-Kartoffeln.

Die Tischdekoration für das herbstliche Koch-Festival schuf Hausherrin Renate Möller, die auch zu „normalen" Zeiten dafür bekannt ist, daß sie den Gästen die Mahlzeiten mit wunderschön gedeckten bzw. dekorierten Tischen verschönert. Genau wie Peter Möller, der dem Haus durch seine gute Küche ein Gütesiegel verleiht, versteht sie es auf ihre Art, dem „Schlie Krog" innerlich und äußerlich eine Seele zu geben.

Das Haus ist alt und existierte schon, als Sieseby nur ein paar Dutzend Einwohner zählte. Manchmal waren mehr Leute in der Kirche als in der Kneipe und manchmal umgekehrt. Außer der Zapfstelle für Bier beherbergte der Kröger unter seinem tiefgezogenen Schindeldach noch einen Krämerladen, eine Kohlenhandlung, die Bürostuben des Bürgermeisters und das Standesamt. Das ist natürlich inzwischen alles aufgelöst, Sieseby hat nun mehr als 100 Einwohner und einen Edel-Gasthof, der viele Fremde ins Dorf lockt.

Man unterscheidet zwischen einer etwas kleineren Mittagskarte, die drei verschiedene Menüs offeriert plus einem halben Dutzend Hauptgerichte wie Siesebyer Fischpfanne mit Rührei und Salatteller oder zarte Kalbsfilets in feiner Spitzmorchelcreme, und einer umfangreicheren Abendkarte mit kulinarischen Höhepunkten wie Rehterrine mit Quittengelee und Preiselbeeren, Husumer Krabbenschaumsuppe mit Dillspitzen,

Ostender Steinbuttfilet auf Linsen in Limonenschaum, Grünholzer Hirschmedaillons mit Pfifferlingen in Rahm und als Renner unter den Desserts Siesebyer Rote Grütze mit flüssiger Sahne oder Grießflammerie mit Rumkirschen und Kirscheiscreme. Als Aperitif empfiehlt der Hausherr Sherry, Portwein oder Champagner. Die Weinkarte favorisiert Qualitätsweine aus Italien, Frankreich und Spanien.

Betriebsferien Mitte Januar bis Mitte Februar und während der Herbstferien in Schleswig-Holstein	Ruhetag
Montag Ruhetag	
zwei Appartements	
Kategorie: gehoben	
Kreditkarten werden nicht akzeptiert	
Gartenlokal	
Parkplatz vorhanden	
Hunde gestattet	

„Schlie Krog"
Dornstr. 19
2335 Thumby-Sieseby
Telefon 0 43 52-25 31

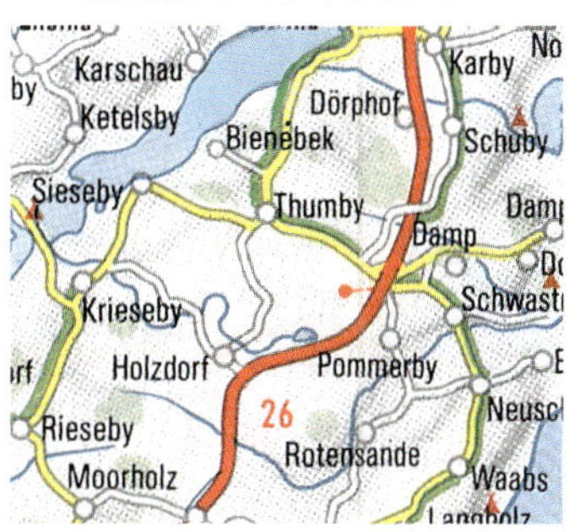

Sommerhof

Erfolgreiche Jungköche, die nach dem Abschluß der Hotelfachschule üblicherweise ihre ersten praktischen Erfahrungen sammeln, indem sie berühmten Kollegen bei der Arbeit am Herd über die Schulter schauen, zieht es heutzutage aufs Land. Das heißt: Sobald sie sich in der Lage fühlen, selbst die erste Geige am Herd zu spielen, übernehmen sie mit Vorliebe die Verantwortung für eine zeitgemäß modifizierte regionale Küche in einem der traditionellen Gasthöfe auf dem Land. Auf diese Art kann es leicht passieren, daß ein unbekanntes Dorf, in dem sich bislang nur Fuchs und Hase „Gute Nacht" sagten, plötzlich kein weißer Fleck mehr auf der Landkarte ist.

So oder ähnlich geschah es in Fiefbergen, einem kleinen Ort zwischen Kiel und Schönberg, an dem der große Verkehr normalerweise vorbeiführt. Inzwischen gibt es einen guten Grund für einen Abstecher von der Hauptstraße: Ab Ortsmitte zeigt eine kleine Tafel mit dem Hinweis „Sommerhof" den Weg zu einem besonderen Erlebnis, nicht nur in bezug auf Essen und Trinken. Das kleine feine Restaurant mit den knapp 25 Plätzen um die in romantischem Rosa gedeckten Tische ist auch wegen seiner speziellen Atmosphäre den Abstecher wert. Dabei hat es als kulinarische Adresse so gut wie keine Tradition. Vor kurzer Zeit war der „Sommerhof" noch ein ganz normales Bauernhaus, dessen Besitzer von der Landwirtschaft lebten. Da sie sich nicht vorstellen konnten, für den Rest ihres Lebens durch Ackerbau und Viehzucht ein relativ bescheidenes Aus-

kommen zu haben, bauten Hans und Marlies Wulff kurzentschlossen um. Im sogenannten Altenteil oder – wie man im Süden sagen würde – im „Austragshäusel" entstand aus zwei niedrigen Stuben ein winziges Restaurant. Der Holzfußboden und die schweren Deckenbalken sorgen von vornherein für Gemütlichkeit. Den ganzen Sommer über liefert der eigene Garten wunderschöne Blumensträuße für die sechs Tische – schon dieser Garten ist Grund genug für einen Besuch. Mit den vielen wildwuchernden Blumen und Kräutern sieht er genauso aus, wie ein müder Städter sich sein kleines grünes Paradies wünschen würde. Bei gutem Wetter sitzen die Gäste natürlich draußen auf den weißlackierten Gartenmöbeln im norddeutschen Bauernstil, und die Rosen hängen ihnen beim Essen über die Schultern.

Und, auf die gleiche Art, wie am Anfang beschrieben, verschlug es vor ein paar Jahren den erfolgreichen Jungkoch Volker Specht in diese dörfliche Idylle. Bevor er sich entschloß, mobile Feinschmecker auf dem Land zu bekochen, gehörte er zur exklusiven Küchenbrigade des Hamburger „Vier Jahreszeiten" und später zum kleinen feinen Team von Fritz Schilling in Bargum. Demnach ist es für ihn mehr als selbstverständlich, beim täglichen Einkauf auf Märkten und bei Bauern in der Nachbarschaft alles sorgsam zusammenzutragen, was seiner Küche Frische verleiht und seiner Fantasie freien Lauf läßt. Was Hans und Marlies Wulff schließlich für ihre Gäste aus der Küche tragen, kann sich überall sehen lassen.

Die Tageskarte ist klein und lebt wie gesagt von dem, was der Markt und der eigene Gemüsegarten zu bieten haben. Man findet auch immer wieder Deftiges wie die in Schleswig-Holstein übliche Pobsteier Specksuppe, es gibt frischen Fisch nach Tagesfang und täglich wechselnde Menüvorschläge – wahlweise mit vier oder sechs Gängen.

Ein paar echte Höhepunkte aus Volker Spechts Geheimrezepten sind Rahmsuppe von Schafsfüßlerpilzen, Steinbuttfilet auf Lauch, Maispoularde mit Büffelmozzarella gefüllt in Thymiansud, Lammrückenfilet mit gebackenem Rosmarin auf Auberginen, Entenbrust mit Kirsch-Pfeffersauce oder Meeresfrüchte mit Linsengemüse. Leckermäulchen schwören auf seine Mandeltarte mit Limonen-Joghurtschaum und das Nougatparfait auf Birnensauce. Die Weinauswahl ist begrenzt, aber gekonnt zusammengestellt.

Betriebsferien zwei Wochen im Februar, letzte Woche im Oktober und in der ersten Novemberhälfte	Ruhetag
Montag und Dienstag geschlossen	
Mittwoch bis Sonntag ab 18 Uhr geöffnet	
Deftiges, frischen Fisch, täglich wechselnde Menüvorschläge	
Kreditkarten werden nicht akzeptiert	
Terrasse, Familienfeiern bis zu 30 Personen	
Parkplatz vorhanden	
Hunde nicht gestattet	

„Sommerhof"
Familie Wulff
Am Dorfteich 11
2306 Fiefbergen
Telefon 0 43 44-66 85

Ole Liese

Es ist selten, daß ein Gasthof zum Geheimtip unter Politikern und Prominenten avanciert und gleichzeitig so bodenständig bleibt, seine „ganz normalen" Gäste aus der näheren Umgebung nicht kopfscheu zu machen.

Herwig und Maren Schlör können diesen Erfolg für sich in Anspruch nehmen. Als sie Anfang der sechziger Jahre den Gutsgasthof „Ole Liese" in Panker übernahmen, fanden sie das Haus ziemlich heruntergewirtschaftet und hatten es eine ganze Weile recht schwer. Doch das Durchhaltevermögen hat sich gelohnt, und ein Ausflug nach Panker ist schon wegen der „Olen Liese" einen Besuch wert.

Vor gut 200 Jahren war das vornehme Herrenhaus, in dessen englischem Bilderbuchpark der Gasthof heute noch zu finden ist, eine Miniresidenz im klassizistischen Stil mit zahlreichen Ställen und Nebengebäuden. Von 1781 bis 1808 regierte von hier aus der Generalfeldmarschall Fürst Friedrich Wilhelm von Hessenstein, in dessen Familie der Besitz heute noch ist. In der damaligen Zeit beginnt auch die Geschichte der „Olen Liese", deren Namensvetter das Lieblingspferd des Generalfeldmarschalls war. Als Gegenleistung für sein Versprechen, das alte Tier bis zu seinem Tod zu pflegen, erhielt der Reitknecht Ludwig Behrens eine Schankwirtschaft mit Konzession, die seine Nachkommen –

lange nachdem der treue Vierbeiner im Park von Panker begraben wurde – noch bis 1955 weiterführten.

In der ersten Zeit machten Adlige und Diplomaten, die auf dem Weg in das Herrenhaus Panker waren, in dem rebenumrankten Krughaus Rast. Kutscher und Lakaien mußten den Hintereingang benutzen und wurden in der sogenannten Kutscherstube verköstigt. Doch es dauerte nicht lange, bis auch die ersten Reisenden in dem Gasthaus einkehrten – immerhin hatte der schmale Landstreifen zwischen der Ostsee und dem Slenter See, dem zweitgrößten Binnengewässer Schleswig-Holsteins, was landschaftlichen Reiz anbelangt, so einiges zu bieten.

Panker, das inzwischen in den Besitz des Landgrafen von Hessen übergegangen ist, erstrahlt heute wieder in altem Glanz. Der barocke Garten wurde im französischen Stil neu angelegt und mit Sandsteinfiguren verziert. Im sogenannten Torhaus gibt man Künstlern regelmäßig Gelegenheit, Zeitgenössisches auszustellen und sorgt auf diese Art für einen regen Kulturaustausch, von dem auch die „Ole Liese" atmosphärisch profitiert.

Um ein honoriges Klientel mußte man sich hier allerdings nie Gedanken machen. „Hier möchte ich eigentlich nie wieder weg" schrieb Vicco von Bülow (Loriot) zu einer seiner typischen Zeichnungen ins Gästebuch und einige Zeit später den kurzen Nachtrag „Ich bin schon wieder da". Unter den vielen Künstlern, Diplomaten und Politikern waren auch Bernhard Minetti, Curd Jürgens und Karl Carstens. Bei privaten Festen, die Moritz von Hessen auf Panker gab, landete auch schon europäischer Hochadel zu Bier und Aal in der „Olen Liese", wie König Konstantin von Griechenland oder König Juan Carlos von Spanien.

Trotz all der gekrönten Häupter unter seinem Dach ist Herwig Schlör mit beiden Beinen auf dem Teppich geblieben. Das schlägt sich auch auf erfreuliche Art auf der Speisekarte nieder. Die Produkte sind frisch, das Wild kommt aus der eigenen Jagd oder von benachbarten Gütern, die Rezepte sind unverfälscht, ohne Schnörkel, und verzichten bewußt auf zu viele Gewürze. Die Preiselbeeren zu den Wildgerichten stammen nicht aus der Dose. Wild und Fisch halten sich die Waage: Da gibt es frische Ostseescholle in Speck gebraten, Helmstorfer Forelle in Bierteig gebacken oder Ostsee-Aal grün in Dillsauce mit Gurkensalat. Unter dem Stichwort „aus Wald und Feld" rangieren rosa gebratene Wildentenbrust in Orangensauce mit Zuckerschoten und Staudensellerie neben geschmorter Frischlingskeule in Preiselbeerrahmsoße mit Rotkohl.

	Betriebsferien im Januar und Februar	Ruhetag
	Montag Ruhetag	
	4 Doppel- und 1 Einzelzimmer	
	Kategorie: mittel	
	Kreditkarten werden nicht akzeptiert	
	2 Terrassen, Familienfeiern, Trakehnergestüt mit 60 Pferden	
	Parkplatz vorhanden	
	Hunde nach Absprache gestattet	

„Ole Liese"
Familie Schlör
2322 Panker in Holstein
Telefon 0 43 81-3 74

Manslagter Bauernstuben

Ein echter Ostfriese braucht nur einmal kurz die Ohren zu spitzen, und er weiß, daß Charly Schadel, seit 1974 Wirt der „Manslagter Bauernstuben", nicht in dieser Gegend geboren ist. Daß es ihn eines Tages dorthin verschlagen würde, hätte sich der ehemalige Schiffskoch niemals träumen lassen, als er sich vor Jahr und Tag aus seinem Heimatort – Birkenbeul in Westfalen auf den Weg in die weite Welt machte. Auf hoher See kochte er für die Besatzung von Holztransportern und Fischdampfern, aber auch für die Passagiere von Kreuzfahrtschiffen. Ein Landgang führte ihn 1974 in das verschlafene ostfriesische Dorf in der Nähe von Emden und hinein in die ehemalige Posthalterei aus dem Jahre 1801, mit Dorfkneipe und Tante-Emma-Laden. Als er nach einem längeren Klönschnack mit dem damaligen Besitzer wieder auf die Straße trat, war seine Zukunft als Wirt in Ostfriesland sozusagen besiegelt.

Die ersten freundschaftlichen Kontakte mit seiner neuen Nachbarschaft knüpfte Charly Schadel, als es darum ging, die Gaststube mit altem Handwerkszeug aus der Gegend zu dekorieren. Die Bauern brachten ihm ausrangiertes Pferdezaumzeug, landwirtschaftliches Kleingerät und Torfwerkzeug. Aus der inzwischen geschlossenen Molkerei stammt der alte Melkeimer, der jetzt bei Charly unter der Decke hängt.

Zugereiste Gäste geben sich alle Mühe, den einheimischen Dialekt zu verstehen, und die ostfriesischen Stammgäste versuchen sich mit Hochdeutsch, um den Feriengästen im Gespräch näherzukommen. Das übrige leisten ein paar Runden Kölsch, ein Tribut des Hausherrn an seine alte Heimat.

Auf der Speisekarte, deren Lektüre einem das Wasser im Mund zusammenlaufen läßt, spielen natürlich die Fischspezialitäten die allergrößte Rolle. Um nur ein paar Beispiele zu nennen: Manslagter Abendbrot (Krabben auf Schwarzbrot mit Spiegelei), Emder Matjes auf ostfriesischem Schwarzbrot mit Zwiebelringen, Schwarzer Heilbutt „nach Fischdampfer Art" mit gebackenen Kartoffeln und Salat, diverse Krebsfleischkreationen – in Räucherschinken gebraten oder mit Kräutersauce. Den Steinbutt erachtet Charly als den delikatesten Nordseefisch. Er ist würzig, fett und saftig und wird vom Koch persönlich am Tisch filiert und vorgelegt. In Erinnerung an seine Reisen über die sieben Weltmeere haben einige der Fischrezepte auch einen leicht exotischen Charakter wie Krebse mit Pfirsichen und grünem Pfeffer, Haifischsteak mit Granat in Kräutersauce oder Nordseekrabben auf glasierter Ananas mit Curryreis. Während der Saison gibt es täglich frischen Aal aus dem Manslagter Watt.

Wer keine Lust auf Fisch hat, greift ersatzweise zu hausgemachter Wurst oder dem luftgetrockneten Schinken aus eigener Herstellung. Aus seiner Zeit als Schiffskoch stammen auch die Rezepte für Chili Con Carne, ungarischen Gulasch und Rinderfilet „Fürst Stroganoff".

„Manslagter Bauernstuben"
Charly und Inge Schadel
2974 Krummhörn 1
Telefon 0 49 23-71 58

Betriebsferien von Mitte Oktober bis Mitte November	Dienstag Ruhetag
Mittagessen von 12 bis 14 Uhr, Abendessen von 17.30 bis 21 Uhr	Fischspezialitäten frisch vom Kutter
American Express, Diners, Eurocard	Veranstaltungen bis zu 30 Personen
Parkplatz vorhanden	Hunde gestattet

Hof Bucken

Der Naturpark Aukrug ist alles andere als ein Kurpark mit Kurkonzert und Minigolfplatz, sondern vielmehr eine vollkommen natürliche, von kleinen und größeren Waldstücken sowie grünen Weideflächen durchsetzte, durch Moore, Heide und kleine Auen gekennzeichnete, reizvolle Landschaft. Den Mittelpunkt dieser intakten Natur zwischen Nordsee und Ostsee bildet die Gemeinde Aukrug, die dem Park auch ihren Namen gab. Zwischen all dem gibt es einen 18-Loch-Golfplatz, einen Segelflugplatz und eine Reihe von Bächen und Teichen, in denen Angler ihr Glück versuchen können. Und es gibt den „Hof Bucken", ein ehemaliges Bauernhaus, das seit 1968 Hotel und Restaurant ist, nur vier Kilometer vom Golfbeziehungsweise Segelflugplatz entfernt. Er ist ein ideales Feriendomizil für alle, die sich am liebsten in einer ruhigen, natürlichen Gegend entspannen möchten.

Der Bauernhof ist eigentlich mehr ein Gutshof und strahlt in allen Räumen eine gepflegte Behaglichkeit aus. Vieles von dem, was diese gute Stimmung ausmacht, wurde zu der Zeit ins Haus getragen, als es noch einem Facharzt aus Bremen gehörte. Der wiederum war während seiner Militärzeit Schiffsarzt und brachte von vielen Reisen rund um die Welt schöne Erinnerungsstücke mit: mohammedanische Gebetsteppiche, Schnitzereien aus China, Masken aus Afrika und antike Uhren aus Südfrankreich. Im Biedermeierzimmer und auch in den anderen Gasträumen entdeckt man viele Bilder aus der Künstlerkolonie Worpswede. Ein ungewöhnliches, fast exotisches Stück Natur offeriert der geheimnisvolle Wintergarten mit Ananas- und Olivenbäumen.

Ein Blick hinaus auf den Ententeich erinnert daran, daß in diesem Haus auch gut gekocht wird, vor allem natürlich Schleswig-Holsteiner Küche. Nach dem ersten Frost gibt es den obligatorischen Grünkohl, zu Martini und in der Vorweihnachtszeit Gänsebraten, zur Jagdsaison finden sich Hase und Hirsch auf der Speisekarte, das gleiche gilt für Matjes, Krabben und Forellen. Das ganze Jahr über bekommt man die Bucken-Platte mit Wurst, Schinken, Fisch, Salat, Eiern und Käse sowie die Steakpfanne Hof Bucken mit Zwiebeln, Champignons, Erbsen und Röstkartoffeln.

keine Betriebsferien	kein Ruhetag
11 Zimmer	Kategorie: einfach
Eurocard	Wildspezialitäten
Parkplatz vorhanden	Hunde gestattet

„Hof Bucken"
Familie Block
2356 Aukrug-Bucken
Telefon 0 48 73-2 09
Fax 0 48 73-12 43

Blauer Fasan

Bevor aus der kleinen Jagdhütte mitten in der moorigen Heidelandschaft, nicht weit von der ostfriesischen Nordseeküste, ein Landgasthof wurde, mußten noch einige Hindernisse überwunden werden. Als erster Stolperstein auf dem Weg, die Bürokratie zu bewältigen, erwies sich der Name „Blauer Fasan", der trotz seines direkten Bezugs zu der jagdlichen Vergangenheit vor dem Amtsschimmel keine Gnade fand. Das Hochbauamt gab seine Zustimmung erst, als im Bauantrag die zusätzliche Bezeichnung „Moorverwalterhaus" auftauchte. Man sollte es nicht meinen, aber das Ganze spielte sich im Jahre 1951 ab. Doch damit nicht genug: Seiner Umgebung entsprechend sollte das Haus ein Strohdach bekommen. Strohdächer sind jedoch für Gastwirtschaften verboten. Als die Kreisverwaltung nachdrücklich „nein" sagte, war mit dem Bau bereits begonnen worden. Das Verfahren zog sich jahrelang hin – das längst fertiggestellte Haus diente zwischendurch als Schule, um nicht vom Wohnungsamt beschlagnahmt zu werden. Retter in der Not war nach langem Hin und Her der pfiffige Oberkreisdirektor Onnen. Er stellte offiziell fest, daß es sich beim „Blauen Fasan" nicht um eine Gast-, sondern um eine Schankwirtschaft handele, und dafür erteilte er guten Gewissens die Konzession.

Der Spuk ist längst vergessen, und der gemütliche Gasthof gehört zu den Adressen, die weit über die Grenzen Ostfrieslands hinaus bekannt sind.

Wo früher tüchtige Torfbauern versuchten, die unwegsame Moorlandschaft so weit wie möglich trocken zu legen, steht heute eine blühende Treibhaus-Kolonie mit Baumschule und Blumencenter. Der „Blaue Fasan", der ursprünglich als Gaststätte der Gärtnersiedlung Hinrichsfehn gedacht war, präsentiert sich mittlerweile als anspruchsvolles Hotel-Restaurant. Unter dem für ostfriesische Architektur

charakteristischen Reetdach erinnern einige schöne alte Stücke an die schlichte Lebensart der Torfbauern. Der Tradition entsprechend treffen sich hier eingesessene Friesen am flackernden Kaminfeuer und vermischen ihren geliebten Tee mit Kluntjes und süßem Rahm. Die Tische im Restaurant sind sorgfältig gedeckt und gehören mit ihren silbernen Platztellern dem hohen Niveau der international geprägten Küche an. Es ist ein angenehmer Gedanke, daß Küchenchef Johann Bendmann den allergrößten Wert darauf legt, daß seine Produkte garantiert marktfrisch auf den Tisch kommen. Obwohl er bei der Kreation seiner ständig wechselnden Tageskarten an die jeweilige Saison gebunden ist, beweist er immer wieder außergewöhnliche Fantasie mit neuen Kochrezepten. Wo sonst bekommt man schon ein Steak von der Putenbrust in Begleitung von Pfifferlingen in Sahne, grünen Feigen, Brokkoli mit Pinienkernen, Eissalat mit Orangenfilets und Berner Rösti? Oder wie wäre es mit Schweinelendchen vom Grill, Senf-Kräutersauce, gratiniertem Lauchtörtchen, Zucchinizunge, Eissalat mit Tomatenwürfeln in Zitronensahne und Macairekartoffeln?

Wer lieber bei den rustikalen Spezialitäten bleibt, hat die Wahl zwischen einer Moorplatte mit hausgemachter Wurst, Schinken, Käse und eisgekühltem Korn, holländischen Matjesfilets in Sahne-Joghurt mit Apfel, Zwiebel und Gurke, dazu grüne Bohnen und knuspriger Speck oder aber einem kalten Fischteller mit Zwischenahner Aal, geräuchertem Forellenfilet, hausgebeiztem Lachs, frischen Krabben und Matjestatar. Ambitionierte Golfspieler treiben Ausgleichssport auf der benachbarten 18-Loch-Anlage des Golf-Clubs Ostfriesland. Für Hausgäste gibt es im „Blauen Fasan" spezielle Golf-Arrangements, auf Wunsch mit Unterricht.

	Januar und Februar Betriebsferien	Ruhetag
	November und Dezember Montag Ruhetag	
	24 Zimmer und 1 Appartement	
	Kategorie: mittel	
	American Express, Eurocard, Diners, Visa	
	18-Loch-Golfanlage in der Nachbarschaft, Sauna, Fahrräder	
	Parkplatz vorhanden	
	Hunde gestattet	

„Blauen Fasan"
Fliederstr. 1
2964 Wiesmoor-Hinrichsfehn
Telefon 0 49 44-10 47

Zum 100 Jährigen

Das Gasthaus „Zum 100Jährigen" gehört zu den wohl ältesten in der Nordheide und mit Sicherheit zu denen, die dem Wochenendausflügler, der auf der Flucht vor Großstadtlärm und Abgasmief ist, genau die ländliche Abgeschiedenheit und unverdorbene Gastlichkeit bieten, die er braucht. Zum „100Jährigen" gehören seit Urzeiten auch eine Schnapsbrennerei und eine eigene Landwirtschaft.

Nachweislich belegt ist die Geschichte des Hauses seit dem 15. Jahrhundert aufgrund der Tatsache, daß der damalige Bauernhof an der Schnittstelle zweier Poststraßen lag. Kein Wunder also, daß hier eine Abfertigung für Personen sowie für Frachtgüter eingerichtet wurde. Erst mit der Errichtung der Eisenbahnlinie im Jahre 1872 wurde die Poststation wieder geschlossen. Doch bevor dies soweit war, ersteigerte Hermann Heinrich Steinwehe, seines Zeichens Quartiermeister beim 4. Hanno-

verschen Cavallerie-Regiment, 1814 den Hof und begann zwei Jahre später mit der lizensierten Schnapsbrennerei. Seit dieser Zeit existiert das Gasthaus. Einer seiner Söhne, Johann Friedrich Steinwehe, schaffte den ersten Dampfkessel an und braute ab 1892 erfolgreich einen preisgekrönten Korn mit dem Namen „Der Hundertjährige". Wie man sich denken kann, hat der Gasthof daher seinen Namen. 1910 trat Georg Steinwehe III. ein schweres Erbe an. Zwei Kriege mußten durchgestanden werden, deren Ende er nur um ein paar Jahre überlebte. Nach seinem Tod 1949 übernahm Georg Steinwehe IV. die Verantwortung für den Gasthof. Ihm verdankt das Haus die vielen Raritäten und Antiquitaten. 1967 machte er aus dem ehemaligen Kuhstall einen weiteren Gastraum. 1987 übernahm der fünfte Georg Steinwehe den Gasthof, dessen Motto ist: „Hast Du Kummer und Heimweh, trink einen bei Steinwehe". Zu trinken gibt es wirklich reichlich, für jeden Geschmack und für jedes Alter etwas, von warmer Milch und heißer Trinkschokolade für die Kleinen über Grog und Glühwein für die Verfrorenen, Berliner Weiße und Diät-Bier für die Vorsichtigen, Fachinger und Naturzitrone für die ganz Gesunden. Bei den hochkarätigen Spirituosen steht der Alkoholgehalt in Prozenten ausgedruckt gleich mit auf der Getränkekarte.

Alles was auf der Speisekarte steht, ist ausgesprochen deftig und wird zu reellen Preisen angeboten. Mettwurst, Rotwurst, Sülze, Katenschinken Blut- und Leberwurst kommen aus eigener Schlachtung. Zu einem schaumgekrönten Pils passen Bratheringe, Matjes, Eisbein in Aspik oder Aal in Gelee – wahlweise mit Brot oder knusprigen Bratkartoffeln. Auch der köstliche Kuchen wird im eigenen Haus gebacken. Zur Auswahl stehen Topfkuchen, Apfelkuchen oder Butterkuchen.

Betriebsferien im Juli
Montag und Dienstag Ruhetag
Mittwoch bis Freitag von 16 bis 22.30 Uhr geöffnet, Samstag, Sonntag und an Feiertagen ab 10 Uhr
eigene Schlachtung, selbstgebrannter Hausschnaps
Kreditkarten werden nicht akzeptiert
Veranstaltungen bis zu 30 Personen
Parkplatz vorhanden
Hunde gestattet

„Zum 100Jährigen"
Familie Steinwehe
Hamburger Str. 2
2105 Seevetal 1/Hittfeld
Telefon 0 41 05-23 00

Landhaus Meinsbur

Bendestorf, ein kleiner Ort von Hamburg aus in Richtung Heide, war zwar immer schon landschaftlich schön gelegen, aber dennoch nicht gerade sehr populär. Die große Welt wurde jedoch schlagartig auf das verschlafene Heidedorf aufmerksam, als der Berliner UFA-Regisseur Rolf Meyer nach Kriegsende dem Hamburger Verleger Axel Springer nahelegte, in Bendestorf ein Filmstudio zu bauen. Der neue Drehort erhielt den Namen „Junge Film Union", der erste Film hieß „Menschen in Gottes Hand".

Mit den Regisseuren und Produzenten kamen nun auch regelmäßig Stars und Sternchen zu Studioarbeiten nach Bendestorf. Am liebsten nahmen sie ihr Dauerquartier bei Anna Wagner im schönen alten „Landhaus Meinsbur". Dort wohnte man als verrückte Clique mit Familienanschluß und amüsierte sich gemeinsam. Viele Bendestorfer erinnern sich noch an die junge Hildegard Knef, die auch schon einmal mit Weingläsern warf, wenn ihr die Argumente ausgingen, oder an Käthe Dorsch, die an freiwillig auferlegten „Haferflockentagen" ganz einfach unausstehlich sein konnte.

Unabhängig von allen Turbulenzen, die durch die Anwesenheit des bunten Filmvölkchens im „Meinsbur" an der Tagesordnung waren, hat das Haus an sich schon eine bewegte Vergangenheit. Die ehemalige Molkerei aus dem 17. Jahrhundert brannte zweimal bis auf die Grundmauern ab, das letzte Mal 1979. Seit 1990 weht in dem wiederaufgebauten Fachwerkhaus ein frischer Wind: Der neue Besitzer, Erich Martin Maisch, setzte gemeinsam mit seiner Familie alles daran, die Tradition des Hauses im alten Stil wieder aufleben zu lassen. Mit offensichtlicher Liebe zum Detail wurden die originalgetreu rekonstruierten Räume mit Antiquitäten und vielen kleinen Accessoires so hergerichtet, daß der Gast sich hier gern niederläßt, zunächst einmal vor dem offenen Kaminfeuer zu einem Aperitif und – auf Kosten des

Hauses – zu einer Folienkartoffel mit Nordseekrabben und Sauercreme. Er kann bereits in Ruhe die Karte studieren, bevor er sich mit Freunden oder Familie in eine der drei Gaststuben begibt – „Florian", „Wiege" oder „Ottilie-Springer-Stübchen". Außer dem Ehepaar Maisch kümmern sich die drei Söhne und 25 Fachkräfte um das Wohl der Gäste. Bei einer gesunden Mischung aus traditioneller Heideküche und neuer deutscher Küche findet eigentlich jeder das, worauf er gerade Lust hat. Die Zusammensetzung des Klientels ist genauso abwechslungsreich wie die Speisekarte – vom erschöpften Teilnehmer einer Radtour durch die Heide bis zur eleganten Abendgesellschaft kehren hier alle ein. Kinder sind in Bendestorf herzlich willkommen – die spezielle Karte für Knirpse ergänzte die kleine Nathalie Maisch mit dem Versprechen: „Wenn Du fünfmal bei uns gegessen hast, darfst du dir etwas aus meiner Schatztruhe aussuchen."

Wenn man sieht, welche Köstlichkeiten aus der Küche getragen werden, kann man sich leicht vorstellen, daß die Schatztruhe bereits stark geplündert ist. Küchenchef Carsten Meyer empfiehlt als herzhafte Vorspeise ein frisches Matjestatar im Sahnerand mit Eigelb und Vollkornbrot, anschließend ein Holsteiner Kartoffelsüppchen mit Speckstreifen, unter den Meerestieren einen pochierten Angelschellfisch mit Pommery-Senfsauce und Salzkartoffeln, für Fleischesser eine geschmorte Heidschnuckenkeule nach „Art des Hauses" mit Bohnenbündchen und gratinierten Kartoffeln oder einen Schottischen Lammrücken im Kräutermantel, Rosmarinsauce, Ratatouille und Gratin Dauphinoise. Wer danach noch Appetit hat, beschließt die oppulente Speisefolge mit einer kleinen, exquisiten Käseauswahl, einer Eisbombe „Meinsbur" oder einem hausgemachten Apfelstrudel mit Vanillesauce. Selbstgebackener Kuchen gehört sowieso zu den starken Seiten des Küchenteams – an warmen Sommertagen wird er unter den Linden und Kastanien des wunderschönen großen Gartens serviert.

Hausgäste schätzen die geschmackvolle Ausstattung der unterschiedlich eingerichteten Zimmer, zur Hotelanlage gehört auch ein komfortables Ferienhaus. Für Abwechslung wird ebenfalls gesorgt: In unmittelbarer Nähe kann man wandern, reiten und Tennis und Golf spielen (18-Loch-Anlage im benachbarten Hittfeld).

„Landhaus Meinsbur"
Familie Maisch
Gartenstr. 2
2106 Bendestorf
Telefon 0 41 83-77 99 50
Fax 0 41 83-60 87

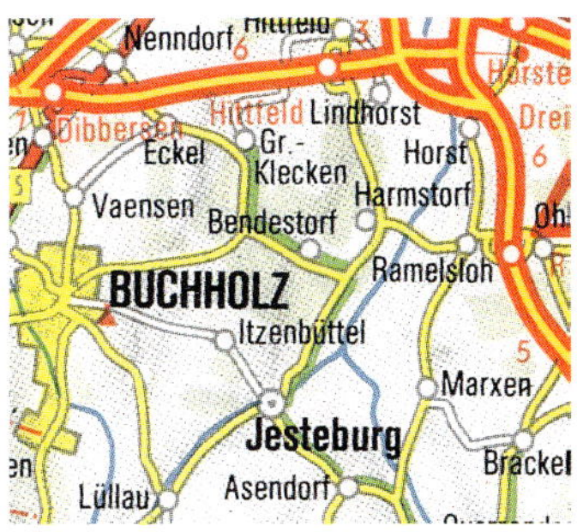

keine Betriebsferien	kein Ruhetag
17 Zimmer, ein Ferienhaus	Kategorie: gehoben
alle Kreditkarten außer American Express	Tagungen, Familienfeiern bis zu 100 Personen
6000 Quadratmeter Park	Hunde gestattet

Haverbeckhof

Das Landschaftsbild der Lüneburger Heide besteht bei weitem nicht nur aus rotblühendem Heidekraut. Große Flächen sind von Feldern, Weiden, Wäldern und last not least auch von Truppenübungsplätzen bedeckt. Dort, wo das Heidekraut noch wächst, muß es sorgfältig gepflegt und davor geschützt werden, vom angrenzenden Wald ganz einfach überwuchert zu werden. Dem Wanderer zum Trost gibt es den Naturschutzpark Lüneburger Heide, auf dessen weiten unversehrten Flächen das geliebte Kraut noch so blüht, wie man es haben möchte. An Wochenenden und zur

Blütezeit tut man sich an manchen Stellen schwer, den Wald und die Heide zwischen den vielen Menschen zu erkennen. Abgesehen von wenigen Hauptstraßen ist der Park für Autos gesperrt. Man parkt in Nieder- oder Oberhaverbeck und läßt sich mit Kutschen bis zum Wilseder Berg fahren. Unterwegs entdeckt man Wacholderbüsche am Wegesrand, die an Erzählungen von Hermann Löns erinnern, flache, mit Birken bestandene Hügelkuppen und hier und da ein geducktes Heidehaus mit tief herabreichendem Schilfdach und einem gekreuzten Pferdekopfemblem am Giebel.

Ob man läuft oder fährt – die frische Luft macht Appetit, und was wäre ein Ausflug in diese Gegend ohne einen zarten Heidschnuckenbraten? Zu den gediegenen Adressen, die dieses Gericht und andere Spezialitäten einer soliden gutbürgerlichen Küche auf der Speisekarte haben, gehört der „Haverbeckhof" in Bispingen-Niederhaverbeck. Hier kann es einem noch passieren, daß man mit „echten" Schäfern gemeinsam am Tisch sitzt bei Bier, Birnen, Bohnen und Speck. Und anschließend kommt die Flasche Korn auf den blankpolierten Eichentisch. Dies ist der rechte Moment, um sich die Geschichte vom Brand erzählen zu lassen, der 1958 den Gasthof vollkommen zerstörte. Nach seinem Wiederaufbau im gleichen Stil an gleicher Stelle wechselte er seinen Namen von „Heidekrug" zu „Haverbeckhof". Zuerst war er nur eine Pension, später auch Gasthof und Café.

Ein paar Beispiele für die verfeinerte Hausmannskost aus der Heide: Heidschnucken-Rahmsuppe, mit Cognac und Rotwein abgeschmeckt und mit Preiselbeer-Sahnehaube; Schäfersalat in Tomatenvinaigrette mit Schafskäse, warmem Lammfilet und Knoblauchbrot; Tatar von Waldpilzen mit herbstlichen Salaten, Trauben und Nüssen sowie warmem Hasenrückenfilet und natürlich Heidschnucken-Lammkeulenbraten in Wacholderrahmsauce mit Pilzen, Prinzeßbohnen, Preiselbeeren, Williamsbirne und Kartoffelkroketten. Wer es ganz deftig liebt, freut sich über die hausgemachte Eisbeinsülze mit Sauce Remoulade und Bratkartoffeln, eine Portion Heidschnuckenleberwurst oder ein Heidjerbrot – Katenschinken mit zwei Spiegeleiern und Gewürzgurke.

Betriebsferien: einen Monat im Winter	kein Ruhetag
54 Hotelbetten in Gästehäusern	Kategorie: einfach
American Express	Veranstaltungen bis zu 200 Personen
Parkplatz vorhanden	Hunde gestattet

„Haverbeckhof"
Familie Ehlers
3045 Bispingen-Niederhaverbeck
Telefon 0 51 98-12 51
Fax 0 51 98-12 48

Gasthof Stössel

1990 hatte die Familie Täger in Bohndorf, einem kleinen Ort zehn Kilometer von Bad Bevenson und 20 Kilometer von Lüneburg entfernt, allen Grund zum Feiern: Der gediegene alte Landgasthof, den sie als Familienbetrieb seit drei Generationen bewirtschaftet, wurde 100 Jahre alt.

Bohndorf, das von einer Waldlandschaft umgeben wird, gilt als eines der schönsten Dörfer in Niedersachsen. Der erste Wirt, dem die Konzession für den Gasthof erteilt wurde, hieß Heinrich Dreyer. Ihm folgten 1927 Heinrich und Elise Stössel, die dem Haus auch ihren Namen gaben, und schließlich ab 1965 Liselotte und Arthur Täger. Seither haben sie viel für den Ruf des Gasthofs getan, der sich durch eine gutbürgerliche Küche und ein besonderes Geschick bei der Durchführung von gelungenen Familienfesten auszeichnet.

Seit der Ausrüstung mit modernen Küchengeräten ist der ganze Betrieb in den letzten Jahren noch leistungsfähiger geworden. 1987 wurde das Gästehaus neu gestaltet, es gibt inzwischen auch ein beheiztes Hallenbad und einen Tennisplatz. Fahrräder und sogar ein Reitpferd können von den Hausgästen kostenlos benutzt werden.

Die Gegend um Uelzen ist ein wahres Paradies für Naturfreunde, die Wald und Flur vom Fahrradsattel aus erleben wollen. Es gibt nur geringe Steigungen und überall gut ausgebaute Radwanderwege. Hier macht sich bemerkbar, daß ein großer Teil der Lüneburger Heide unter Landschaftsschutz steht. Die Touren sind gut organisiert: Es geht abwechselnd durch Waldgebiete, über Felder an Flüssen entlang und über weite Flächen intakter Heidelandschaft.

Gasthof Stössel organisiert für seine Gäste auf Wunsch Kutsch- oder Planwagenfahrten. Man empfiehlt Ausflüge zur Göhrde, über die Elbe in den Osten Deutschlands, nach Ellerndorf und Nemitz, zum Schiffshebewerk Scharnebeck, zu den Hügelgräbern und natürlich nach Bad Bevenson mit der bekannten Jod-Sole-Thermal-Quelle.

Radwanderer, Ausflügler, Spaziergänger und Müßiggänger genießen gleichermaßen die Tatsache, daß alles, was aus Stössels Küche kommt, wahrhaft bodenständig und angenehm unverfälscht ist: angefangen mit einfachen, leckeren Broten, belegt mit wahlweise Mettwurst, Rotwurst, Leberwurst oder Katenschinken, und danach zur Entlastung des Magens ein kräftiger Heidekorn „Hermann Löns" über die obligatorische Rinderkraftbrühe mit Eierstich und Fleischbällchen und diverse Bratkartoffel-Variationen mit drei Spiegeleiern und knackigem Eisbergsalat bis zum hausgemachten Sauerfleisch mit Remouladensauce und Gewürzgurke oder zum säuerlich eingelegten Aal in Gelee.

Das gewöhnliche Freitagsessen in einem traditionellen westfälischen Haushalt darf auf der Speisekarte ebenfalls nicht fehlen: Schollenfilet in einer Eihülle gebraten, mit Remouladensauce, Bratkartoffeln, Gürkchen oder nur mit grünem Salat. Leib- und Magengericht der Stammgäste, die sich gerne nach dem Wochenendeinkauf am Samstagmittag zum Frühschoppen treffen, ist der Grüne Bohneneintopf mit Würstchen – und selbstverständlich geht dem ein Bier voraus und ein Körnchen hinterher.

Um die rustikale Reihe der deftigen Klassiker noch voll zu machen, sind als gängige Küchenschlager in jedem Fall mit von der Partie: Rindfleisch in Meerrettichsauce mit Speckbohnen und Petersilienkartoffeln, Rindsroulade „Hausfrauen Art" mit pikanter Rahmsauce, gebutterten Blumenkohlröschen und Salzkartoffeln sowie Kasseler Rippenspeer mit Sauerkraut und Salzkartoffeln.

Wer sehr viel Hunger hat, liegt mit dem Fleischspieß „Landgasthof Stössel" genau richtig: Schweinefilet, Rind- und Putensteak am Spieß gebraten mit Zwiebeln und Schinkenspeck auf Gemüsespätzle. Wer eine Spezialität der Heide probieren möchte, bestellt am besten Heidschnuckenlammkeule mit Champignons in würziger Rahmsauce, Birne mit Preiselbeeren, Speckbohnen und Kartoffelrösti.

keine Betriebsferien	Ruhetag
Donnerstag Ruhetag	
9 Zimmer im Haupthaus, 7 Zimmer im Gästehaus	
Kategorie: einfach	
Kreditkarten werden nicht akzeptiert	
Familienfeiern und Tagungen bis zu 100 Personen, Sonnenterrasse, Solarium, Hallenbad, Tennisplatz	
Parkplatz, 6 offene Garagen	
Hunde nach Absprache im Gästehaus gegen Aufpreis gestattet	

„Landgasthof Stössel"
Familie Täger
3119 Bohndorf-Altenmedingen
Telefon 0 58 07-2 91

Fontanehaus

„Wer in die Mark Brandenburg reisen will, der muß Liebe zu Land und zu Leuten mitbringen" riet Theodor Fontane den Besuchern seiner Heimat. Gleichzeitig sagte er auch: „Das Beste, dem du begegnen wirst, werden die Menschen sein." Einige Romane des berühmten Schriftstellers, der 1819 in Neuruppin geboren wurde, spielen in dieser Gegend, wie zum Beispiel „Effi Briest" oder „Irrungen Wirrungen". Dort, wo schon Anfang des 18. Jahrhunderts die „drei Friedriche" – Friedrich I. von Preußen, König Friedrich IV. von Dänemark und Friedrich August von Polen – mit einem eigens für sie in Holland gebauten Luxuskahn herumschipperten und es sich rundum gutgehen ließen, leidet man, was Essen, Trinken und Schlafen betrifft, momentan noch stark unter den Nachwehen des DDR-Regimes. Noch sehnt man sich auf seinen Streifzügen durch die Havelseen-Landschaft meist vergebens nach schmackhafter

hiesiger Landeskost wie Gurkensuppe, Kotelett, Kartoffelpuffer und Biertunke.

Eine der wenigen Ausnahmen, wo man dies bekommt, ist das „Fontanehaus" in Neuglobsow. Es ist eines der ältesten Häuser im Ort und profitierte gegen Ende des 18. Jahrhunderts wie viele andere davon, daß die Altglobsower Glashütte hierher verlegt wurde. Einer der Glasmacher kam damals auf die Idee, in seinem Haus zusätzlich eine Schenke zu betreiben, in der es Bier und kräftigen Branntwein gab. Die Glasbläser waren für ihre Geselligkeit und ihre Ausdauer beim Kartenspiel bekannt.

Die Hütte wurde Ende des 19. Jahrhunderts stillgelegt, und von da an kamen überwiegend Wanderer, Künstler und Sommerfrischler in die Gegend. In seinem Buch „Wanderungen durch die Mark Brandenburg" macht Fontane Lust auf eine Erkundung des Menzer Forstes und des sagenumwobenen Stechlinsees.

Aus dem kleinen Glasbläserdorf wurde nach Kriegsende ein beliebter Ferienort. Fontane, der während seiner Besuche immer wieder Station im heutigen „Fontanehaus" machte, war übrigens nicht der einzige, der diese Gegend beschrieb. Auch Hans Fallada erzählt in seinem Buch „Damals bei uns daheim" von Ferientagen, die er als Kind in Stechlin erlebte.

Die historische Gaststätte wurde im Laufe der Jahre mehrmals umgebaut. Die Gemütlichkeit und die gute einheimische Küche sind jedoch erhalten ge-

blieben. Ganz besonders beliebt unter den Gästen ist der Brandenburgische Linseneintopf mit Knacker, die hausgemachte Rinderroulade gefüllt mit Gurke, Zwiebeln und Speck, dazu Apfelrotkohl und Kartoffelklöße sowie die geschmorte Schweinshaxe mit Weinsauerkraut und Salzkartoffeln.

	Betriebsferien im November	
	Von Mai bis September kein Ruhetag, ansonsten Mittwoch Ruhetag	
	warme Küche von 11 bis 22 Uhr	
	Spezialität: Brandenburgischer Linseneintopf, Rinderroulade und geschmorte Schweinshaxe	
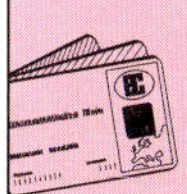	Kreditkarten werden nicht akzeptiert	
	Familienfeiern bis zu 25 Personen, Fahrradverleih, Bootsvermittlung	
	Parkplatz 300 Meter entfernt	
	Hunde gestattet	

„Theodor Fontane"
Familie Schindler
Fontanestraße
O-1431 Neuglobsow
Telefon 03 30 81-2 19

Haus am See

Wo Fuchs und Has' sich „Gute Nacht" sagen, fühlen sich Leute wohl, die allen Grund haben, sich einmal zurückzuziehen. Wenn man die letzten drei Kilometer von der Hauptstraße durch unwegsames Waldgelände hinter sich hat und der solide Backsteinbau des „Hauses am See" in Sichtweite gerät, kann man sich lebhaft vorstellen, wie die Mitglieder des früheren DDR-Ministerrats hier – unter Ausschluß der Öffentlichkeit – munter auf die Pauke gehauen haben. Einige der Kellner haben diese Zeit noch gut in Erinnerung. Die politische Vergangenheit des Hauses begann al-

lerdings noch früher: Reichsfinanzpräsident Schacht ließ es für sich als Landsitz errichten.

Das Haus liegt zwischen ausgedehnten Kiefernwäldern und drei malerischen Seen mitten in der Ruppiner Schweiz, über die seinerzeit Theodor Fontane schrieb: „Wenn man ein freundlich-aufmerksames Auge mitbringt, fehlt es ihr weder an Schönheit noch an unterscheidenden Zügen. Sie besitzt beides in ihrem Wasserreichtum." Zum „Haus am See" gehört ein eigener Strand am Gudelacksee, wo man sich in vollkommener Ruhe sonnen und schwimmen kann. Für Fahrten auf dem Wasser gibt es Ruder- und Tretboote und die hauseigene Yacht „Angor". Für Hobbyfischer liegt eine Anglerausrüstung im Haus bereit.

Das Restaurant in einem repräsentativen Fachwerkbau fällt, was die Ausstattung betrifft, für ostdeutsche Verhältnisse merklich aus dem Rahmen. Die hübsch gedeckten Tische stehen auf wertvollem Intarsienparkett unter blitzenden Kronleuchtern. Auch was aus der Küche kommt, kann sich durchaus sehen lassen. Das beginnt schon bei den kalten Platten, z. B. Tatar mit Eigelb und Zwiebeln, Gewürzgurke, Butter und Landbrot oder der delikaten Schinkenplatte mit Mecklenburger Nußschinken, Lachsräucherfleisch, zartem Schinkenspeck, Kochschinken und dazu Sahnemeerrettich und Brot. Spezialisiert ist die Küche auf Wild und Fisch. Typische Beispiele sind gebratene Medaillons aus dem Wildrücken in Speck und Zwiebeln geschwenkt mit Preiselbeeren und Kartoffelbällchen oder Havelländer Zander „Gärtnerinart" – gebratene Zanderschnitte mit Buttergemüse umlegt und Dillkartoffeln.

Wer etwas länger bleibt, sollte sich in einem der komfortablen Appartements im Haupthaus einquartieren beziehungsweise die große Suite buchen mit Kamin, Wintergarten und zwei Bädern.

keine Betriebsferien	
kein Ruhetag	Ruhetag
12 Zimmer, 9 Appartements, 1 Suite	
Kategorie: gehoben	
Kreditkarten werden nicht akzeptiert	
hauseigener Strand mit hauseigener Yacht, Strandkörbe, Liegestühle, Sauna, Fitneß, Kegelbahn, Fahrräder	
Parkplatz, Garagen	
Hunde nicht gestattet	

„Haus am See"
Gühlen Nr. 5
O-1954 Lindow
Telefon 03 39 33-2 82

Haus Moorlake

Der bayrischen Ehefrau des Kronprinzen und späteren Königs Friedrich Wilhelm IV. zuliebe wurde 1840 in den Glienicker Parkanlagen ein Haus im alpenländischen Stil gebaut.

So manch ein Preuße, der um die Jahrhundertwende zwischen Berlin und Potsdam unterwegs war und eine Rast im Gasthaus „Moorlake" einlegte, wird beim Anblick des Hauses ins Grübeln gekommen sein. Gar kein Zweifel, der Gasthof, das heißt seine Architektur, würde eigentlich besser nach Bayern passen, und auch die leicht hügelige Landschaft erinnert mehr an Süddeutschland als an die Mark Brandenburg. Der Zusammenhang ist leicht hergestellt: Corpus Delicti ist in diesem Fall die bayrische Ehefrau des Kronprinzen und späteren Königs Friedrich Wilhelm IV. Ihr zuliebe wurde 1840 in den Glienicker Parkanlagen ein Haus im alpenländischen Stil gebaut.

Der Park, der in der ersten Hälfte des 19. Jahrhunderts Stück für Stück angelegt wurde, galt, zusammen mit dem Schloß, von Anfang an als Gesamtkunstwerk des Berliner Klassizismus. Sein Besitzer und Initiator war der preußische Staatskanzler Karl August Fürst von Hardenberg. Nach dessen Tod übernahm Prinz Carl von Preußen den Besitz und bewohnte das Schloß für viele Jahre als Sommerresidenz. An der Gestaltung der Gebäude war der berühmte Architekt Karl Friedrich Schinkel beteiligt – als Gartenarchitekten entfalteten Joseph Lenné und Hermann Fürst von Pückler ihr kreatives Können.

Ludwig Persius, ein Schüler von Lenné, baute auf Wunsch Friedrich Wilhelms IV. das „Haus Moorlake" zunächst als Forsthaus. Die Hohenzollern benutzten es regelmäßig bei ihren Jagdausflügen. Gegen Ende des 19. Jahrhunderts wurde aus dem Forsthaus vorübergehend eine Poststation für den Verkehr zwischen Berlin und Potsdam. 1886 wurde es schließlich zu einer Gastwirtschaft. Zu diesem Zweck baute man eine Scheune als Wirtschaftsgebäude um und einen Tanzsaal an.

Auch heute noch erinnern die majestätischen Bäume rund ums Haus an die Zeit, als das Anwesen noch ein Teil von Glienicke war. Das Gasthaus „Moorlake" liegt direkt am Ufer der Havel,

und man hat an Sonnentagen vom Kaffeegarten aus einen herrlichen Blick auf die sommerlichen Segelboote. Abgesehen von preußischen Dauerbrennern wie Aal grün mit Gurkensalat, Kalbsleber Berliner Art oder Lausitzer Schusterpfanne sowie Pökelfleisch, Sauerkraut und Bratkartoffeln ist die Küche für ihre Wildgerichte bekannt. Zum Beispiel gespickte Rehkeule mit Rosenkohl, Preiselbeerbirne und Herzoginkartoffeln oder geschmorte Hasenkeule in Wacholderrahm mit Williamsbirne, Preiselbeeren und Püreekartoffeln. Seit rund zehn Jahren bemüht sich die Familie Roeder erfolgreich um die Tradition der Berliner Küche. Das Gasthaus ist nicht nur Ausflugsziel, sondern auch beliebt für jegliche Art von Familienfeiern.

keine Betriebsferien	Ruhetag
kein Ruhetag	
im Sommer von 11 bis 22 Uhr warme Küche, im Winter von 11 bis 19 Uhr warme Küche	
Spezialität: Wildgerichte, typisch preußische Gerichte	
Visa, Eurocard, Diners, American Express	
Garten, Veranda, Tagungen, Hochzeiten, Feste	
Parkplatz vorhanden	
Hunde gestattet	

„Haus Moorlake"
Familie Roeder
Pfaueninselchaussee
1000 Berlin 39
Telefon 0 30-8 05 58 09
Fax 0 30-8 05 25 88

Haus Dannenberg

Schon im Berlin der Jahrhundertwende hieß es im Volksmund „mit Kind und Kegel auf nach Tegel", und wenn man heute an einem sonnigen Sonntag die Greenwichpromenade am Tegler See entlangspaziert oder sich in eines der Ausflugslokale entlang der Havel begibt, weiß man sofort, wovon damals wie heute die Rede war.

Nur eine halbe Autostunde von Berlin in Richtung Nord-Westen findet man am äußersten Stadtrand das Dörfchen Alt-Heiligensee mit seinem schattigen Dorfanger und der kleinen Kirche aus dem 16. Jahrhundert neben Dorfkrug und Dorfschmiede. Der Dorfgasthof „Haus Dannenberg", dessen großer Garten bis ans Havelufer hinunterreicht, ist ein geeigneter Fluchtpunkt für Großstadtgestreßte. Wenn es sich irgendwie einrichten läßt, sollte man seinen Ausflug dorthin nicht aufs Wochenende legen. Der malerische Uferpavillon mit Blick auf den Fluß und die Fischerboote ist ein Platz zum Träumen. Oft werden ganz in der Nähe fangfrische Aale, Plötzen und Zander zum Kauf angeboten.

Wer die Fische lieber in der Pfanne sehen möchte, kommt in der gemütlichen Gaststube voll auf seine Kosten. Zu den Spezialitäten des Hauses gehören Aal grün in Dillsauce, Flußkrebse im Sud und natürlich Zander in allen Variationen. Sehr lecker sind auch die Wildgerichte, die kalten Platten aus eigener Schlachtung, im Haus gebackenes Brot und die Torten aus eigener Konditorei. Wo heute das „Haus Dannenberg" steht, war früher ein Bauernhof mit einem winzigen Krämerladen. „Opa Fritz" Dannenberg wandelte ab 1914 seinen Hof in ein Gartenlokal mit Schiffsanlegestelle um. Die ersten Ausflügler der damaligen Zeit konnten zwischen Pferden, Kühen und Hühnern ihren Kaffee zum Kuchen trinken. Das Hobby des Hausherrn: Aus den Trauben des einzigen Rebstocks im Garten wurde Wein hergestellt, von dem nur noch eine letzte Flasche übriggeblieben ist.

Das Haus hat sich seit damals eigentlich kaum verändert, und der Name „Dannenberg" ist auch erhalten geblieben. Immerhin ist der frühere Bauernhof schon seit 260 Jahren in Familienbesitz. Heute wie damals kommen die Ausflügler von Tegel aus mit dem Dampfer in circa einstündiger Fahrt über die Havel in das rund 675 Jahre alte Heiligensee. Nach einem deftigen Bauernschmaus im Garten des „Hauses Dannenberg" geht die „Mondscheinfahrt" zurück zur Tegeler Anlegestelle an der Greenwichpromenade.

Seit dem 1. Mai 1992 gilt zum erstenmal nach dem Mauerfall ein gemeinsamer Fahrplan der Reedereien in Ost- und Westberlin. Zu den beliebtesten Routen gehören Stadtrundfahrten mit Booten, die unter den zahlreichen Brücken des Großraums Berlin hindurchfahren. Jeden Freitag und Samstag verkehren Musikdampfer zwischen Palastufer und Friedrichstraße. Zusammen mit der Flotte Potsdam werden die Havelseen bis nach Werder erschlossen. Auf dieser Tour kommt man vorbei an Sehenswürdigkeiten wie Sacrower Heilandskirche, Grunewaldturm, Schloß Babelsberg und natürlich auch an der Pfaueninsel.

„Haus Dannenberg"
Familie Dannenberg
Alt-Heiligensee 52-54
1000 Berlin 27
Telefon 0 30-4 31 30 91
Fax 0 30-4 31 00 73

keine Betriebsferien	kein Ruhetag
23 Zimmer	Kategorie: gehoben
American Express, Visa, Diners, Eurocard	Wochenendangebote, Tagungen, Familienfeiern, eigene Schiffsanlegestelle
großer Parkplatz	Hunde gestattet

Blockhaus Nikolskoe

Berlin, im Zentrum der Brandenburgischen Seenplatte gelegen, ist eine Stadt am Wasser. Im Westen die Havel mit dem Wannsee, im Osten der Müggelsee und immer wieder die Spree, mit ihren kieferngesäumten Ufern, bestimmen den Liebreiz der Landschaft. Wer einen schnellen Szenewechsel vom Großstadt-Trubel zu Impressionen à la Caspar David Friedrich erleben will, hat es in Berlin nicht weit. Eines der beliebtesten Ausflugsziele am westlichen Havelufer ist das „Blockhaus Nikolskoe". König Friedrich Wilhelm III. machte es 1819 seiner Tochter Charlotte und deren Mann, Zar Nikolaus, zum Hochzeitsgeschenk. Bei einem

früheren Besuch in Petersburg war er in einem typisch russischen Blockhaus empfangen worden. Dort entstand sein Plan, in der Nähe der Pfaueninsel solch eine Datscha nachbauen zu lassen, um seine Tochter und den zukünftigen Schwiegersohn damit zu überraschen. Er hatte sich Charlottes Worte gemerkt, als sie sagte, sie könne in einem einfachen Blockhaus genauso glücklich sein wie in einem kaiserlichen Palast.

Die Bauzeit der Datscha betrug nicht mehr als sechs Wochen, Baurat Stüler und Hofbaurat Sachadow wurden anschließend beauftragt, im Stil des Blockhauses in unmittelbarer Nähe noch eine Kirche zu errichten. Während die Peter-Pauls-Kirche in der Zeit von 1834 bis 1837 entstand, wohnten die Baumeister selbst im Blockhaus. Ansonsten wurde es von Iwan, dem Leibkutscher des Königs, in Schuß gehalten für den Fall, daß der Hofstaat spontan hier anreiste.

Mit dem Fortschritt kamen die Dampfschiffe und mit den Dampfschiffen immer mehr fremde Besucher, die von „Nikolskoe" gehört hatten und das ungewöhnliche Haus besichtigen wollten. So wurde Iwan unfreiwillig der erste Wirt in dieser friedlichen Havel-Idylle.

Viele Berliner kommen am Wochenende zum Wandern und genießen den einmaligen Blick auf die Havel, auf Sakrow und die Pfaueninsel. An klaren Tagen kann man sogar die Türme von Potsdam in der Ferne erkennen.

Durch einen Brandanschlag wurde das wildromantische hölzerne Blockhaus 1984 vollkommen zerstört und anschließend unter der Regie der Schittkowskis, die es heute bewirtschaften, mit Mühe wieder originalgetreu aufgebaut. In der rustikalen Gaststube mit dem blauen Kachelofen werden preußisch-internationale Spezialitäten serviert: der unvermeidliche Bismarckhering, die klassischen Königsberger Klopse mit Kapernsoße, Kohlroulade mit Specksoße, Kasseler mit Sauerkraut, hausgemachte Eisbeinsülze mit Remouladensoße und Bratkartoffeln oder Finkenwerder Speckscholle mit Gurkensalat und Petersilienkartoffeln.

keine Betriebsferien	Ruhetag
Donnerstag Ruhetag	
im Sommer warme Küche von 12 bis 21 Uhr, im Winter warme Küche von 12 bis 19 Uhr	
Spezialität: Bismarckhering, Finkenwerder Speckscholle	
Diners, Eurocard, Visa	
Garten mit zwei Terrassen Familienfeiern, Betriebsfeste, Hochzeiten	
Parkplatz vorhanden	
Hunde gestattet	

„Blockhaus Nikolskoe"
1000 Berlin 39
Telefon 0 30-8 05 29 14

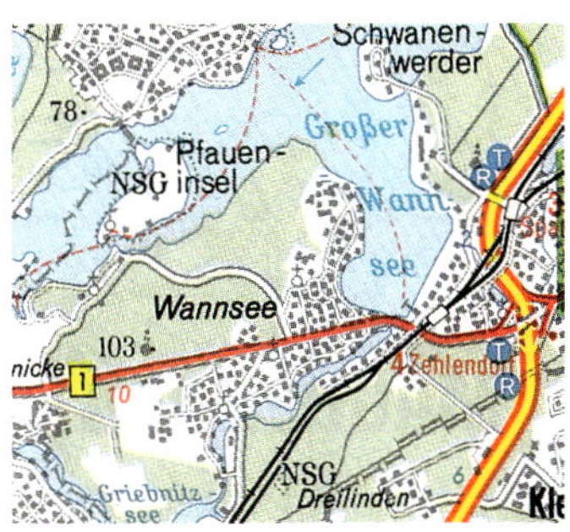

Altes Gasthaus Christ

Am schönsten wirkt das niederrheinische „Gasthaus Christ" während der Sommermonate. Dann tritt das ziegelrote Dach in einen klaren Kontrast zum tiefblauen Himmel und zum kräftigen Grün der mit Weinlaub über und über bewachsenen Fassade mit ihren rot und weiß bemalten Fensterläden.

Johann Wilhelm Christ, der das Haus gegen Ende des 17. Jahrhunderts baute, betrieb von Anfang an neben der Landwirtschaft auch eine Schenke. Menschen und Tiere wohnten anfangs noch unter einem Dach. Knapp 100 Jahre später wurde das Haus zu der am Niederrhein üblichen T-Form umgebaut. Aus dem neuen Obergeschoß wurde ein Saal, auf dessen Tanzboden es besonders hoch herging, wenn das Dorf im Herbst seine jährliche Kirmes (Kirchweih) feierte. In bezug auf Essen und Trinken war man damals noch nicht verwöhnt: Mit einem knusprigen Speckpfannkuchen, einem sauer eingelegten Hering, ein paar Soleiern mit Senf und einem guten Stück luftgetrockneter Mettwurst aus eigener Schlachtung war man schon zufrieden. Zur Abwechslung gab es noch Spiegeleier mit Bratkartoffeln, rote Beete, Senfgurken und süß-sauer eingelegten Kürbis.

Ein absolutes Muß war der „Papp" zum Abschluß: eine meist süßliche Milchsuppe, deren Zubereitung vielerlei Möglichkeiten zuließ. Da gab es „Brockepapp" (heiße Milch mit Brotresten), „Rissepapp" (Reisbrei) und natürlich auch „Bierpapp".

Die Bauersleute griffen meist kräftig zu und brachten daher häufig einige Zentner Lebendgewicht aufs Parkett. Damit sie sich mehr oder weniger gefahrlos im Dreivierteltakt wiegen konnten, mußte der Saal „gestippt" werden, das heißt, die Balkendecke unter dem Tanzboden wurde zusätzlich abgestützt.

Ansonsten boten Hochzeiten und Taufen zahlreiche Anlässe zu feiern. Ob arm oder reich, man hielt sich an die traditionelle Speisefolge: kräftige Rind-

fleischsuppe, dann Suppenfleisch mit Gurke und Meerrettich, Schweine- oder Rinderschmorbraten mit viel Gemüse und Kartoffeln. Mit Pudding, Weincreme, Rissepapp und Pflaumenkompott war der Bedarf an Süßigkeiten noch nicht gedeckt. Zum Schluß kamen noch schwere Buttercremetorten, gut belegte Obstkuchen und starker Bohnenkaffee auf den Tisch.

Besondere Ereignisse waren auch Beerdigungen. Die Menschen am Niederrhein hatten ein natürliches Verhältnis zu Leben und Tod und betrachteten einen deftigen Leichenschmaus als etwas ganz Selbstverständliches. Wenn es darum ging, dem Verstorbenen „et Fell zu verprüwe" (die Haut zu vertrinken), nahm man sich, je älter derjenige geworden war, manchmal einen ganzen Tag Zeit dafür. Einige Beerdigungen sollen lustiger gewesen sein als Hochzeiten und endeten nicht selten mit einem makabren „Er lebe hoch".

Auch die gegenüberliegende Schmiede brachte Gäste ins Haus. Wenn ein Bauer ins Dorf kam, um seine schweren Wagenpferde beschlagen zu lassen, landete er mit ziemlicher Sicherheit im Wirtshaus. Das endete manchmal damit, daß Schmied und Wirt den Bauern gemeinsam in seinen Karren hoben und mit einem Klaps das Pferd in Bewegung setzten, welches dann in der Regel allein den Weg nach Hause fand.

Damals wurde noch viel gemeinsam gesungen und musiziert. Diese geselligen Gewohnheiten sind bis heute nicht ganz aufgegeben worden. Immer noch steht bei Christ ein Klavier, und die Nachkommen der Dorfmusikanten spielen bei schönem Wetter im Garten auf.

Vor allem ist die angenehme Atmosphäre des Hauses trotz aller Sorgen und Kriegsnöte erhalten geblieben. Die Familie Christ-Loose ist nun schon in der 10. Generation hier ansässig. Und rheinische Hausmannskost wird nach wie vor mit viel Sorgfalt zubereitet, z. B. Sauerbraten mit Rotkohl, Apfelmus und hausgemachte Kartoffelklöße, Schinken mit Ananaskraut und Kartoffelpüree, Grünkohl mit Mettwurst oder Spanferkel.

Im Hof des „Gasthauses Christ" kann man unter den schattenspendenden Bäumen angenehm sitzen.

Betriebsferien vermutlich im Februar
Montag und Dienstag Ruhetag
täglich von 18 bis 22 Uhr geöffnet
Reservierungen erwünscht
Kreditkarten werden nicht akzeptiert
Veranstaltungen mit Musik, Gartenfeste bis zu 150 Personen
Parkplätze vorhanden
Hunde gestattet

„Altes Gasthaus Christ"
Familie Christ-Loose
Eltener Str. 425
4240 Emmerich-Hüthum
Telefon 0 28 22-7 03 02

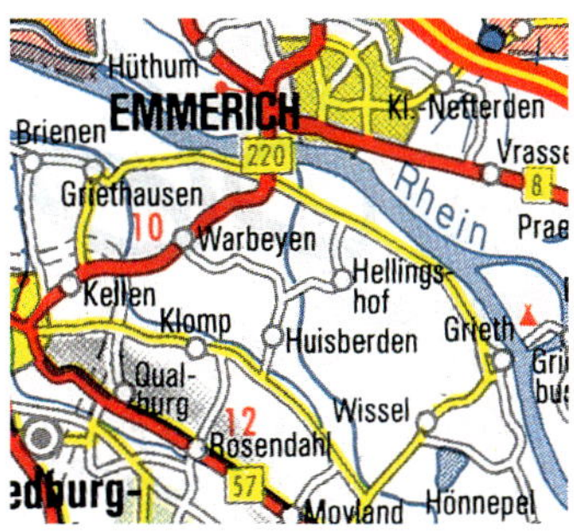

Haus Ossenberg

Kaum hatte sich in Hünxe herumgesprochen, daß „Haus Ossenberg" nach siebenjähriger Pause wieder eröffnet, meldete sich ein Teil des früheren Personals bei dem neuen Wirtsehepaar Steinke. Da dieses sich den Grundsatz, Gastronomie mit Herz zu betreiben, auf die Fahnen geschrieben hat, erschien ihm die Gelegenheit günstig, an alte Traditionen anzuknüpfen. Und einige der neuen alten Stammgäste waren offensichtlich begeistert, unter den Kellnern bekannte Gesichter zu sehen.

Auch in der Küche schaltet und waltet – mit Unterstützung von Heidemarie Steinke – ein alter Hase: Reinhold Diedrich hat die 70 bereits überschritten und nach 50 Berufsjahren die Küchenarbeit immer noch fest im Griff. Im Sommer hat er besonders viel zu tun, denn „Haus Ossenberg" ist trotz der langen Pause nach wie vor ein beliebtes Ausflugsziel. Nach ausgedehnten Spaziergängen im Naturpark „Hohe Mark" sitzt man auch hier auf der großen Sonnenterrasse mitten im Grünen. Ein herrlicher Platz, um sich mit Kaffee und selbstgebackenem Kuchen verwöhnen zu lassen. Wer erst gegen Abend einkehrt, nimmt seinen Aperitif am Kaminfeuer. Wer dann Lust auf eine echt rheinische Spezialität hat, ist mit einem hauseingelegten Brathering mit viel Zwiebeln und Röstkartoffeln sicherlich gut beraten. Ähnlich deftig sind westfälischer Schweinepfeffer nach Hausfrauenart mit selbstgemachten Klößen und Krautsalat oder holländische Matjesfilets mit Zwiebelringen, Röstkartoffeln und grünen Böhnchen. Ob Holzfällersteak mit Kräuterbutter oder Medaillons vom Schweinefilet in Pfifferling-Sahnesauce – das meiste Fleisch kommt aus der eigenen Schlachtung. Das Haus hat zu Recht einen guten Namen für seine saisonalen Wildspezialitäten. Zu den bevorzugten Rezepten gehört die Wildpfanne „Diana" mit Hirsch-, Reh- und Wildschweinfilet in Sauce Cumberland mit Pilzen, hausgemachten Butterspätzle und Renettenkompott. Besonders raffiniert und preislich im Rahmen präsentiert sich das Menü des Monats: Kräuter-Crêpes-Roulade mit geräuchertem Lachs in Crème-Fraîche mit Champagnersenf – Kartoffelcremesüppchen mit Steinpilzen – Kalbsfilet an Orangen-Pfeffersauce, grünes Nudelnest mit gerösteten Pistazienkernen – frische Früchte, Mangosauce, Zitronensorbet.

Betriebsferien in der zweiten Januarhälfte und die erste Woche im Februar	Ruhetag
Dienstag Ruhetag	
täglich ab 11 Uhr geöffnet, von 11 bis 22 Uhr durchgehend warme Küche	
eigene Schlachtung	
Kreditkarten werden akzeptiert	
Terrasse für 150 Personen, Veranstaltungen bis zu 150 Personen	
großer Parkplatz	
Hunde gestattet	

„Haus Ossenberg"
Familie Steinke
Ossenbergweg 6
4224 Hünxe-Gartrop
Telefon 0 28 58-25 77

Adelheids Spargelhaus

Ihr Ehemann hatte im wahrsten Sinne des Wortes das Feld bereitet, als Adelheid Böckenhoff 1983 ihr Restaurant in der Nähe von Raesfeld in Westfalen eröffnete. Rund drei Jahre hatte er mit Spargel experimentiert, bevor er damit begann, seiner Frau das königliche Gemüse für die Küche zu liefern. Während der Saison – Mitte April bis Ende Juni – kommen die edlen weißen Stangen, pfundweise gebündelt, wahlweise mit Schinken, Butter, Hollandaise, Rührei oder Rinderfilet kombiniert, auf den Tisch. Der Spargel kann gar nicht schnell genug wachsen, um alle Feinschmecker in der Gegend zufriedenzustellen. Immerhin braucht er vier Jahre bis zur ersten Ernte – von da an kann man ihn pro Saison acht bis elfmal stechen. Allerdings nur bis zum 24. Juni, dem Johannistag, dem offiziellen Ende der Spargelsaison.

Die 15 Hektar Felder und das alte Bauernhaus, in dem sich die Mutter von vier erwachsenen Kindern mit ihrem Restaurant eingerichtet hat, gehörten immer schon zum Gut Böckenhoff, einem alten Familienbesitz. Bevor Adelheid Böckenhoff als Wirtin an die Öffentlichkeit trat, war es längst zur lieben Gewohnheit geworden, Freunde und Familie im eigenen Eßzimmer zu bewirten.

Wenn außerhalb der Spargelsaison zeitweise etwas weniger Andrang herrscht, findet sie hin und wieder die Muße, den Stammgästen auf dem Klavier vorzuspielen. Von Dezember bis März hat sie wirklich Zeit für sich und die Familie – dann bleibt der Gasthof bis auf private Gesellschaften geschlossen. Auch ohne Spargel lohnt sich der Weg nach Gut Böckenhoff – vorausgesetzt man mag deftige westfälische Hausmannskost. Gemüse und Kräuter kommen aus dem eigenen Bauerngarten – Wild und Geflügel aus der Nachbarschaft. Es gibt herrliche Pfannkuchen-Variationen, zum Beispiel mit Speck oder Mettwurst und am Wochenende ein westfälisches Büffet mit einheimischen Spezialitäten. Zum Standard-Repertoire gehören natürlich auch Pfefferpotthast und Schweinebraten mit Dörrobst und Rotkohl. Dem Gut angegliedert ist ebenfalls eine Brennerei, in der aus Buchweizen Weizenkorn hergestellt wird. Zur Verdauung empfiehlt sich ein Gläschen davon oder eine Runde Bosseln, eine Art Straßenkegeln vom „Spargelhaus" bis zur 1000jährigen Eiche. Die Gegend erkunden kann man in nächster Umgebung zu Fuß, bei weiteren Strecken mit dem Fahrrad, zu Pferd oder mit einem nostalgischen Planwagen.

von Dezember bis März nur mit Voranmeldung	außerhalb der Spargelsaison Montag und Dienstag Ruhetag
Mittagessen von 12 bis 15 Uhr, Abendessen von 18 bis 21 Uhr	am Wochenende westfälisches Büffet, zur Saison Spargel, Grünkohl, Gänse
Eurocard	Schlachtfeste, eigene Schnapsbrennerei
Parkplatz vorhanden	Hunde gestattet

„Adelheids Spargelhaus"
Adelheid Böckenhoff
Gut Böckenhoff
4285 Raesfeld-Erle
Telefon 0 28 65-80 11

Alte Schenke

Die „Alte Schenke" ist einzigartig in ganz Deutschland in der Bewahrung regionaler Hausmannskost. Ähnlich wie in anderen Häusern hat sich im Laufe der Jahre vieles verschönert, vergrößert, verfeinert – die Küche allerdings blieb gleichzeitig bewundernswert bürgerlich – ohne Schnörkel und ohne Schnick-Schnack. Im Unterschied zu den meisten Kollegen, die nicht nur ihre Speisekarte international aufarbeiten, sondern auch bei der Zusammenstellung des Weinkellers vornehmlich in die Ferne schweifen, um eine kleine Handvoll einheimischer Gewächse mit exotischen Tropfen aus Nappa und Barossa Valley zu ergänzen, richtet Emil Sickendiek auch bei der Wahl der Weine sein Hauptaugenmerk auf deutsche Anbaugebiete. Man sagt ihm sogar nach, daß sich seine Weinkarte wie ein Adelskalender der besten deutschen Weine liest.

Als Zeichen der Anerkennung erhielt er 1988 als einziger deutscher Gastronom von der Vereinigung „Pro Riesling" den Förderpreis für Gastronomiebetriebe.

Dabei haben die Sickendieks – im Vergleich zu vielen alteingesessenen Wirtsfamilien – keine langjährige Tradition vorzuweisen. Es war erst 1951, als der Vater des jetzigen Hausherrn am Marktplatz von Golddorf, ein paar Kilometer außerhalb von Versmold, einen Krämerladen mit Bäckerei und Gaststätte eröffnete. Schon nach kurzer Zeit fanden alle hauseigenen Produkte wie Schinken, Wurst und rheinisches Schwarzbrot reißenden Absatz in der weiteren Nachbarschaft. Die Wirtsstube wurde allmählich zu klein für die vielen Gäste, und so entschloß sich das Ehepaar Sickendiek, Bäckerei und Lebensmittelhandel zugunsten der Gastwirtschaft aufzugeben.

Trotz der Vergrößerung der Gasträume und der Einrichtung eines Gästehauses in einem der benachbarten Fachwerkbauten, blieb die Idee eines kleinen Familienbetriebes erhalten. Auf der übersichtlichen Speisekarte fand sich, der jeweiligen Saison und Jahreszeit entsprechend, alles, was eine gute westfälische Hausfrau für ihre Lieben auf den Tisch bringt: Sülze mit Bratkartoffeln, dicke Bohnen mit Speck, Hausmacher Wurstschnittchen und Grünkohl mit deftiger Bratwurst.

Als der Vater 1978 überraschend starb, hatte Emil Sickendiek junior gerade seine Lehre hinter sich. In den Jahren danach wurde die Küche vergrößert, die Speisekarte verlängert und die Räumlichkeiten wurden verschönert – der Stil des Hauses blieb jedoch weiterhin westfälisch unverfälscht.

Daran änderte sich auch nichts, als 1984 Erhard Wendt als neuer Küchenchef ins Haus kam. Er hatte im „Waldhotel Krautkrämer" sein Handwerk gelernt und war – in bezug auf die Pflege der westfälischen Küche – voll und ganz auf der Seite seines neuen Arbeitgebers.

Mit neuen Impulsen wurde gemeinsam eine Speisekarte zusammengestellt, die auch schon äußerlich den Erwartungen, die man an die deutsche Küche stellt, entsprach. Das heißt unter anderem: Es gibt kein Menü, sondern eine Speisefolge, man serviert mit Soße und nicht an Dressing, statt Sorbets und Parfaits gibt es ganz einfach Halbgefrorenes. Ganz oben auf der Liste der Spezialitäten steht der feine Wurstebrei (Hoch- und Querrippe vom Rind, Graupen, Salz, Pfeffer, Muskat, Piment) mit eingelegten Gurken, roter Beete und Bratkartoffeln, gefolgt vom warmen Salat von feingeschnittenen Schweineohren mit Biß, dazu Pellkartoffeln und Kräuterschmant oder rheinischer Heringsstip nach Landfrauenart mit Äpfeln, Zwiebeln, Sauerrahm und Bratkartoffeln. Unter dem

Motto „Besser essen in Deutschland" hatte Emil Sickendiek kürzlich in einer Fernsehsendung an der Seite von Petra Schürmann Gelegenheit, Millionen von Zuschauern in die Geheimnisse der westfälischen Kochkunst einzuführen. Erhard Wendt, der als Koch dabei war, entschied sich an diesem Tag für Schwarzcremesuppe mit Schinkenstreifen, geräucherte Jungschweinlende mit Faßbohnen und Majorankartoffeln und als Dessert für Waldhonighalbgefrorenes mit Münsteraner Altbierschaum.

keine Betriebsferien	Ruhetag
Montag Ruhetag	
Dienstag bis Samstag 17.30 bis 22 Uhr, Sonntag auch 12 bis 14.30 Uhr	
Spezialität: Wurstebrei und dicke Bohnen	
Eurocard, American Express	
große Auswahl deutscher Weine	
Parkplatz vorhanden	
Hunde gestattet	

„Alte Schenke"
Familie Sickendiek
Bockhorst 3
4804 Versmold
Telefon 0 54 23-85 97

Ratskeller Wiedenbrück

Wer sich die Mühe macht, auf das Dach dieses mehr als 400 Jahre alten Hauses zu steigen, hat von der Terrasse aus einen Bilderbuchblick über die historischen Dächer der bunten Altstadthäuser von Wiedenbrück bis hin zum Emssee und zum neuerschlossenen Freizeitpark „Flora Westfalica". Die mehr als 1000 Jahre alte Stadt hat ihren Besuchern eine Menge zu bieten: Zwischen den auffallenden Sehenswürdigkeiten wie dem Heimatmuseum, dem Leineweber-Museum und dem Schloß Rheda mit seinen historischen Kutschen und Kostümen gibt es überall gut erhaltene Fachwerkhäuser, die zwischen 300 und 400 Jahre alt sind. Eines davon ist der „Ratskeller". Wie viele andere steht auch dieses imposante Giebelhaus am Marktplatz unter Denkmalschutz. Vom ersten Tag an wurden in den gemütlichen Stuben unter schweren, mit Eichenbalken gestützten Decken Fremde bewirtet. Das heißt: Der Ratskeller ist schon seit 1560 ein Gasthaus. Sein Bauherr warnte in einem bebilderten Bibelspruch, der heute noch auf der Fassade zu finden ist, die Nachwelt davor, sich schon am frühen Morgen der Zecherei und dem ausschweifenden Leben hinzugeben. Als Heinrich Surmann, ein Vorfahre der jetzigen Wirtsfamilie, das Haus ansehnlich vergrößerte, hatte man ihm schon längst den Namen „Ratskeller" übertragen. Bei weiteren Baumaßnahmen – ganze 70 Jahre später – wurde ein alter Torbogen verwendet und auch bei der Gestaltung der neuen Fassade benutzte man altes Spruch- und Bildschnitzwerk, um ein möglichst homogenes Bild entstehen zu lassen.

Nach einem letzten „Face-Lifting" vor circa fünf Jahren gibt es jetzt auch Sauna, Solarium und Whirlpool auf dem Dach und unter demselben 37 ganz individuell ausgestattete Hotelzimmer sowie modern

ausgerüstete Tagungsräume für bis 50 Personen. Die Gaststuben sind immer noch gleichermaßen gemütlich, und es treffen sich weiterhin Einheimische mit Wochenendurlaubern und Geschäftsreisenden an den geschmackvoll gedeckten Tischen. Bei sonnigem Wetter kann man im Garten sitzen und sich mit einem eisgekühlten Bier und einem kräftigen Westfälischen Schinkenbrot stärken.

An trüben Wintertagen wird es auch in den Gaststuben früh dunkel, und man zündet auf allen Tischen Kerzen an. Dann ist die ideale Zeit für den würzigen Pfeffer-Potthast, für Gänsebrust auf Maronensauce und Hirschrückenfilet mit gefülltem Wirsing. Der „Ratskeller" bietet das ganze Jahr über vorzügliche Fischgerichte wie beispielsweise Zanderfilet auf Wirsing in Senfrahm oder herzhafte Heringe in Apfel-Zwiebelrahm mit Pumpernickel und Butter an. Dann gibt es noch die verschiedensten köstlichen Spargel-Variationen während der leider viel zu kurzen Saison. Besonders beliebt ist Spargel auf Westfälische Art mit Knochenschinken, Reibeplätzchen und Rübenkrauthollandaise. Eine wahre Gaumenfreude verspricht auch das Westfälische Menü: Feldsalat in Speckkartoffeldressing mit Räucherforelle; Wirsingcremesuppe mit Schinkenklößchen; pochierte Lendenschnitte in Wurzelsud mit Bouillonkartoffeln; Quarkcreme mit Grütze.

Unter den Getränken gibt es eine sensibel zusammengestellte Weinauswahl, bei der der Schwerpunkt offensichtlich auf Franken liegt. Unter den Digestifs dominieren ausgewählte Obstbrände.

Wer sich solche oder ähnliche Kalorien-Bomben zu Gemüte führt, sollte die leiblichen Freuden mit ein paar leiblichen Übungen verbinden und von vornherein ein Pauschalwochenende für Radfahrer buchen. Nach Strampeltouren durch Feld und Wald und an der Ems entlang kann man sich spätere kulinarische Entgleisungen guten Gewissens erlauben.

keine Betriebsferien 23./24./25.12. geschlossen	Ruhetag
kein Ruhetag	
34 Hotelzimmer	
Kategorie: mittel	
American Express, Eurocard, Visa, Diners	
Gartenlokal, Tagungsräume bis für 50 Personen	
Parkplatz vorhanden	
Hunde gestattet	

„Ratskeller Wiedenbrück"
Familie Surmann
Lange Straße am Marktplatz
4840 Wiedenbrück-Rheda
Telefon 0 52 42-70 51
Fax 0 52 42-72 56

Zur Linde

In der gleichen Gaststube, in der sich heute der Bielefelder Alpenverein um seinen Stammtisch versammelt, die Mitglieder des örtlichen Heimatvereins Rast machen und viele Familienfeste gefeiert werden, trafen sich schon vor Jahr und Tag Salzschmuggler, die über den Postdamm Salz ins Ravenberger Land brachten. Aus dieser Zeit stammen auch noch die Schießscharten und die Eisengitter an den Fenstern – man hatte kein allzu großes Vertrauen in das fahrende Kaufmannsvolk, und außerdem hatte sich in der Mitte des 18. Jahrhunderts die „Bank der Bauern und Landwirte" in der „Linde" angesiedelt.

Die Geschichte des Hauses begann wohl schon etwa 100 Jahre früher. Wie man heute noch auf dem hölzernen Torbalken nachlesen kann, endete die Bauzeit des Hauses exakt am 24. April 1677. Heute ist der Balken eine sichtbare Erinnerung an alte Zeiten – damals war er regelrecht lebensnotwendig. Bevor man irgend jemandem die Tür öffnete, verschaffte man sich zuerst durch ein Guckloch in der Tür Gewißheit, daß die Sicherheit des Hauses und seiner Bewohner nicht bedroht war. Die Türen blieben allerdings auch verschlossen, wenn Mitglieder studentischer Burschenschaften aus Bonn, Münster und Heidelberg anreisten, um unter Ausschluß der Öffentlichkeit ihre blutigen Mensuren zu schlagen. Ihre Namen, die sie in den Stamm der inzwischen 250 Jahre alten Buche im Garten eingeritzt haben, sind heute wohl nicht mehr zu entziffern. Seit Mitte des vorigen Jahrhunderts lenkt die Familie Ortmeyer das Geschick dieses ungewöhnlichen Hauses. Wie es damals auf dem Land so üblich war, beherbergte die „Linde" außer einer Schankwirtschaft auch eine eigene Bäckerei, eine Drogerie und die besagte Bank. Besonders die Bäckerei erfreute sich großer Beliebtheit, und viele Gäste nahmen sich nach einem Besuch des Gasthauses Brot für die ganze Woche mit.

Von den Utensilien aus damaliger Zeit ist genug übriggeblieben, daß man den Gasthof im alten Stil damit dekorieren kann: Die alte Wanduhr hängt noch an ihrem Platz, es gibt altes Bauerngeschirr, Karrenräder, eine ehemalige Erntekrone und ein Spinnrad.

Das lange gehütete Salzschmuggelfaß ist mittlerweile im Besitz eines Isselhorsters, und die Linde, die dem Gasthof seinen Namen gab, ist der Zeit zum Opfer gefallen. Bis zum

Jahre 1940 saßen die Wirtsleute und ihre Gäste mit Vorliebe um diesen Baum. An Sommertagen wurden Bohlen in das Geäst gelegt, auf denen die Dorfmusikanten saßen und musizierten.

Heutzutage kommen die Wanderer auf ein Bier und einen hausgemachten Wurstebrei mit Gewürzgurke, Rote Beete und Salzkartoffeln. Die Stammgäste klopfen Skat und nutzen die kurzen Verschnaufpausen zwischen Bock und Ramsch, um sich mit einer Portion westfälischen Grünkohls mit Mettwurst, Speck und Bratkartoffeln zu stärken.

Die Speisekarte ist genauso spannend wie umfangreich. Unter den original westfälischen Spezialitäten gibt es auch noch dicke Bohnen mit Speck und Hausmacher Sülze mit Remouladensauce – aber ebenfalls rund zehn verschiedene Arten von Steaks, acht verschiedene Arten von Matjes während der Saison, ein gutes Dutzend köstlicher Wild-Variationen, jede Menge Spargel, solange er frisch ist, und – man lese und staune – sogar ein rundes Dutzend verschiedene Arten, frische Erdbeeren als Dessert auf den Tisch zu bringen.

keine Betriebsferien
Dienstag Ruhetag
im Sommer Montag, Mittwoch, Donnerstag und Freitag mittags geschlossen, ansonsten von 10 bis 1 Uhr geöffnet
eigene Bäckerei, Lebensmittelgeschäft im Stil der 50er Jahre, Hausschlachtung
Kreditkarten werden nicht akzeptiert
Gartenterrasse bis zu 100 Personen, Kinderspielplatz
großer Parkplatz
Hunde gestattet

„Zur Linde"
Familie Ortmeyer
Isselhorster Kirchplatz
4830 Gütersloh-Isselhorst
Telefon 0 52 41-6 71 96

Hof Hueck

Bevor dieses unverfälschte westfälische Bauernhaus im Kurpark von Bad Sassendorf, wenige Kilometer von Soest entfernt, Stein für Stein wiederaufgebaut wurde, stand es in Niedersassen bei Unna. Der Bauernhof hatte ursprünglich, das heißt zu Beginn des 14. Jahrhunderts, aus sechs Wohn- und Wirtschaftsgebäuden bestanden. 1775 kam ein siebtes dazu – mit seinem prachtvollen Fachwerk wurde es der erklärte Stolz seines Besitzers. Das Anwesen wurde seit Urzeiten schon von einer Generation zur anderen ungeteilt an den ältesten Sohn weitergegeben. Die anderen im Schnitt acht oder neun Geschwister zogen in die Welt hinaus und wurden Handelsleute, Handwerker, Generäle oder Geistliche. Manch einen hat es wirklich weit hinausgetrieben: Einer von ihnen schrieb 1763 aus Curaçao an seinen Bruder in Niedersassen, er möge ihm im Frühjahr und im Herbst jeweils sechs gut gesalzene westfälische Schinken in die Tropen schicken. Einen anderen Verwandten verschlug es nach Rußland, wo er vom Zaren geadelt wurde.

Einen kleinen Zusammenhalt bekam die in alle Winde verstreute Westfalen-Sippe durch das "Journal of the Hueck-Families", dessen regelmäßige Herausgabe sich ein spleeniger Verwandter in Alabama zur Lebensaufgabe gemacht hatte. Und als schließlich bis in die USA durchdrang, daß der Niedersassener Hof infolge der Kriegsschäden dem Verfall preisgegeben war, machte die Familie geschlossen mobil.

Landespflege und Denkmalschutz wurden eingeschaltet, und so kam es dazu, daß dieses historisch wertvolle Gehöft im Jahre 1973 in alle Einzelteile zerlegt wurde, um es an anderer Stelle in anderthalbjähriger Bauzeit wiederaufzurichten. Doch nicht, wie einige vermuteten, als Museum, sondern als Landgasthof mit kleinem Hotelbetrieb.

In dem geräumigen Kaminzimmer und der gemütlichen alten Diele werden westfälische Spezialitäten, aber auch internationale Gerichte aufgetischt. Seit fast zehn Jahren ist der gelernte Küchenmeister,Volker Kirst, Herr auf dem Hof. Wobei für das schöne alte Westfalenhaus nicht nur die Qualität seiner Küche spricht, sondern auch sehr viel gepflegte Gastlichkeit, was den äußeren Rahmen betrifft. Unter den schweren, geschnitzten Eichenbalken gibt es gemütliche Nischen mit feingedeckten Tafeln, auf denen Silber und Kristall um die Wette funkeln. Als kräftige Vorspeise bekommt man westfälische Reibekuchen – statt wie früher mit Apfelmus und Preiselbeeren mit Räucherlachs und Ketakaviar. Zum unvermeidlichen Knochenschinken werden selbsteingelegte Dillgürkchen oder, wie es heute oft üblich ist, saftige Melonenspalten serviert.

Scholle, Lachsforelle und Riesengarnelen finden sich als Standards auf der Speisekarte – fangfrische Fische aus dem Hamburger Hafen oder den Pariser Hallen kommen täglich dazu. Volker Kirst setzt sich oft genug selbst hinters Steuer seines schnellen Wagens und fährt zum Einkaufen nach Paris oder – während der Austernzeit – direkt nach St. Malo. Wer abends ein Dutzend Belons bestellt, kann sicher sein, daß sie am gleichen Morgen aus dem Atlantik gefischt wurden.

Suppenkasper lieben den Stielmuseintopf mit Schweinenacken, und Fleischfanatiker schwören auf den zarten Tafelspitz vom Mastochsen, auf Bouillonkartoffeln angerichtet und von einer herzhaften Schnittlauch-Meerrettichsauce begleitet, auf einen Sauerbraten in Mandel-Rosinen-Sauce mit Apfelkompott und Reibekuchen oder auf Lammkotelett mit frischen Kräutern überbacken und dazu eine kräftige Tomaten-Knoblauchbutter.

Die Kräuter stammen übrigens aus dem eigenen Garten – soweit es die Jahreszeit erlaubt. Kräuter für die Küche zu besorgen und Blumen für die Dekoration des Hauses zu arrangieren gehören zu den Aufgaben von Hausherrin Ada Kirst.

Wer es vom Speisezettel her noch deftiger haben möchte, wechselt an einen der blankgescheuerten Bauerntische im benachbarten "Alten Weinkeller", der ebenfalls von der Familie Kirst bewirtschaftet wird. Hier gibt es bei gemütlichem Kerzenschein dicke Bohnen mit Speck, Schweinebacken mit

Linsen, Reibekuchen und Handkäs mit Musik.

Neuestes Hobby des Hausherrn ist ein eigener Weinberg, den er seit Jahren bestellt. Das Ergebnis: Die 50 edlen Gewächse in seinem Weinkeller haben von einem Bad Sassendorfer aus eigener Herstellung Gesellschaft bekommen.

keine Betriebsferien	Hotel kein Ruhetag, Restaurant Montag Ruhetag
46 Hotelzimmer	Kategorie: mittel/gehoben, Wochenend- und Wochenpauschalen
Kreditkarten werden akzeptiert	Thermalbad in unmittelbarer Nähe
Parkplätze vorhanden	Hunde nicht gestattet

„Hof Hueck"
Familie Kirst
4772 Bad Sassendorf
Telefon 0 29 21-56 77
Fax 0 29 21-5 33 12

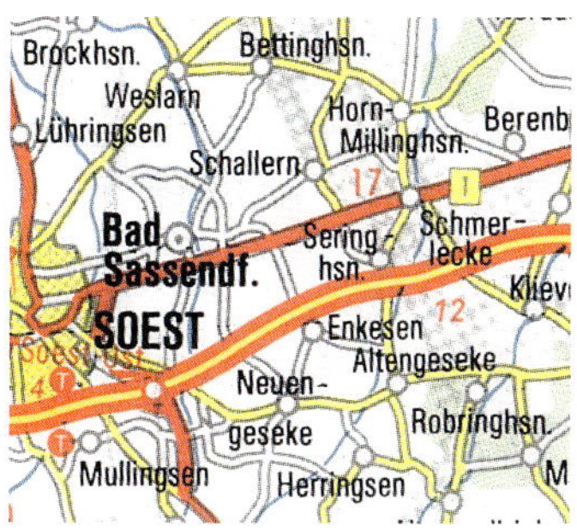

Buschkamp

Einer sogenannten Bürgerinitiative ist es zu verdanken, daß der Gasthof „Buschkamp" nicht längst in Schutt und Asche liegt. Das historisch wertvolle Haus, dessen Kerngebäude aus dem 17. Jahrhundert stammt und das viele Jahre an der Kreuzung gleichen Namens am Stadtrand von Bielefeld lag, sollte zugunsten eines modernen Wirtschaftsgebäudes unter den Hammer kommen. Gerade noch zur rechten Zeit wurde das stattliche, für die Gegend von Bielefeld-Senne typische 2-Ständer-Fleet-Deelenhaus 1983 unter Denkmalschutz gestellt. Dies hatte zur Folge, daß die Abbruchgenehmigung zwar erteilt wurde, allerdings nur in Verbindung mit der Verpflichtung, das Haus sorgfältig Stück für Stück abzutragen und an anderer Stelle wiederaufzubauen. Das geschah dann auch ein paar Jahre später, und der Buschkamphof wurde nur ein paar hundert Meter entfernt im Museumshof Senne wiederaufgebaut. Seitdem befindet er sich in der angenehmen Gesellschaft weiterer vier historischer Gebäude, die ein ähnliches Schicksal hatten.

Eines der fünf Fachwerkgebäude wird als traditioneller

Der Buschkamphof befindet sich mit weiteren vier historischen Gebäuden im Museumshof Senne.

Backspeicher weiterhin genutzt, ein anderes Bauernhaus beherbergt die „Auberge le Concarneau", ein französisches Spitzenrestaurant, und das Gasthaus „Buschkamp" ist geblieben, was es immer war. Hausherr ist in beiden Fällen Ernst-Heiner Hüser und das offensichtlich mit großem Erfolg: Schon nach zwei Jahren wurde die „Auberge le Concarneau" mit einem Michelin-Stern dekoriert.

Die Küche des „Buschkamps" ist wesentlich bodenständiger, wesentlich mehr an regionale Tradition und damit auch an regionale Produkte gebunden. Wobei sich der Küchenchef, wenn er einkauft, nicht einfach aus Nachbars Garten oder Hühnerstall bedient. Ernst-Heiner Hüser bezieht alles, was nicht im eigenen Garten wächst, von Bio-Bauern und Fleisch, Wurst und Schinken entsprechend vom Bio-Schlächter. Das, was dabei herauskommt, ist dem kritischen Gault Millau zwei Kochmützen wert.

Dennoch verursachen die überregionalen Loblieder auf die gute Küche bei niemandem unnötige Schwellenängste. Schon beim Mittagstisch sieht man eine angenehm bunte Mischung von Spaziergängern, Durchreisenden und einheimischen Stammgästen an den Tischen in der liebevoll restaurierten Gaststube Platz nehmen. Krampfhaftes Kalorienzählen wäre in einer solchen Umgebung genauso lächerlich wie der Versuch, einem Eskimo einen Kühlschrank zu verkaufen. Natürlich gibt es für den Notfall auch auf dieser Speisekarte den obligatorischen Rohkostsalat oder eine gemischte Gemüseplatte vom Bio-Bauern für überzeugte Vegetarier. Das Gros der Gäste kommt allerdings mit Heißhunger auf Speckpfannkuchen, kroß gebratene Entenkeulen mit Rotkohl und Bratkartoffeln, hausgemachten Kastenpickert mit Leberwurst und Pflaumenmus oder dicke Bohnen mit geschmortem Schweinebauch, Kasseler und Bratkartoffeln zurück.

keine Betriebsferien	Ruhetag
kein Ruhetag	
täglich von 11 bis 24 Uhr geöffnet, Mittagstisch von 12 bis 14.30 Uhr, Abendessen von 18 bis 22.30 Uhr	
nur deutsche Weine und Spirituosen, Obst und Gemüse aus dem Bio-Anbau	
Eurocard	
Gartenterrasse mit 70 Plätzen	
Parkplatz vorhanden	
Hunde gestattet	

„Buschkamp"
im Museumshof Senne
Buschkampstr. 75
4800 Bielefeld 12 (Senne)
Telefon 05 21-49 28 00

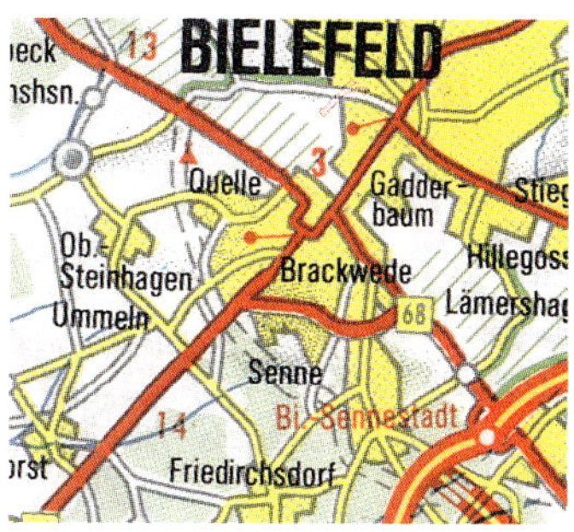

Bürmanns Hof

„Bei allem Streben nach noch höherer Kochkunst", sagte Bernhard Büdel seinerzeit in einem Interview, „habe ich manchmal das Gefühl, daß in manchen Restaurants das Wichtigste vergessen wird – der Gast". In seinen eigenen vier Wänden bemüht er sich, dieses Prinzip vor allen anderen hochzuhalten. Das zeigt sich in der sorgfältigen Komposition der Gerichte, der sensiblen Zusammenstellung der Speisekarte und der sehr persönlichen Beratung, wenn es um die Festlegung eines ganz individuellen Menüs geht. Auch das wirkliche Wohl seiner kleinen Gäste liegt ihm am Herzen: Statt der obligatorischen Schlumpf-Karte mit Würstchen, Pommes frites und Ketchup werden die Jüngsten am Tisch anständig bekocht.

Bevor er die Gelegenheit bekam, im „Bürmanns Hof" im westfälischen Verl seine Ideen in die Tat umzusetzen, brachte er eine umfassende Ausbildung hinter sich: Hotelfachschule in Marburg, praktische Lehrzeit im „Frankfurter Hof", Party-Chef im „Steigenberger Parkhotel", Chef-

Saucier in den Münchner „Vier Jahreszeiten", weitere Zwischenstops in den Restaurants „Waltherspiel" und „Le Gourmet" in München, „Walliser Stuben" in Düsseldorf und schließlich sechs Jahre im „Gütersloher Parkhotel".

„Um den Gast zufriedenzustellen, braucht man eine ehrliche, saubere Leistung aus der Küche, mit annehmbaren Portionen, zu moderaten Preisen." Sein Bemühen um eine akzeptable Preispolitik zeigt sich unter anderem darin, daß er von insgesamt rund 85 verschiedenen Weinen 11 als Schoppen anbietet.

Der richtige Rahmen für so viele positive Ambitionen ist gut gewählt. Bevor Büdel mit seiner Küchenbrigade im „Bürmanns Hof" einzog, ließen die Besitzer, die Familie Weitzenbürger, das 300 Jahre alte Fachwerkhaus aufs Schönste renovieren. Vorher hatte das Anwesen im Schatten des St. Anna-Kirchturms lange Zeit brachgelegen. So, wie es sich das Pächterehepaar Bernhard und Edith Büdel gewünscht haben, kann sich der Gast in dieser Umgebung wirklich wohl fühlen. Die dekorative Einrichtung unter 300 Jahre altem Eichengebälk tut noch ihr übriges mit bäuerlichem Hausrat aus dem Familienbesitz der Weitzenbürgers und schönen Wandmalereien inklusive einer Ansicht vom „Bürmanns Hof" in seinem ursprünglichen Zustand. Die Gäste können sich überall im Haus aufhalten: an der gemütlichen Theke im Eingangsbereich, in der Bürgermeisterstube, der Hochzeitsstube oder oben auf der Empore mit Blick über das ganze Restaurant.

Büdel ist einem weiteren Prinzip – Fisch und Fleisch im Geschmack so natürlich wie möglich zu belassen – treu geblieben. Er ist für eine leichte Küche mit spürbarem regionalem Touch. Und das hat sich offensichtlich bezahlt gemacht: Ende 1991 kam zur Kochmütze von Gault Millau auch noch der verdiente Michelin-Stern hinzu. Ein kurzer Auszug aus der Speisekarte: Taubenbrust mit Schnibbelbohnen und gebratenen Touquetkartoffeln; Seezunge auf violetter Butter, Brokkoliröschen, Kartoffelnudeln; Entenbrust in Zwergorangensauce, Wirsing, soufflierende Touquetkartoffeln; Schweinefilet im Pumpernickelmantel, Apfel-Biersauce, Möhrengemüse, Maccairekartoffeln.

„Bürmanns Hof"
Bernhard und Edith Büdel
Kirchplatz 5
4837 Verl
Telefon 0 52 46-79 70

Betriebsferien drei Wochen während der Sommerschulferien in NRW	
	Sonntag und Montag Ruhetag
Dienstag bis Samstag Mittagessen von 12 bis 14 Uhr, Abendessen von 18.30 bis 23 Uhr	
	Überraschungsmenü in 4 Gängen
Eurocard	
	an Ruhetagen geschlossene Gesellschaften bis zu 85 Personen, Sommergarten
Parkplatz vorhanden	
	Hunde gestattet

Gut Mühle

Trotz malerischer Kulisse am rauschenden Bach ist das „Gut Mühle" kein Gasthof für Landeier. Vor allem Vertreter der Kölner Szene zieht es zu dem cleveren Jungunternehmer Harald Pöhlmann. In der Küche kreiert er hingebungsvoll neue Gerichte – in der kleinen Gaststube stehen Gründerzeitschränke neben Biedermeiersofas. Genauso unkonventionell wie er selbst ist auch der Ort seiner Tat: vorne eine schlichte Gartenwirtschaft, in der Mitte ein gutbürgerliches Speiselokal und hinter dem Haus eine Art Brotzeitstand mit derben Holzbänken. Das Lokal in der Mitte, in dem rund 30 Gäste Platz finden, wurde vor vielen Jahren vom Lehrerehepaar Stommel eingerichtet. Es hat sich kaum etwas verändert. Heinz W. Stommel unterrichtete die jüngste Generation in Seelscheid zu einer

Zeit, als das Bergische Land unter französischer Herrschaft war und von Großherzog Johann Murat verwaltet wurde. Sein Sohn betrieb derweil die alte Getreidemühle. Auf einem Balken läßt sich nachlesen, daß die Mühle selbst in ihrer jetzigen Form seit 1763 besteht – in den Analen des Klosters Seeligenthal taucht sie schon im 14. Jahrhundert als „Gutmühle" auf. Ihren Namen verdankt sie der Tatsache, daß sie niemals eine Zwangsmühle war, sondern lediglich verpflichtet, die armen Leute in der Gemeinde Neunkirchen finanziell zu unterstützen. Das kleine, der Mühle heute noch gegenüberliegende Fachwerkhaus wurde von den Stommels errichtet.

Bis in die späten zwanziger Jahre lag das Wahnbachtal verkehrstechnisch noch im Dornröschenschlaf. Dann wurde schließlich auch hier eine Straße gebaut und die Voraussetzung geschaffen, aus der alten Getreidemühle das Restaurant „Gut Mühle" zu machen.

Harald Pöhlmann ist gebürtiger Franke und wurde eher zufällig in dieser Gegend und in dem putzigen Häuschen mit Mühlbach ansässig. Er nimmt es in Kauf, seine kreative Kraft auf knapp acht Quadratmeter Küche zu verteilen, damit er seinem denkmalgeschützten Arbeitsplatz treu bleiben kann. Die Gäste honorieren seinen Einsatz und können es kaum erwarten, daß er Schnitzel mit

Schafskäse bestreut, Hasenfilets in Kastaniensauce tunkt, zartes Schweinefilet in Grammelbiersauce auf den Tisch bringt oder – während der „Russischen Woche" – frischen Salm auf Rigaer Art mit Käse gratiniert, dazu gibt es Krabbensauce, Kerbelreis und Blattspinat.

Betriebsferien Ende September zwei Wochen
Montag Ruhetag
Dienstag bis Freitag ab 18 Uhr, Samstag und Sonntag ab 11 Uhr geöffnet
im Herbst diverse Länderwochen
American Express, Eurocard
Gartenwirtschaft, Familienfeiern bis zu 35 Personen
Parkplatz vorhanden
Hunde gestattet

„Gut Mühle"
Harald Pöhlmann
an der Wahnbachtalstraße
5206 Neunkirchen-Seelscheid
Telefon 0 22 47-6 92 97

Alte Vogtei

Die offensichtliche Beliebtheit dieses Gasthofs am Rande des Westerwalds scheint ganz eng mit der Beliebtheit der Wirtsfamilie Wortelkamp zusammenzuhängen. Wer jemals unter dem Dach der „Alten Vogtei" die Gelegenheit hatte, ihre Gastfreundschaft zu genießen, erinnert sich später mit Freuden daran, und viele Gäste kommen seither regelmäßig zurück. Sie sagen übereinstimmend, daß man sich in dem über 300 Jahre alten Fachwerkhaus auf Anhieb wohlfühlt. Schon mancher Neuankömmling ist gleich bei seiner Ankunft in der vorderen Gaststube hängengeblieben und hat sich mit den Einheimischen verplaudert.

Rein zufällig verirrt man sich jedoch kaum in das „Hammer Ländchen" zwischen Rhein, Lahn, Dill und Sieg. Dabei gibt es in dieser Gegend eine Menge zu sehen: kleine Städte, deren Geschichte bis ins Mittelalter zurückreicht, und Dörfchen, die ihren ursprünglichen Charakter bewahrt haben, trutzige Burgen und Klöster.

Hamm an der Sieg gehörte schon früh in der Geschichte zu einer kleinen Handvoll Dörfer im Westerwald, die mit dem Abbau von Eisenerz, der Landwirtschaft und dem Viehhandel ein angenehmes Auskommen hatten. Schon von weitem fällt das schöne alte Fachwerkhaus jedem Reisenden ins Auge. Bei näherem Hinsehen entdeckt man gleich neben dem Eingang ein berühmtes Relief: Es zeigt das Haus und die gegenüberliegende, ursprünglich romanische Kirche im Jahre 1753. Die Abbildung gilt als Erinnerung an einen siebenjährigen Grenzstreit und gleichzeitig als ältestes Bilddokument des Ortes.

Der ursprüngliche Sitz des Vogts von Hamm, der das Dörfchen im Auftrag des Grafen von Sayn-Hachenburg verwaltete, mußte im Jahre 1648, dem letzten Jahr des 30jährigen Krieges, neu aufgebaut werden. Plündernde Landsknechte hatten das Haus ausgeraubt und anschließend in Brand gesteckt. In späteren Jahren wurde aus der Vogtei eine Posthaltestation, und schließlich diente die ehemalige Vogtei als Amtssitz des Bürgermeisters.

Auf diese Weise wurde sie zum Geburtshaus von Friedrich Wilhelm Raiffeisen, der als Sohn des damaligen Bürgermeisters das Genossenschafts-System begründete. Seine Lebens-

daten – 1818-1888 – sind als Erinnerung in eine Eisenerzplatte graviert, die seit 1988 am Eingang des Hauses zu finden ist. Erwin Wortelkamp, Sohn des Hauses und gleichzeitig Bildhauer, honorierte auf diese Art die besondere Leistung der Hammer Heimatfreunde: Sie hatten im Laufe ihrer Nachforschungen wichtige Dokumente gefunden, die zur Vervollständigung der geschichtlichen Daten beitrugen.

Seine Vorfahren, die heutige Familie Hermes-Wortelkamp, sind seit 1862 in der Vogtei zu Hause. Das historische Haus blieb über all die Jahre in seiner Grundform erhalten, das Fachwerk unterstreicht nach wie vor seinen besonderen Charakter. Es teilt das Gebäude in unregelmäßige Raumeinheiten, was den Neuankömmling spontan dazu verlockt, das Haus etwas gründlicher zu erforschen. Und es lohnt sich: Die freien Plätze zwischen den dunklen Fachwerkbalken sind ausgefüllt mit alten Erinnerungsstücken wie Uhren, Stichen und Hausrat aller Art. Auch die Hotelzimmer wurden soweit wie möglich mit Antiquitäten dekoriert wie alte Truhen, Schränke und Bauernstühle.

Alles, was an verfeinerter regionaler Kost aus der Küche getragen wird, paßt in die familiäre Atmosphäre des Hauses. Bei der Zusammenstellung der diversen Menüs haben sich auch kulinarische Klassiker aus den Nachbarländern eingeschlichen. Wer beispielsweise das „Westerwälder-Menü" bestellt, bekommt vor den Forellenklößchen in Rieslingschaum Tomaten in Kräuter-Dressing mit Mozzarella serviert. Dem „Romantik-Menü" mit Wildschweinrücken in Holunder- und Ebereschen-Sauce gehen Maultaschen in Lachs- und Zanderschaum voran. Dazu gibt es heimisches Pils und Weine aus nahegelegenen Anbaugebieten von Rhein, Mosel, Ahr und Nahe.

	Restaurant vom 20.7. bis 10.8. geschlossen	Ruhetag
	Mittwoch und Donnerstag bis 17 Uhr geschlossen	
	11 Hotelzimmer	
	Kategorie: mittel/gehoben	
	Eurocard, American Express, Visa, Diners	
	Naturschwimmbad im Ort	
	Parkplatz vorhanden	
	Hunde gestattet	

„Alte Vogtei"
Familie Wortelkamp
5249 Hamm/Sieg
Telefon: 0 26 82-2 59
Fax 0 26 82-89 56

Zum Löwen

An der Grenze von Osthessen nach Thüringen, am Fuß des Dreienbergs, trennt das Dorf Friedewald die Flüsse Werra und Fulda. Im Oktober 1865 wurde bei einem schrecklichen Brand die Hälfte des Ortes eingeäschert, und auch die Dorfschenke „Zum Löwen" fiel den Flammen zum Opfer. Die Wirtsfamilie Maurer baute an gleicher Stelle wieder ein Haus auf, das sie in einem Nachbarort Stein für Stein abgetragen hatte und schaffte so die Voraussetzung für eine neue Dorfwirtschaft mit Posthalterei. Seit 1929 ist sie im Besitz der Familie Emmerich. Wer zum erstenmal nach Friedewald kommt (circa 12 Kilome-

ter von Bad Hersfeld entfernt), ist von dem relativ unscheinbaren Haus zunächst nicht gerade beeindruckt. Um so erstaunter ist man zu erfahren, daß das sogenannte „Schlemmerwochenende" bereits auf Monate hin von den Stammgästen ausgebucht ist.

In einer Gegend, deren Bewohner eindeutig die Hausmannskost bevorzugen, war es für das Wirtsehepaar Draeger alles andere als einfach, seine Gäste an die Feinheiten einer modernen Regionalküche zu gewöhnen. Inzwischen wird die Adresse des „Löwen" – vor allem unter Geschäftsreisenden – als Geheimtip weitergegeben. Was die Küche angeht, bleiben die Draegers nicht wegen des Erfolgs, sondern aus echter Überzeugung linientreu. Im Stall stehen weiterhin Rinder und Schweine; Küchenchefin Rosemarie Draeger holt die Kräuter für ihre Sauerampfersuppe und die jungen Karotten zum Kaninchen so oft wie möglich aus dem eigenen Garten. Frische Produkte, die weder sie selbst noch die Bauern aus der Nachbarschaft anliefern können, bringen die schnellen Transporter des Rungis-Expreß. Leicht und fantasievoll ist die Zusammenstellung eines typischen Schlemmermenüs: Süppchen von Roten Linsen, Seezungenröllchen an Safransauce mit Reis, Lammcarrée rosa gebraten an Balsamicosauce mit Kartoffelgratin, Himbeermousse. Sympathisch im Umgang mit den Weinen ist das Prinzip, alle Flaschenweine, die angeboten werden, auch glasweise auszuschenken.

Außer dem Schlemmerwochenende gibt es noch andere Sonderarrangements wie zum Beispiel die drei Tage für Flitterwöchner mit zwei Übernachtungen, Frühstücksbüffet, einer Flasche Sekt zur Begrüßung, einem 3-Gänge-Menü am ersten Abend und einem 5-Gänge-Candle-Light-Diner am zweiten Abend plus einem Besuch der Wasserburg in Friedewald zu einem Preis von nicht ganz 600 DM für zwei Personen.

Die Wasserburgruine mit Heimatmuseum in Friedewald ist einen Besuch wert.

Betriebsferien vom 27. Oktober bis zum 17. November	Ruhetag
Montag Ruhetag, Samstagmittag geschlossen	
9 Zimmer	
Kategorie: mittel	
American Express, Visa, Diners, Eurocard	
Sonderarrangements	
Parkplatz vorhanden	
Hunde gestattet	

„Zum Löwen"
Familie Draeger
Hauptstr. 17
6431 Friedewald
Telefon 0 66 74-7 36

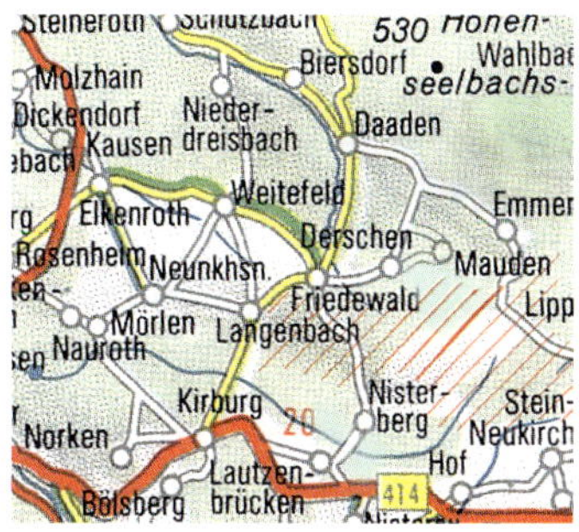

Landgrafenschänke

In einem Seitental der Lahn entdeckt man zwischen Buchen- und Eichenwäldern und schönen alten Fachwerkbauten die „Landgrafenschänke". Rund um den kleinen Ort Katzenbach führen Wanderwege über Berg und Tal mitten ins Herz des Rothaargebirges. Nicht weit von dem Gasthof entfernt hat früher das Landgrafenschloß Katzenbach gestanden, von dem die winzige Gemeinde im Kreis Biedenkopf ihren Namen hat. Von dem trutzigen Jagdschloß sind nur noch ein paar Grundmauern zu sehen. Die vier Bauernhöfe, aus denen der Ort Katzenbach jahrhundertelang bestand, sind bis heute erhalten geblieben. Erst in den letzten Jahren wurden oberhalb des Mini-Dorfes ein paar Ferienhäuser gebaut.

Seit dem Ende der sechziger Jahre wurde aus einem der Bauernhöfe eine Gastwirtschaft, wenig später baute man eine kleine Pension an das schöne alte Fachwerkhaus an. Alle Zimmer sind mit hellen Bauernmöbeln ausgestattet, die meisten haben einen eigenen Balkon. Wanderer, die es auf dem Hessenweg Nr. 1 in diese Gegend verschlägt, und Feriengäste, die auf geruhsame Art für ein paar Tage ausspannen wollen, beleben die rustikale Wirtsstube. Aus eigener Hausschlachtung kommt der Landgrafenteller mit Schweinemedaillons in Rahmsoße, Gemüse und Bratkartoffeln und natürlich auch die deftige Schlachtplatte mit Wellfleisch, Blutwurst, Leberwurst, Sauerkraut und Kartoffeln. Wanderer stärken sich für die Weiterreise mit einem Eierpfannkuchen „Bauernart" mit Speck, Wurst und Brot oder mit einem kräftigen Bauernschmaus aus Schnitzel mit Schinkenrührei, Bratkartoffeln und Salat. Jagdfreunde kehren ein für einen Rehbraten aus der Keule mit gefüllter Preiselbeerbirne, Kroketten und Salat, für eine Hubertuspfanne oder für Steaks vom Reh und Wildschwein auf Butterspätzle und Rotkohl. Die Weinkarte ist klein, aber mit Sachverstand zusammengestellt. Die Weine kommen aus guten Lagen in Rheinhessen, Baden und Württemberg.

Zum Schluß eine Anekdote, die man sich heute noch erzählt: Nach einer großen Treibjagd versammelte der Landgraf von Hessen die Bauern aus den umliegenden Dörfern, die seine Jagd als Treiber unterstützt hatten, und tischte ihnen eine Hühnersuppe auf. Auf die Frage, wann es bei ihnen zu Hause denn so eine Hühnersuppe gebe, antwortete einer der Bauernburschen: „Wenn der Bauer krank ist oder ein Huhn."

Betriebsferien im Januar oder Februar	Ruhetag
Montag Ruhetag	
8 Zimmer, eine Ferienwohnung	
Kategorie: einfach	
Eurocard	
Veranstaltungen bis zu 120 Personen	
Parkplatz vorhanden	
Hunde nicht gestattet	

„Landgrafenschänke"
Familie Ronzheimer
Ortsstr. 12
3560 Biedenkopf-Katzenbach
Telefon 0 64 61-57 58

Dombäcker

Das schöne alte Gasthaus in der Nähe von Marburg wurde 1990 offiziell zum historischen Kulturdenkmal erklärt. Die Bewohner dieser Gegend können auf eine bewegte Geschichte zurückblicken. Amöneburg liegt nämlich – von weitem sichtbar auf einem Basalthügel, circa 365 Meter über dem Meeresspiegel. Schon in der Zeit vor Christus siedelten hier Kelten, bauten die ersten Häuser und hatten bereits eine Befestigungsmauer um ihre kleine Stadt gezogen, als im Jahre 721 Bonifatius den Grundstein für ein Kloster legte.

Aus der früheren Poststation mit Schenke, die in einem der prächtigen Fachwerkhäuser untergebracht war, wurde 1725 der „Dombäcker". Die erste große Restaurierung war 1977 fällig. Nachdem Petra und Karl-Heinz Krohnen das Haus 1986 gekauft hatten, wurde nochmals gründlich Hand angelegt. Die Fassade wurde von Grund auf renoviert und in den typischen Farben des Barocks gestrichen, das heißt die Balken in Ochsenrot, die Flächen zwischen dem wertvollen Fachwerk in gebrochenem Weiß und Taubenblau. Im Jahre 1990 gab es einen wichtigen Wechsel in der Küchenmannschaft und gleichzeitig auch im Management:

Während die Familie Krohnen einen Teil ihrer Energie auf ein zweites Objekt in Marburg richtete, kam Ulrich Schules vom „Landhaus Stricker" auf Sylt als Verstärkung dazu.

Bei schönem Wetter werden auf der Terrasse, die zum Marktplatz offen ist, Kaffee und Kuchen serviert sowie Kleinigkeiten von einer separaten Speisekarte. Auf der häufig wechselnden Tageskarte im Restaurant halten sich Fisch und Fleisch die Waage. Die Auswahl ist klein und exquisit: Mastkalbrücken mit Schalotten und Senf in Rosmarinjus; pochierte Ochsenfiletscheiben auf Trüffelbutter, Spargelkohl und hausgemachte Nudeln; Klößchen von Wildkarpfen auf Kräutersenfschaum mit Spinat; Seezungenröllchen mit Lachs auf Brunnenkresseschaum mit rotem Reis. Ein Beispiel für ein fertig zusammengestelltes Menü: mariniertes Ochsenfilet mit Artischocken und Parmesan; Sauté von der Seezunge und Bries, Linsengemüse; auf Knoblauch pochierte Poulardenbrust, Frühlingsgemüse und Mungobohnen; Champagnersüppchen mit Erdbeeren, dreierlei Sorbets.

Einen Spaziergang durch das historische Städtchen Amöneburg sollte man nach dem Essen auf jeden Fall machen. Viele Ruinen erinnern heute noch daran, daß Amöneburg gegen Ende des Dreißigjährigen Krieges von schwedischen Truppen vollkommen zerstört wurde. Nach dem Wiederaufbau gehörte die Stadt noch einmal – während des Siebenjährigen Krieges – zu den Schlachtfeldern der Kämpfe zwischen Preußen und Franzosen. Ein Friedenstein auf dem Hof des „Brücker Wirtshauses" erinnert an den Waffenstillstand.

Um die Stadt herum gibt es zahlreiche Ziele für Wanderer

und Kulturinteressierte, wie barocke Kirchen, alte Mühlen und mittelalterliche Dörfer.

Betriebsferien in der ersten Januarhälfte	
	Montag Ruhetag
Mittagessen von 12 bis 14 Uhr Abendessen von 18 bis 21.30 Uhr	
	kleine exquisite Speisenauswahl, Reservierung empfehlenswert
Diners, Eurocard, Visa	
	Terrasse, Tagungsräume
Parkplatz vorhanden	
	Hunde gestattet

„Dombäcker"
Familie Krohnen
Am Markt 18
3571 Amöneburg
Telefon 0 64 22-37 55
Fax 0 64 21-5 14 95

Zum Wasserfall

Es gibt mindestens drei Gründe für eine Reise nach Trusetal, einem kleinen Ort mitten im Thüringer Wald: 1. der Skilift in unmittelbarer Nähe und ein zweiter auf dem Großen Inselberg; 2. die Besichtigung des Wasserfalls; 3. ein Besuch des gleichnamigen Gasthauses, der sich schon wegen der einzigartigen Trophäensammlung lohnt.

Während sich die Gäste über glacierte Wildhachsen in Rotweinsoße mit Preiselbeeren, Rosenkohl und Klößen oder ein zünftiges Wildschweinsteak mit buttergeschwenkten Mandarinen, Mischpilzen und Kroketten beugen, schauen ihnen ein paar andere Tiere beim Essen

über die Schulter. Wie die heutige Besitzerin strahlend erklärt, könne man ja ganz froh sein, daß die so lebendig dreinblickenden Tierchen alle ausgestopft sind. Als ihr Schwiegervater, Walter Ittershagen, seines Zeichens Gastwirt und internationaler Trophäensammler, noch lebte, soll es wesentlich wüster zugegangen sein. Damals war das beliebte Ausflugslokal noch von einer Art Wildgehege umgeben, in dem sich allerlei exotische Vierbeiner aufhielten. In der Familie erzählt man sich immer noch Geschichten von einem besonders dreisten Affen, der mit Vorliebe an Haarschleifen zog und Pudelmützen stibitzte. Böse Zungen behaupten, daß der größte Teil der Raubkatzen und anderer Exoten, die man im sogenannten Afrika-Zimmer bestaunen kann, seinerzeit Geschenke des Tierparks Hagenbeck waren, mit dessen Direktor der spleenige Walter Ittershagen gut befreundet war. Viel sympathischer ist allerdings die Idee, daß an den vielen kuriosen Geschichten, die der Trusetaler Freizeit-Karl-May seinen Gästen erzählte, ein kleines Fünkchen Wahrheit ist. Das Einzige, was man sich nicht so richtig vorzustellen vermag, ist das Life-Konzert der Eichhörnchenkapelle, dem absoluten Prunkstück der Sammlung, das angeblich einmal stattgefunden haben soll. Ob die Eichhörnchen nun wirklich, wie die Kinder gerne erzählen, in alten Zeiten aufgespielt haben, läßt sich wohl heute nicht mehr sagen. Der bloße Anblick der putzigen Nagetiere mit ihren Trommeln, Geigen und Trompeten ist den Besuch allerdings schon wert.

Außer den Wildspezialitäten, die in diesem Fall aus der Küche kommen, ist das Gasthaus auf Deftiges eingestellt, z. B. Würzfleisch überbacken mit Käse, Kartoffelsuppe mit Würstchen, Hackbraten mit Blumenkohl oder marinierter Hering in pikanter Sahnetunke. Wie es sich für ein Ausflugslokal gehört, gibt es natürlich auch Kaffee und Kuchen und spezielle Gerichte für Kinder.

keine Betriebsferien
kein Ruhetag
4 Zimmer
Kategorie: einfach
Kreditkarten werden nicht akzeptiert
Möglichkeiten zum Skilaufen
Parkplatz vorhanden
Hunde gestattet

„Zum Wasserfall"
Rita Ittershagen
Brotteroder Str. 46
O-6089 Trusetal
Telefon 03 68 40-15 40

Zum Stern

Mitten in der sanften Hügellandschaft zwischen Rhön und Fuldatal liegt das historische Städtchen Bad Hersfeld, und mitten in seinem liebevoll restaurierten historischen Kern befindet sich am Marktplatz der „Stern" mit Gasthof und Hotel. Die meisten Leute bringen Bad Hersfeld sofort in Verbindung mit den international anerkannten Theater- und Opernfestspielen, die jedes Jahr im Juli und August viele Besucher und viel Unruhe in das sonst so friedliche Alltagsleben bringen. Die Geschichte des „Sterns" ist eng mit der Geschichte Bad Hersfelds verbunden. Wie man heute annimmt, war das Haus ursprünglich in klösterlichem Besitz und schon vor über 1000 Jahren eine schlichte Herberge, in der die weltlichen Gäste des Abts Unterkunft fanden. Wirklich erwähnt wird es allerdings erst 1411: In einer Urkunde, die heute im Staatsarchiv von Marburg einzusehen ist, verlieh Reichsabt Hermann von Hersfeld dem „Güldenen Stern" die Konzession für den Ausschank von Wein und Bier. Auch zur damaligen Zeit gab es schon gesetzlich festgelegte Sperrstunden, die sich allerdings nicht nur auf die Nachtzeiten bezogen, sondern auch auf die Zeit der Gottesdienste in den Kirchen.

Um 1500 wurde baulich einiges verändert: Unter anderem entstand bei dieser Gelegenheit auch das große Rundportal zum Lingplatz. Es ist bis heute so erhalten, und man kann links und rechts von ihm noch angeschlagenes Mauerwerk entdecken – Zeichen dafür, daß die Pferdegespanne beim Rangieren auch schon einmal aneckten.

Ein wichtiges Datum in der Geschichte des Gasthofs war der 21. September 1715: Der damalige „Stern"-Wirt Johannes Betza wurde zum Posthalter in Hersfeld bestimmt. Schon einige Jahre später hatte sich der Verkehr eingespielt: Die fahrende Post ging einmal wöchentlich von Kassel über Melsungen, Morschen und Bebra, weiter über Hersfeld nach Salzungen und Schmalkalden und schließlich nach Bamberg.

1874 wurde das Haus von Reinhard Kniese übernommen, dessen Familie es jetzt schon über 100 Jahre besitzt. Mit dem Beginn des industriellen Zeitalters nahm auch der Eisenbahnverkehr rapide zu, die Leute verreisten mehr, und so bekam auch der „Stern" mehr und mehr Zulauf. Reinhard Kniese renovierte sein Haus und kümmerte sich in besonderer Art um das Wohl seiner Gäste. Es war für ihn selbstverständlich, jeden Neuankömmling persönlich mit der Kutsche vom Bahnhof abzuholen. Unter ihnen befanden sich der Divisionskommandeur Prinz von Hohenzollern, der Kapitän zur See von Tirpitz und die Gebrüder Grimm mit ihren Familien.

In der Zeit vor dem ersten Weltkrieg kamen viele angehende Soldaten nach Hersfeld, um dort die Offiziersschule zu besuchen. Einige wohnten im „Stern", andere kamen zur Tanzstunde und zu gemeinsamen Trinkgelagen. Noch heute gibt es das „Fähnrichzimmer" mit einigen Erinnerungsstücken aus dieser Zeit.

Der damalige Wirt, Reinhard Kniese jun., hatte viel Sinn für alte Möbel und Geschirr, doch leider ging das meiste von dem, was er jahrelang gesammelt hatte, wieder verloren, als die Amerikaner von 1945 bis 1949 das Haus besetzten.

Der heutige Wirt, Walter Kniese, tut auf seine Art alles, um der Tradition des Hauses gerecht zu werden. Auch für ihn ist der Gast König und sein Wohlbefinden geht über alles. Bei der Dekoration der 40 Hotelzimmer stattete er jedes individuell anders aus: von der sachlichen, service-orientierten Schlafstelle für Tagungsteilnehmer bis zum romantischen Alkovenbett für Verliebte.

Wer wissen will, wie das Wort „Hausmannskost" in diesem Teil des Landes interpretiert wird, bestellt sich am besten das mehrgängige Hessen-Menü. Wer sich erst langsam vorarbeiten will, fängt mit einem Vesperteller vorsichtig an – hessische Wurst, Kartoffelwurst, Schwartemagen, Blut- und Leberwurst, Möhrensalat, Handkäs mit Musik, Quark mit Schnittlauch, grüne Sauce, Butter und Brot. Die berühmte grüne Sauce mit mindestens sieben verschiedenen Kräutern paßt auch hervorragend zu gesottenem Tafelspitz mit Wurzelgemüse, neuen Kartoffeln und Salat mit Schmant.

Einen weit größeren Anteil an der Speisekarte haben allerdings heutzutage überregionale Gerichte wie gebratene Lammkeule, Rehrücken mit Pfifferlingen sowie Sauerbraten mit Serviettenknödeln oder ganz Raffiniertes wie Rouladen von Lachs oder Seeteufel im Mangoldblatt auf Safransauce und Zucchinireis.

Während der Theaterfestspiele läßt man sich immer etwas Originelles einfallen. 1992 gab es zum Beispiel parallel zur Aufführung von Shakespeares „Sommernachtstraum" ein „Sommernachts-Diner" mit Kurzvorträgen der Schauspieler. Küchenchef Mike Schneider komponierte in der Küche: Hummerparfait mit marinierten Palmenherzen „Sommerliche Liebe" – Hochzeitssuppe des Theseus – Seezungenfilet nach Art der Weber – Rosensorbet mit Rhabarberwürfeln – Roastbeef mit Béarnaise, Keniabohnen und Rahmkartoffeln, zum Abschluß à la Shakespeare – „Mondscheindessert der Elfen".

Das Küchenteam des „Sterns" sorgt dafür, daß auch das Auge mit ißt.

Betriebsferien vom 1. bis zum 17. Januar	Ruhetag
Freitagnachmittag geschlossen	
40 Zimmer	
Kategorie: gehoben	
American Express, Diners, Eurocard, Visa	
Hallenbad	
Parkplatz am Haus, Parkhaus in der Nähe	
Hunde gestattet	

„Zum Stern"
Familie Kniese
Am Markt
6430 Bad Hersfeld
Telefon 0 66 21-18 90
Fax 0 66 21-18 92 60

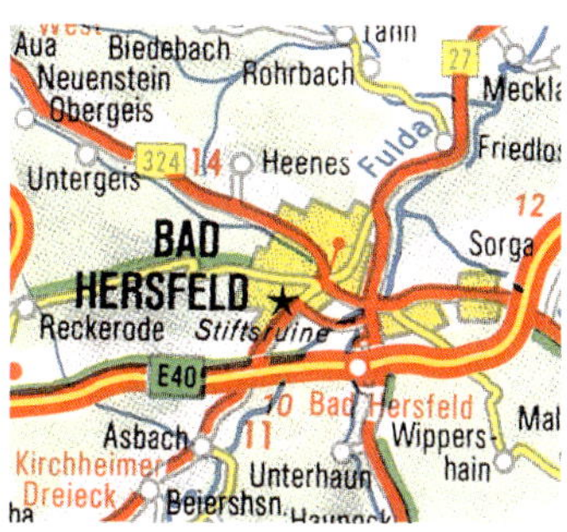

Zur Linde

Seit 1990 ist Thüringen der geographische Mittelpunkt von Deutschland. Ein Drittel dieses neuen Bundeslandes, das geschichtlich für Deutschland immer eine besondere Rolle gespielt hat, ist von dichtem Wald bedeckt. Slawen, Germanen und Römer drangen bis hierher vor und natürlich auch reisende Kaufleute. Einer der wichtigsten Handelsstraßen, der Via Regia, ist es zu verdanken, daß die Städte Erfurt, Weimar, Jena, Gotha und Eisenach gegründet wurden. Der Reformationsgedanke Martin Luthers wurde hier zum ersten Mal formuliert. Humanistisches Gedankengut verbreitete sich, von Thüringen ausgehend, durch Dichter und Denker wie Goethe, Schiller, Herder und Wieland.

Das kleine Dorf, nur zehn Kilometer von Weimar entfernt, ist ein winziger Fleck auf der Landkarte, und doch begann die Geschichte von Hetschburg (oder früher Oberhetschburg) nachweisbar schon vor mehr als 1000 Jahren. Schriftlich erwähnt wird der Ort erstmals in

einer Schenkungsurkunde aus dem Jahre 1119, in der mehrere kleine Kirchen – unter anderem auch die zu „Heidingesburch" – der Marienkirche in Erfurt unterstellt wurden.

Schon um 1250 wurde in Thüringen damit begonnen, Waid anzubauen, eine samtiggrüne Pflanze, die etwa einen Meter hoch wird und den Farbstoff enthält, aus dem man die Farbe Blau zum Färben von Stoffen gewinnt. In Hetschburg findet man heute noch einen großen Stein, den sogenannten Waidstein, mit dem man damals die Pflanzenstengel zu einem feinen Brei zerstampfte, bevor dieser dann weiterverarbeitet wurde.

Der Gasthof „Zur Linde" wurde 1805 ursprünglich als Schule gebaut. Dabei blieb es bis Anfang dieses Jahrhunderts. Wie überall üblich, wechselten auch in diesem Gasthof mehrmals Pächter und Besitzer, es gab irgendwann im gleichen Haus auch noch einen Lebensmittelladen und später einen Konsum, bis schließlich 1977 die Gemeinde Hetschburg alles übernahm, vieles umbaute und den Konsum ausquartierte.

Der Gasthof bietet Einheimischen und Fremden eine solide Auswahl regionaler Gerichte wie Kohlroulade mit Salzkartoffeln, Rindsroulade mit Thüringer Klößen und Apfelrotkohl, gebackene Schweinekeule mit Sahnemeerrettich und Sauerkraut, Hackbraten mit Mischgemüse oder auch Raffinierteres wie Wildschweinbraten mit Thüringer Klößen und Apfelrotkohl oder Rehsteak mit Preiselbeeren, Kroketten und Salatteller. Dazu wird mit Vorliebe ein herzhaftes Bier getrunken.

keine Betriebsferien	
	Montag Ruhetag
3 Zimmer	
	Kategorie: mittel
Kreditkarten werden nicht akzeptiert	
	Schlachtfeste
Parkplatz vorhanden	
	Hunde gestattet

„Zur Linde"
O-5302 Hetschburg
Telefon 03 64 58-2 15 86

Zum Ritter

Während der Bach-Tage, die jeden März Anhänger der klassischen Musik nach Arnstadt bringen, erinnert man sich daran, daß Johann Sebastian Bach von 1703 bis 1707 Organist in der heutigen Bachkirche war. In ihrem Kern hat die älteste Stadt Thüringens bis heute ihren mittelalterlichen Charme bewahrt. Erstmals erwähnt wurde sie 704 in einer Schenkungsurkunde unter dem Namen „Arnestati"; auch später war sie schon wegen des „Neuen Palais", einem imposanten Barockbau, der heutzutage das Schloßmuseum beherbergt, erwähnenswert. Die eigentliche Attraktion neben vielen anderen Kunstschätzen des 18. Jahrhunderts ist die Puppenstadt „Mon Plaisir". Fürstin Augusta Dorothea, die mit Anton Günther II. von Schwarzburg-Arnstadt verheiratet war, ließ jahrzehntelang nach ihren Ideen eine Miniaturstadt aus Puppenhäusern mit insgesamt 82 Stuben und mehr als 400 Puppen bauen. Porzellanliebhaber wissen, daß die Fürstin außerdem eine Fayencenmanufaktur errichten ließ. Vieles von

dem, was unter ihrer Leitung entstand, kann man heute noch als Sammlung bewundern.

Das Gasthaus „Zum Ritter" war zu dieser Zeit schon seit rund 100 Jahren eine Schankwirtschaft. Hier und in vielen anderen Häusern wurde damals fleißig Bier gebraut, da die Braugesetze noch sehr locker waren: „Welcher Bürger hinfürder ein Brauherr sein will, der soll in einem Brauhofe, der sechs Mark zu Geschoß gibt, sitzen, mit Feuer und Rauch darin wohnen, auch sein Bier in demselben Haus und sonst an keinem anderen Ort schenken".

Was die wenigsten wissen, ist, daß in der Gegend um Arnstadt auch Wein angebaut wurde. Die besten Tropfen gingen damals allerdings an Klöster und Kirchen, während in den Wirtshäusern minderwertiger Wein ausgeschenkt wurde.

Die Thüringer trinken jedoch grundsätzlich lieber Bier zu den deftigen Speisen.

Eine der Spezialitäten, die früher nur zu besonderen Gelegenheiten auf den Tisch kam, findet sich heutzutage auf der Standardkarte des „Ritters": Sauerbraten mit Apfelrotkohl und Thüringer Klößen. Absolute Klassiker sind auch Kohl- und Rindsrouladen, Eisbein oder Kasseler mit Sauerkraut. Als kalte Platten werden neben den Wurstspezialitäten Hausmachersülze mit Remoulade und Röstkartoffeln sowie Hakkepeter mit Eigelb und viel Zwiebeln angeboten.

keine Betriebsferien	Ruhetag
kein Ruhetag	
15 Zimmer	
Kategorie: einfach	
Kreditkarten werden nicht akzeptiert	
Veranstaltungen bis zu 100 Personen	
kein Parkplatz	
Hunde gestattet	

„Zum Ritter"
Kohlenmarkt 20
O-5210 Arnstadt
Telefon 0 36 28-22 24

Waldschlößchen

Viele Leute haben sich bereits vergeblich den Kopf darüber zerbrochen, was den jungen Anwalt und Dichter Johann Wolfgang von Goethe im Jahre 1775 bewogen hat, dem Ruf des Herzogs Carl August zu folgen und seinen Wohnsitz von der Reichsstadt Frankfurt in die 6000-Seelen-Gemeinde Weimar zu verlegen. Außer einem kleinen Tuchladen und dem Gasthof „Elefanten" hatte Weimar nichts vorzuweisen. Es war dort vollkommen provinziell.

Rund 100 Jahre später wurde eine andere Schankwirtschaft zum ersten Mal urkundlich erwähnt, das heutige „Waldschlößchen" am Stadtrand von Weimar. Viele Jahre lang hießen die Wirtsleute Thiele – 1965 übernahm Ernst Gotzian die Leitung des Betriebs. Als gelernter Metzger und Küchen-

meister brachte er ideale Voraussetzungen mit. Ende der sechziger Jahre baute er gründlich um und gab dem „Waldschlößchen" sein jetziges Aussehen. 1982 übernahmen Tochter und Schwiegersohn das Geschäft – sie sind ebenfalls beide aus der Branche.

Das Ehepaar Schwarz legt allergrößten Wert darauf, die Tradition der Thüringer Küche zum Mittelpunkt seiner gastronomischen Aktivitäten zu machen und seine Gäste mit Wildgerichten und anderen regionalen Spezialitäten zu verwöhnen. Der beste Zeitpunkt, diese im Westen noch recht unbekannte Art zu kochen, kennenzulernen, ist, wenn im „Waldschlößchen" wieder einmal ein Schlachtfest angesagt ist. Dann gibt es Schlachtsuppe mit Reis und Thüringer Hack- und Schluckklößchen oder Erbseneintopf mit Schweinekopf. Wer Würste mag, ist mit einer würzigen Rostbratwurst mit Kartoffelsalat oder mit der kalten Schlachtplatte „Hausschlachter Art" – bestehend aus Rotwurst, Leberwurst, Schwartemagen, Schweinebauch, Hackepeter, Sahnemeerrettich und Brot – in jedem Fall richtig beraten. Typisch für die Gegend sind auch der Thüringer Topfbraten oder Kesselklöße in heller Rahmtunke mit Salat und Kartoffeln.

Zum Standardprogramm gehören so köstliche Gerichte wie Thüringer Rostbrätel mit Röstzwiebeln und Kartoffelsalat, Schweinenackenbraten mit Buttergemüse und Thüringer Klößen oder Hackbraten in Sahne mit Schwarzwurzelgemüse und Kartoffelpüree.

Wer nach Weimar reist, sollte sich einen Besuch des Deutschen Nationaltheaters nicht entgehen lassen. Das bekannte Haus, in dem Goethe als Intendant seine eigenen Dramen inszenierte und berühmte Komponisten wie Liszt und Richard Strauss die musikalische Leitung hatten, wurde 1975 im Rahmen der 1000-Jahr-Feier Weimars restauriert. Für alle, die gerne auf Goethes Spuren wandeln, gibt es viel zu tun. Um nur einige Häuser zu nennen, die es wert sind, besichtigt zu werden: Goethehaus, Goethes Gartenhaus, das Goethe-Schiller-Archiv und das Haus Charlotte von Steins.

Betriebsferien in der zweiten Julihälfte	
Mittwoch und Donnerstag Ruhetag	Ruhetag
Freitag bis Dienstag Mittagessen von 11 bis 14 Uhr, Abendessen von 16 bis 21 Uhr	
eigene Hausschlachtung, Schlachtfeste	
Eurocard	
Veranstaltungen bis zu 70 Personen, Terrasse	
Parkplatz vorhanden	
Hunde nicht gestattet	

„Waldschlößchen"
Familie Schwarz
Jenaer Str. 56
O-5300 Weimar
Telefon 0 36 43-37 08

Zum alten Brauhaus

Zunächst ein paar Worte zu Dudeldorf: Obwohl es sich bei dem kleinen Städtchen in der Südeifel offiziell um einen Ferienort handelt, hören viele Leute den Namen zum ersten Mal. Genau gesagt liegt Dudeldorf 38 Kilometer von Trier, der ältesten Stadt Deutschlands, und zehn Kilometer von dem schönen Eifelstädtchen Bitburg. Der Ortskern von Dudeldorf ist von einer Ringmauer mit zwei Stadttoren umgeben. Kaum mehr als 1000 Einwohner sind dort zu Hause, und ganz in der Nähe befinden sich der Eifelpark Gondorf mit seinem Bärenfreigehege, der deutsch-luxemburgische Naturpark, die bekannten Klöster Himmelrod und St. Thomas, ein Weinmuseum, die Bitburger Brauerei und natürlich der Nürburgring.

Zwischen den Stadttoren, in unmittelbarer Nähe von Kirche und Burg, befindet sich beschaulich ruhig gelegen das „Alte Brauhaus" in einem großen Park. Es gehört schon deshalb zu den Raritäten unter Gasthäusern gleicher Art, weil man es trotz vieler, im Laufe der Jahre angefallener Umbauten und Renovierungsarbeiten geschafft hat, den alten Charme des Hauses zu bewahren.

1794 wurde es zum ersten Mal urkundlich erwähnt, aber zweifellos hat man dort schon in den Jahren vorher Reisende bewirtet und beherbergt. Der damalige Besitzer genoß den Ruf, der beste Steuerzahler des Ortes zu sein. Schon bald danach tauchte der Name Servatius in den Chroniken auf – Nachkommen dieser Familie bewirtschaften das Haus heute noch. Bierbrauer W. Josef, der erste in einer langen Reihe mit dem Namen Servatius, heiratete 1836 die Tochter des Hauses und brachte auf diese Art das Brauhandwerk mit ein. Rund 50 Jahre später wurde dieser Betrieb allerdings wieder eingestellt, und das Bier lieferte von Stund an die Bitburger Brauerei Simon. In den fünfziger Jahren gestaltete Alois Servatius das Anwesen schon grundsätzlich um, und 20 Jahre später erhielt es durch einen Umbau endgültig die Form, in der es heute noch besteht. Der leicht französische Stil erklärt sich durch die unmittelbare Nachbarschaft Luxemburgs. Dudeldorf wurde vor ein paar Jahren in die „Route de Gottfried von Bouillin" aufgenommen – eine Verbindung historischer grenznaher Stätten zwischen Frankreich, Luxemburg, Belgien und der Bundesrepublik. Und so präsentiert sich das „Brauhaus" stilgerecht inmitten des reizvollen Parks mit napoleonischem Pavillon und einer Sandsteinterrasse mit Weinlaube.

Die Verbundenheit mit den Nachbarländern kann man nicht nur sehen, man kann sie auch schmecken. Küchenpatron Rudolf Servatius lernte sein Handwerk unter anderem im „Erbprinz" in Ettlingen, und er hat wirklich die besten Voraussetzungen, die delikatesten Gerichte auf den Tisch zu bringen, denn, er sitzt im wahrsten Sinn des Wortes an der Quelle: Die frischen Forellen kommen aus dem benachbarten Bach; die Verwandtschaft zu einem Großmetzger garantiert eine gleichbleibende Fleischqualität; Obst und Gemüse kommen täglich frisch vom Markt; Kräuter gibt es ausreichend im eigenen Hausgarten. Das alles wird zu internationalen Gerichten verarbeitet, aber auch zu Spezialitäten aus der Gegend wie Eifeler Bauernvesper, Wildterrinen mit Ackersalat, verschiedenen Eintöpfen, Guglhupf oder Zwiebel-Speck-Pfannkuchen.

Die Einrichtung des Hauses weist eine Art französischen Landhausstil auf mit schweren

dunklen Eichenmöbeln, alten Truhen und den typischen Scheibengardinen. Die überall im Haus verteilten Ölbilder zeigen einige Familienporträts. Besonders beliebt bei den Gästen ist die gemütliche Pilsstube mit Kupferbüfett.

Betriebsferien von Ende Dezember bis Ende Januar	Mittwoch Ruhetag
15 Hotelzimmer	Kategorie: einfach/mittel
American Express, Eurocard, Visa, Diners	Eifelpark Gondorf, Weinmuseum und Nürburgring in der Nähe
Parkplatz vorhanden	kleine Hunde erlaubt

„Zum alten Brauhaus"
5521 Dudeldorf
Telefon 0 65 65-20 57
Fax 0 65 65-21 25

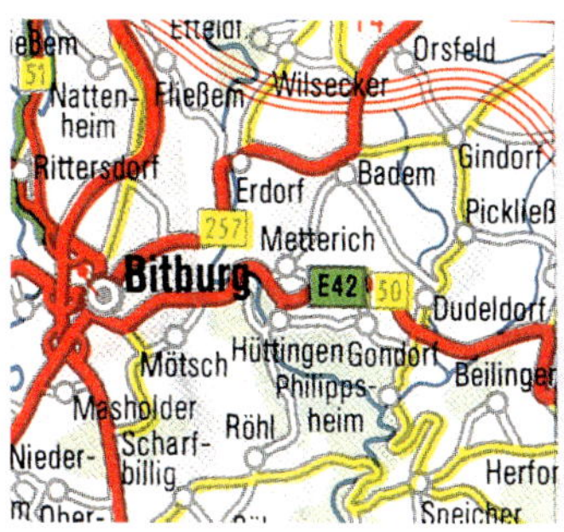

Brogsitter's Sanct Peter

Das älteste Gasthaus im Ahrtal, „Sanct Peter", wurde bereits um 600 als „königseigener fränkischer Meierhof" erstmals urkundlich erwähnt. In den Jahrhunderten danach wechselte das Gut als interessantes Tauschobjekt mehrmals den Besitzer. Der fränkische König schenkte „Sanct Peter" dem Benediktinerkloster Prüm in der Eifel, anschließend gelangte das Gut in den Besitz des Grafengeschlechts von Are Hochstaden, und im 13. Jahrhundert ging es schließlich mit all seinen wertvollen Weinbergen und sämtlichen anderen Ländereien an das Kölner Domstift. Die geistlichen Herren waren zu dieser Zeit bereits vertraut mit der außerordentlichen Qualität der Weine von „Sanct Peter", die sie mit Vorliebe als Meßweine zum Einsatz brachten. Infolge der Säkularisation geriet der Besitz zur Zeit Napoleons endgültig in private Hände. Seit Ende des Zweiten Weltkriegs gibt die alteingesessene Winzerfamilie Brogsitter im Weingut „Sanct Peter" den Ton an.

Anfangs waren es in erster Linie Kaufleute, die auf dem

Weg durch das Ahrtal hier Rast machten – danach kamen die Weinkenner, die Feinschmecker und durchreisende Touristen. Inzwischen haben sie in den Mauern des alten Gutsgebäudes die Wahl zwischen der neugestalteten „Vinothek" zum Probieren und Aussuchen der hauseigenen Wein- und Sektsorten, der „Kaminstube" für Dämmerschoppen und Winzervesper, dem eleganten Restaurant „Brogsitter" mit Schwerpunkt auf raffinierter französischer Küche und dem historischen Restaurant „Weinkirche", das sich mit den Jahren nicht verändert hat und nach wie vor auf regionale Kost spezialisiert ist. Das Tages-Menü richtet sich nach den Produkten, die gerade auf dem Markt frisch erhältlich sind. Ein Vorschlag für den Monat Mai: Sülze von Kaninchen mit Frühlingssalaten und Schnittlauchcreme; Seezungenschleifen auf Linsen-Lauchgemüse; Entrecôte mit Spargelgemüse und neuen Kartoffeln; Griesflammerie auf Rhabarber-Erdbeer-Grütze. Dazu empfiehlt der Küchenchef einen Schoppen 1990er Ahrweiler Klosterberg, einen 1990er Ockfener Scharzberg oder einen 1989er Walporzheimer Pfaffenberg aus dem eigenen Anbau. Der Tradition einer alten Winzerfamilie entsprechend werden die eigenen Weine in den Vordergrund gestellt. Die Weinkarte ergänzen Spitzengewächse aus Frankreich und Italien.

Sportlich ambitionierte Gäste wandern durch das schöne Ahrtal oder finden in unmittelbarer Nähe Golf- und Tennisplätze. Wer den Nervenkitzel liebt, dreht eine Ehrenrunde auf dem Nürburgring oder versucht sein Glück im Casino von Bad Neuenahr.

keine Betriebsferien	kein Ruhetag
Mittagessen von 12 bis 14.30 Uhr, Abendessen von 18.30 bis 22 Uhr, durchgehend geöffnet	Reservierung erwünscht, eigener Weinbau und Weinhandel
American Express, Diners, Eurocard, Visa	Terrasse, Garten, Tagungen bis zu 40 Personen
Parkplatz vorhanden	Hunde gestattet

„Brogsitter's Sanct Peter"
Familie Brogsitter
Ortsteil Walporzheim
5483 Bad Neuenahr-Ahrweiler
Telefon 0 26 41-38 99 11
Fax 0 26 41-3 66 59

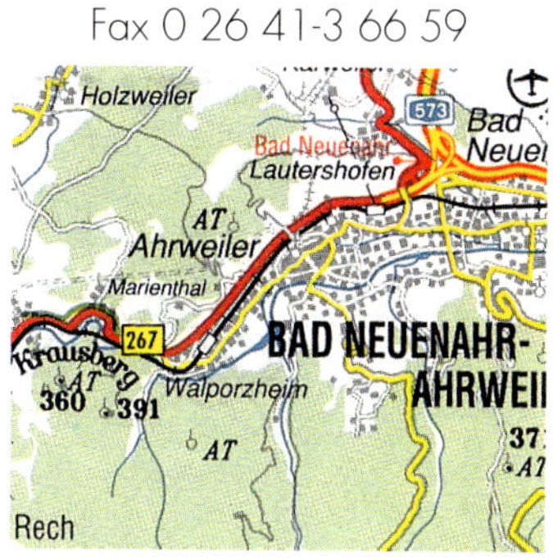

Zur Linde

Wo der Laubach in den Sattelbach fließt und drei Taunus-Täler zusammenstoßen, liegt wie ein Musterdorf aus dem Märchenbuch der Gebrüder Grimm das Dörfchen Gemünden: eine Handvoll malerischer Fachwerkfassaden mit schmukken Giebeln, ein paar Brunnen und Bächlein und dazwischen üppige Gärten mit schönem alten Baumbestand. Der wohl bekannteste Baum ist eine mächtige Linde, die vor vielen Jahren dem dazugehörigen Gasthaus seinen Namen gab. Wie alt das Gasthaus ist, weiß keiner mehr – die Urkunden sind längst verlorengegangen. Wie alt die Linde ist, läßt sich erfahren: Sie wurde im Jahre 1912 gepflanzt, und man weiß auch, daß die Wurzeln zunächst nicht so recht anschlagen wollten, was dem Gasthof vorübergehend den traurigen Namen „Zur verdorrten Linde" einbrachte.

Fest steht auch, daß die Wirtsfamilie Schäfer bereits in der fünften Generation hier ansässig ist, das heißt seit rund 150 Jahren. Das ehemals windschiefe kleine Gasthaus, das sich im Schatten der Nachbarhäuser fast verlor, hat sich im Laufe der Zeit ständig verändert: 1908 kam ein neues Stockwerk dazu und ein Tanzsaal, der damals der größte in der Gegend war. Fünf Jahre später wurden die ersten Fremdenzimmer vermietet, danach kamen Wirtschaftskrise und Weltkrieg und legten alles still. Erst nach 1945 wurde weitergebaut, es kamen ein weiterer Saal und noch mehr Fremdenzimmer dazu. Die Linde wuchs in all den Jahren – unabhängig von Kriegen und Krisen – stetig weiter, und im Schatten ihrer mächtigen Krone genoß so mancher Fremde die Gastlichkeit des Hauses. Allerdings war die Linde nicht der einzige Baum, dessen Gedeihen dem Seniorchef Richard Schäfer am Herzen lag. Er war in der Gegend seit langem als engagierter Naturschützer bekannt und wurde dementsprechend besonders geehrt, als 1962 mit einer großen Feier in seinem Haus der Naturpark Hochtaunus gegründet wurde.

Der Stamm der Linde mißt inzwischen gut zwei Meter im Umfang, und das gemütliche Gasthaus in Gemünden ist zu einem beliebten Wochenendziel im Frankfurter Raum geworden. Im Gästebuch finden sich Namen aus allen Teilen Deutschlands, aber auch Eintragungen aus den europäischen Nachbarländern und den USA. Aus dem einfachen Gasthaus ist inzwischen ein Lokal für Leckermäuler geworden. Die jungen Wirtsleute sind selbstverständlich beide vom Fach: Schwiegersohn Willi Lather ist Metzgermeister und seine Frau vervollständigte ihre Kochkenntnisse in renommierten Häusern in Hindelang, Oberstdorf und Mittenwald.

Bei schönem Wetter erfrischen sich die Gäste unter der breiten Baumkrone der Linde mit kaltem Bier und Eppelwoi. Die Auswahl für eine deftige Brotzeit ist groß und reichhaltig: Hausmacher Blut- und Leberwurst, Handkäs' mit Musik, Katenschinken, Wildschweinspeck, Bad Neuenahrer Rauchfleisch oder warme Fleischwurst mit Brot und Senf. Auch unter den Hauptgerichten gibt es die entsprechenden Beispiele für ein anständiges Stück Fleisch auf dem Teller: Rumpsteak mit Röstzwiebeln, Räuberspieß, Rahmschnitzel oder Pfeffersteak. Während der Wintermonate rühmt sich die „Linde" zu Recht ihrer vielen Wildspezialitäten.

Für den kleinen Hunger beziehungsweise die schlanke Taille gibt es als Alternative diverse leichte Toast-Variationen. Unter dem Stichwort Vollwertkost findet man Kräuterquark und Vollkornnudeln sowie knackige Salatplatten.

Bei schlechtem Wetter und im Winter versammeln sich Stammgäste und Ausflügler in den verwinkelten Gaststuben. Und auch hier ist man gut aufgehoben. Selbst für späte Gäste stellt sich das eingespielte Familienteam noch einmal an den Herd und bringt auch um 23 Uhr noch eine warme Mahlzeit auf den Tisch.

Betriebsferien im Januar	
	Montag Ruhetag
11 Fremdenzimmer	
	Kategorie: einfach/mittel
Eurocard	
	Gesellschaften bis zu 250 Personen
Parkplatz vorhanden	
	Hunde gestattet

„Zur Linde"
Familie Lather-Schäfer
6395 Weilrod 4 – Gemünden
Telefon 0 60 83-10 92

Neumühle

Zwischen Wiesen, Wäldern und Feldern entdeckt man in einem versteckten Winkel Frankens eines der schönsten Häuser zum Essen und Logieren in Deutschland. Hochzeitsreisende und alle anderen Zeitgenossen, die gepflegte Lebensart auf dem Land zu schätzen wissen, gehören zu den gerngesehenen Gästen der „Neumühle".

Das stattliche alte Fachwerkhaus liegt am Ufer der Saale, eine gute Autostunde von Frankfurt entfernt, zwischen Rapsfeldern und weiten Wäldern. Die Geschichte der ehemaligen Mühle reicht urkundlich zurück bis ins Jahr 1520.

In jener Zeit, als der Pächter seinen Zins nicht nur in barer Münze, sondern auch mit Hühnern und Getreide bezahlte, wurde sie als Eigentum des Adelsgeschlechts der Ritter und Edelleute von Flach eine Zeitlang die Flacher-Mühle genannt. Sowie die Wasserschaufeln der Mühle sich mal mehr und mal weniger schnell drehten, gab es Zeiten, in denen der Betrieb gut oder weniger gut lief und vorübergehend sogar auch einmal vollkommen stillstand. Während dieser Zeit verfiel auch das Haus zusehends. Im Verlaufe des Dreißigjährigen Krieges wurde es gänzlich zerstört und lag noch in Trümmern, als es 1660 in den Besitz des Julius-Spitals in Würzburg überging. Rund 20 Jahre später entstand dann an gleicher Stelle die „Neumühle", die ebenfalls einigen Schicksalsschlägen entgegensah.

Als die Zeit kam, in der so viele Mühlen stillgelegt wurden – nach Ende des Zweiten Weltkriegs – verfiel sie in einen Dornröschenschlaf, der erst beendet war, als ihre neue Zukunft als gastronomisches Kleinod in ländlicher Idylle begann. Dank einer behutsamen Restaurierung der schönen alten Fachwerkstrukturen entstand eine gepflegte Landhaus-Atmosphäre, und der besondere Charme des Gebäudes wurde durch seltene fränkische und andere wertvolle Antiquitäten noch zusätzlich verstärkt. Unter dem spitzgiebligen Scheunendach, das von dunklen Deckenbalken gestützt wird, lassen sich die Gäste mit Köstlichkeiten aus Küche und Keller verwöhnen.

Wobei die Küche durch die angenehme Leichtigkeit der Gerichte und den raffinierten Umgang der Köche mit dem, was die Region zu bieten hat, besonders besticht. Beim ersten Blick auf die Speisekarte schlägt nicht nur das Herz eines Suppenkaspers ein paar Takte schneller – bereits in diesem Moment wird der Vorsatz deutlich, dem Gast mehr zu bieten als das eingefahrene Repertoire einer internationalen Standardkarte. Die Entscheidung fällt nicht leicht, zwischen Sauerampfersuppe mit Schinkenbiskuit, Tomaten-Fenchel-Suppe mit Krabben, Kresseschaumsuppe mit Brandteigkrapfen oder Paprikaessenz mit Graupenroulade zu wählen. Abwechslungsreich sind auch die Vorschläge für warme Vorspeisen wie Forellentimbale mit Sauce Hollandaise und kleinen Gemüsen, Kalbsbriesscheiben an Calvadossauce mit Sesamreis oder Seezungenröllchen mit Lachsmus gefüllt an Safranschaum mit grünen Nudeln. Unter den Hauptgerichten reizen die Rochenflügel in Currybutter gebraten auf Gemüseragout, die Barbarie Entenbrust an Honig-Walnuß-Sauce mit Reis-Gemüse-Pfeffer oder ein gespickter Lendenbraten Großmutter Art an Backpflaumensauce mit geschmorter Tomate, Bohnenbündchen und Kartoffelpuffer. Wer weiterhin das Leichte bevorzugt, beschließt sein Menü mit einem Limonen-Sorbet oder einem Pfefferminzgranité – Leckermäuler schließen genüßlich die Augen, wenn es in die letzte Runde geht und sie die Qual der Wahl haben zwischen einem Rum-Rosinen-Parfait mit Karamelsauce, einem Carpaccio von Mini-Ananas mit Pfefferminze oder einer Mandeltulpe mit Moccamousse, Früchten und Fruchtmark. Mittags gibt es übrigens für Hausgäste eine zusätzliche Speisekarte mit deftigen Spezialitäten – die Standardkarte verändert sich regelmäßig. Sehr angenehm an schwülen Sommertagen: Das sonnenbeschienene Restaurant hat eine Klimaanlage.

Auf der Getränkekarte dominieren fränkische Schoppenweine wie ein trockener Silvaner Abtstrunk oder ein etwas vollmundigerer Müller-Thurgau Fürstentrunk unter den Weißweinen sowie ein roter Spätburgunder Großheubacher Bischofsberg.

Betriebsferien im Januar	kein Ruhetag
29 Hotelzimmer	Kategorie: gehoben
Kreditkarten werden nicht akzeptiert	Schwimmbad, Sauna, Solarium, Tennis-Hartplatz, Liegewiese, Fahrräder, Ruderboote, Angeln
Parkplatz vorhanden	Hunde nach Absprache gestattet

„Neumühle"
Neumühle 54
8781 Wartmannsroth
Telefon 0 97 32-80 30
Fax 0 97 32-8 03 79

Sepp Halbritter

Da wo Franken und Bayern ineinander übergehen, zwischen Bad Orb und Bad Kissingen, findet man in der südlichen Rhön das Örtchen Wartmannsroth. Seit einem Jahr sieht man immer mehr Autos mit auswärtigen Kennzeichen, die offensichtlich einen besonderen Grund haben, in diese abgelegene Gegend zu kommen. Am Ortsausgang von Wartmannsroth Richtung Gräfendorf steht seit dem Ende der achziger Jahre ein Edelgasthof im Landhausstil. Von der Architektur her wurde er wie ein alter Gasthof gestaltet mit Fachwerk, breiten Holzbalkonen, einem kunstvollen Wirtshausschild und einem nostalgischen Dachgiebel. Sein Innenleben strahlt Heiterkeit und Ruhe aus – viel Holz in Kombination mit Himmelblau. In den Zwischenräumen der großzügigen Fensterfront sorgen raumfüllende Wandmalereien mit bäuerlich-barocken Picknickszenen für eine appetitanregende Stimmung. Qualität blüht selten lange im Verborgenen, und so dauerte es auch in diesem Fall

nicht lange, bis die ersten Gäste von weither und auch schon die ersten Vorboten der Gastro-Presse auftauchten. Mit dem Ergebnis, daß „Sepp Halbritter" bereits nach einem Jahr ländlicher Küchenkultur die ersten Pluspunkte, Sterne und Mützen einsammeln durfte. Im Varta-Führer beispielsweise bekam er drei Sterne für die gelungene Hotelausstattung, eine Krone für lobenswerte Hotelleistung, drei Sterne für die Restaurantausstattung und eine Kochmütze für die Küche. Im November 1991 dekorierte ihn der Michelin mit einem Stern.

Besonders hochgelobt wird bei dieser und anderen Gelegenheiten die angenehme, persönliche Atmosphäre des Hauses und der reibungslose, individuelle Service.

Eine starke Seite „Sepp Halbritters" sind spezielle Arrangements für ein kurzes oder, wenn man soviel Zeit hat, für ein verlängertes Wochenende beziehungsweise für Weinverkostungen. Sepp Halbritter selbst ist erfolgreicher Unternehmer, aber gleichzeitig auch Hobbykoch. Mit dem Gasthof hat er sich einen langgehegten Traum erfüllt. Sein zentraler Gedanke dabei ist, dem Gast möglichst jeden Sonderwunsch zu erfüllen und ihn – gemeinsam mit seinem sorgfältig zusammengestellten Team – nach allen Regeln der Kochkunst zu verwöhnen. Er läßt, wenn die Gäste es wünschen, Trachtenkapellen spielen, inszeniert Jazzauftritte, Feuerwerke, Kutschfahrten und, wenn es sein muß, auch Jagdausflüge. In der Küche leistet Horst Koppernock einen ganz wesentlichen Beitrag. Stammgäste schwärmen von seinem Rapunzelsalat mit warmem Speck und Räucheraal, von den süßsauren Kutteln in Knoblauch-Kräutersauce auf Steinpilznudeln, den mit Salbei und Speck gebratenen Täubchen auf Linsengemüse und dem Zanderflan mit Wildwasserlachs und Austernpilzrisotto. Die Desserts fallen aus dem üblichen Rahmen: Pflaumenstrudel auf Armagnacsabayon und Honigeis, marinierte Zitrusfrüchte mit Champagnerschaum überbacken, Marzipaneis oder Lebkuchenparfait im Biskuit-Mantel mit Vanille-Rahmeis.

Betriebsferien 15. Januar bis 15. Februar, zwei Wochen im August
Montag nur die Grillstube geöffnet, Dienstag Ruhetag
11 Hotelzimmer
Kategorie: gehoben
American Express, Visa, Eurocard
Weinproben, Wochenendarrangements
Parkplatz vorhanden
Hunde gestattet

„Sepp Halbritter"
Hauptstraße
8781 Wartmannsroth
Telefon 0 97 37-8 90
Telefax 0 97 37-89 40

Goldener Hirsch

Suhl ist heutzutage eine kleine Industriestadt am südwestlichen Rand des Thüringer Waldes. Der gleiche Ort, in dem 1824 das Kinderlied „Fuchs, du hast die Gans gestohlen" gedichtet wurde, lebt schon seit vielen Jahren vom (legitimen) Waffengeschäft. Zu den ältesten Wirtshäusern in der Gemeinde zählt der „Goldene Hirsch", der – wie man aus Urkunden weiß – 1616 im Auftrag des Grafen von Henneberg gebaut wurde und diesem zunächst als private Herberge diente. Seine Geschichte als Gasthaus begann 1691, als die offizielle Erlaubnis zum Bierbrauen und Ausschenken erteilt wurde. Wie in vielen anderen Städten setzte man damals alles daran, potentielle Kirchgänger sonntags von den Gasthäusern fernzuhalten. Die erfolgreichste Methode: Das Betreten des Gasthauses am Sonntag

war unter Strafandrohung verboten. In den nächsten 200 Jahren wurde der „Goldene Hirsch" immer wieder verkauft und immer wieder umgebaut. Es kamen ein Bierkeller, ein Tanzsaal und ein Musikpavillon im Garten hinzu.

Nach einigen Höhen und Tiefen wurde der Gasthof 1984 schließlich einer staatlichen Organisation überantwortet, die das Haus unter Denkmalschutz stellte und umgehend mit Restaurierungsarbeiten begann. Seit dem politischen Umschwung wird diese Organisation unter dem seltsamen Namen SEOB (Suhler-Einzelhandels-Organisations-Beteiligungs GmbH) geführt.

Seit 1991 bemüht man sich um die Wiederbelebung der thüringischen Gasthaustradition. Was in Bayern „Knödel" sind, nennt man in Thüringen normalerweise „Klöße" und in Suhl „Knolle". Doch unabhängig davon, mit welchem Namen man dieses Thüringer Leibgericht bezeichnet, es kommt in erster Linie darauf an, daß es aus rohen Kartoffeln zubereitet wird und innen geröstete Weißbrotwürfel enthält. Im „Goldenen Hirsch" steht es auf der Mittagskarte – als Beilage zu Sahnegulasch oder gespicktem Lendenbraten. Auf der Abendkarte findet man neben der geschmorten Schweinshaxe in Biersauce und Weinsauerkraut das Rostbrätel mit Zwiebeln und Röstkartoffeln als typische Hausmannskost. Ganz wichtig: Das Schweinefleisch wird vor dem Grillen 24 Stunden in eine Mischung aus Bier, Senf, Öl, Salz und Pfeffer eingelegt. Die Röstzwiebeln dazu müssen ganz knusprig sein. Während der Sommerzeit wird im Hofgarten gegrillt.

Für Gäste, die länger bleiben möchten, hält der „Goldene Hirsch" moderne Fremdenzimmer bereit.

Betriebsferien vom 7. bis zum 21. August
kein Ruhetag
4 Zimmer
Kategorie: einfach
Kreditkarten werden nicht akzeptiert
Familienfeste, Tagungen bis zu 50 Personen, im Sommer Gartengrill
Parkplatz vorhanden
Hunde gestattet

„Goldener Hirsch"
An der Hasel 91
O-6000 Suhl
Telefon und Fax
0 36 81-2 20 48

Zum Blauen Fuchs

Ein paar Jahre war er nur den Einheimischen bekannt, bis die ersten Gastro-Kritiker sich auf den Weg in das 800-Seelen-Dorf machten, um anschließend Loblieder auf den „Blauen Fuchs" zu singen. Die Geduld von Küchenchef Olaf Bank und die vielen Erfahrungen, die er im Laufe seiner Ausbildung gesammelt hatte, machten dies möglich. Bank begann seine langjährige Lehrzeit bei Roland Burtsche in Freiburg und verdiente sich die ersten Sporen in renommierten Berliner Häusern wie „Hotel Berlin", „Hilton" und „Interconti". Gemeinsam mit seiner Frau Christiane nahm er die Herausforderung an, aus der ehemaligen dörflichen Jägerkneipe in absehbarer Zeit ein Feinschmecker-Lokal zu machen, das inzwischen weit über die Grenzen des Saarlands hinaus bekannt ist. Christiane Bank absolvierte genau wie ihr Mann die Hotelfachschule in Berlin. Sie ist inzwischen für den Service verantwortlich und darum bemüht, nicht nur ein tadelloses Essen auf den Tisch zu bringen, sondern darüber hinaus durch ganz persönliche Betreuung eine Atmosphäre zu schaffen, die dem Gast die Illusion vermittelt, er wäre in einem Privathaus zu Besuch. Das Restaurant ist klein – es gibt rund 25 Plätze –, das Angebot der Speisen begrenzt und exklusiv, und es bleibt daher genug Zeit für den Hausherrn und Küchenchef, sich um seine Gäste zu kümmern. Die kleine Karte mit zwei zusätzlichen Menüvorschlägen wechselt alle 14 Tage. Hier nur ein paar Beispiele à la carte: gratinierter Artischockenboden mit Langostinos oder gebackene Mangoldtaschen mit Mozzarella gefüllt als Vorspeisen; Safransüppchen mit Gemüse oder Spargelsüppchen (zur Saison) mit gebratenem Kalbsbries; als

Fischgerichte geröstetes Welsfilet in Gewürztraminer-Vinaigrette oder Seeteufel im Kartoffelmantel; als Fleischgerichte Rinderfilet in Thymiansauce mit Zucchini-Möhren-Spaghetti oder Ragout von Wachtel- und Perlhuhnbrust in altem Weinessig. Auf Spurensuche in der Küche entdeckt man einen Hauch von Nouvelle Cuisine, den Einfluß der neuen deutschen Küche, aber auch Verbindungen zu regionalen Rezepten bis hin zur leichten Hausmannskost. Typischer Vorschlag für ein kleines Menü: gebratenes Petersfischfilet auf Kaiserschotencreme; kleiner Salat; Roulade von der Perlhuhnbrust mit Salbei gefüllt auf frischem Spargel; Rhabarberkompott mit Erdbeeren und Joghurteis.

Typischer Vorschlag für ein großes Menü: neue Kartoffeln in Schmant mit zweierlei Sorten Kaviar; gebackene Mangoldtaschen mit Welskrusteln; Safransüppchen; Kalbsfilet mit weißem Spargel in Langostinosauce; kleine Käseauswahl; Mango- und Feigengratin. Wie die Auswahl der Speisen ist natürlich auch die Auswahl an Weinen begrenzt. Es dominieren deutsche und französische Gewächse.

Christiane Bank, deren Eltern das Haus führten, als es noch eine Dorfgaststätte war, hat es auf bewundernswerte Art geschafft, in dem früher ziemlich schlichten Lokal eine Atmosphäre zu schaffen, die man als gehobenen Landhausstil beschreiben könnte. Ein rustikales Bauernbüffet, viel altes Geschirr, weiße Spitzendecken und geschmackvolle Blumendekorationen tragen dazu bei.

Übrigens: Von Saarbrücken sind es rund 50 Kilometer bis in diese schöne waldreiche Gegend.

Betriebsferien zwei Wochen im Februar und eine Woche während der Sommerferien im Saarland	Ruhetag
Dienstag Ruhetag	
Montag bis Samstag Abendessen von 18.30 bis 21.30 Uhr	
Speisekarte alle zwei Wochen neu	
Eurocard	
Gesellschaften bis zu 50 Personen	
großer Parkplatz	
nur kleine Hunde gestattet	

„Zum Blauen Fuchs"
Olaf und Christiane Bank
Walhausener Str. 1
6692 Steinberg-Deckenhardt
Telefon 0 68 52-67 40
Fax 0 68 52-8 13 03

Strahlenberger Hof

Vor rund 750 Jahren, darüber sind sich die Historiker einig, entstand an prominenter Stelle der heutige „Strahlenberger Hof" als Stadtresidenz der Edelfreien von Strahlenberg. In den vielen Jahren danach wurde immer wieder gebaut und verändert – der Hof und sein gotisches Hauptgebäude blieben allerdings in ihrer ursprünglichen Form erhalten. Ende der achtziger Jahre waren wieder umfangreiche Renovierungsmaßnahmen notwendig, und seitdem erstrahlt das historische, denkmalgeschützte Gebäude wieder in altem Glanz. Das historische Anwesen in unmittelbarer Nähe des alten Rathauses und der Pfarrkirche war von Anfang an – im Gegensatz zu den für diese Gegend typischen Fachwerkhäusern – ganz und gar aus Stein gebaut. Wie die Chronik überliefert, benutzten die hohen Herren von Strahlenberg, wann immer die Situation es erforderte, einen unterirdischen Gang zwischen ihrer hoch auf dem Berg gelegenen Burg und dem steinernen Stadthaus, das in Momenten der Gefahr als zusätzliches Bollwerk diente.

Mitte des 14. Jahrhunderts verarmte das Adelsgeschlecht, und die Stadt Schriesheim inklusive Burg und Stadthof ging in den Besitz des Kurfürsten Ruprecht von der Pfalz über. Wenige Jahre später erhielt Statthalter Heinrich von Erligheim den Hof als Lehen, und von da an nannte man ihn „Erligheimer Hof". Rund 100 Jahre später geriet er infolge politischer Unruhen in den Besitz eines Augustiner-Klosters. Doch auch das Ordensleben war nicht beständig, das Kloster wurde als Disziplinierungsmaßnahme enteignet, und der Hof wechselte noch einmal den Besitzer, bevor er schließlich als Eigentum des Heidelberger Hirsch-Wirtes Heinrich Eckhart deklariert wurde. Dieser hinterließ dem stabilen Steinhaus sein Wappen, seine Initialen und die Jahreszahl 1598, der nächste Besitzer verewigte sich 1664 ebenfalls mit Jahreszahl und Monogramm. Es folgten Kriege, wirtschaftliche Not und damit über die Jahre ein gutes Dutzend verschiedene Besitzer, die allerdings nichts Bemerkenswertes hinterließen.

Erst in unserer Zeit konnte das Haus mit privaten und staatlichen Mitteln saniert werden. Das Resultat sind einige Wohnungen, eine Kunstgalerie und eine gediegene Weinstube mit Restaurant. Dort, wo früher die Trauben der umliegenden Weinberge gekeltert wurden, lagert heute das Weinsortiment des edlen Gasthofs. Schwere Teppiche, alte Ölgemälde und Kunstgegenstände aus verschiedenen Kulturepochen geben diesem Baudenkmal mit Seltenheitswert wieder ein schönes Gesicht.

Küchenchef Heino Meyer und seine Frau Christine bringen mit ihrer leichten regionalen Küche neuen Schwung in das steinalte Gemäuer. Im Monat Juni beispielsweise wird saisonbedingt der Spargel favorisiert – erfreulicherweise einmal nicht mit Hollandaise und gekochtem Schinken, sondern in ungewöhnlicher Kombination – sei es als Salat mit Flußkrebsen und gebratenen Scampis oder als kleines Ragout mit gebratener Gänsestopfleber oder auch als Beilage zum Hauskaninchen in Basilikumsauce. Das täglich wechselnde Menü wird tischweise serviert. Ein Beispiel: Avocadosalat mit gebratenem Kalbsbries, Zanderfilet auf Safransauce, klare Tomatensuppe mit Quarknocken oder hausgemachtes Sorbet, gebratenes Stubenküken mit Garnelen auf Sauce von weißem Portwein, Auswahl von Odenwälder Schafs- und Ziegenkäse oder Eierliköreisparfait mit frischen Erdbeeren.

	Betriebsferien auf Anfrage	Ruhetag
	an Sonn- und Feiertagen geschlossen	
	täglich von 18 bis 24 Uhr geöffnet, Reservierungen ab 14 Uhr	
	kulinarische Länderwochen, Spargel im Juni	
	American Express, Eurocard, Visa	
	Weinkeller aus dem Jahre 1240, Konferenzzimmer	
	Parkplatz vorhanden	
	Hunde gestattet	

„Strahlenberger Hof"
Familie Meyer
Kirchstr. 2
6905 Schriesheim
Telefon 0 62 03-6 30 76
Fax 0 62 03-6 85 90

Zur Schwane

Auf halber Strecke zwischen Schweinfurt und Kitzingen, dort wo der Main eine seiner eigenwilligen Schleifen schlägt, liegt mitten im fränkischen Weinland das traditionsreiche Städtchen Volkach. Zu seinen ältesten Bürgerhäusern gehört das Gasthaus „Zur Schwane". Anfang des 15. Jahrhunderts war es in der Gegend schon als „Schwanenwirtschaft" bekannt. An dieser Stelle muß gleich mit einem Irrtum aufgeräumt werden: Obwohl das kunstvolle Wirtshausschild einen Schwan als Zeichen trägt, geht der Name des Hauses nicht auf den stolzen Vogel zurück, sondern auf die Familie Schwan, in deren Besitz es von mindestens 1404 bis 1679 war.

Sowohl in Volkach als auch in den umliegenden Winzerdörfern wie Escherndorf, Rimbach, Krautheim und Fahr konzentriert sich seit Generationen alles auf den Weinbau. Darüber hinaus verfügt die Gegend über ein beachtliches Kulturgut, das mit Namen wie Riemenschneider, Echter, Neumann und Schönborn verbunden ist. Das Volkacher Stadtbild wird geprägt von idyllischen Bürgerhäusern, fränkischem Fachwerk und wunderschönen Barockfassaden. Der „Volkacher Ratsherr" gilt als Symbolfigur des Weinbaus – der hochaufragende Turm der spätgotischen Stadtkirche St. Bartholomäus, aus der Ferne betrachtet, sogar als eine Art Wahrzeichen.

Das Gasthaus „Zur Schwane" fällt jedoch auch innerhalb dieser historischen Umgebung noch auf – besonders durch den wunderschön bepflanzten und bepflasterten Innenhof, der zu den attraktivsten im Frankenland gehört.

Seit 1935 ist der ganze Betrieb im Besitz der Familie Pfaff – als Gasthof, Rebgut und als Weinkellerei. Die wertvolle Wirtsstube mit dem ausgefallenen Kachelofen und den schönen bemalten Kassettendecken steht unter Denkmalschutz. Küchenchef Joachim Jäcklein ist selbst Franke und deshalb bestens geeignet, die regionalen Spezialitäten in der richtigen Form zu präsentieren. Je nach Jahreszeit verarbeitet er Fisch aus den heimatlichen Gewässern, Gemüse und Kräuter vom Markt und Wild aus dem benachbarten Steigerwald. Im Frühjahr gehört auch Spargel zu den Besonderheiten der Gegend. Auf der Speisekarte liest sich das folgendermaßen: Saiblingsfilet im Speckmantel gebraten auf Linsengemüse, Lammrücken unter der Lavendelkruste auf Bohnen-Ratatouille

oder geräucherte Gänsebrust mit eingelegten Datteln und Orangen-Zwiebel-Salat in Sherry. Mit anderen Worten: Die Zutaten kommen so weit wie möglich aus der Gegend, und die fränkische Küche läßt sich – in dieser raffinierten Verfeinerung – wohl kaum noch als bodenständig bezeichnen. In ihrer elegantesten Variante wird sie zum Romantik-Menü: Lammfilet und Zünglein in Olivenvinaigrette – Krautwickel von der Kalbsleber im Schweinenetz – kamillengeräucherte Riesengarnelen auf Kaiserschoten – Grünkernsuppe mit Jakobsmuscheln – Hirschrückenmedaillon mit Kalbsbries-Birnenfüllung auf Rotkrautstreifen – Rohmilchkäse vom Wagen – Backpflaumen-Pumpernickelpudding auf Zimtsoße. Und noch in ihrer schlichtesten Form als Fränkisches Menü ist die regionale Küche delikat: Kitzinger Zupfsalat mit Kracherli – gebratene Schweinelende mit Griebenwurstscheiben auf Kartoffelgemüse – Ofenschlupfer auf Vanillesoße.

Der Weinanbau gehörte in der Familie Pfaff von Anfang an dazu: 1934 übernahm Kellermeister Josef Pfaff zusammen mit seiner Frau Maria den Gasthof und gleichzeitig einen kleinen Weinberg, mit dessen Ertrag er zunächst nur die eigenen Gäste bediente. In den fünfziger Jahren wurde die Nachfrage nach dem veredelten Rebsaft immer stärker, und so kaufte sein Sohn Michael schließlich noch einige Weinberge hinzu. Heute ist das Weingut auf acht Hektar angewachsen. Dem fränkischen Brauch entsprechend werden alle Weine voll ausgegoren und in die traditionellen Bocksbeutel gefüllt. Hinzu kommen Edelbranntweine aus eigenen Obstbeständen.

Hotel vom 20. Dezember bis 20. Januar geschlossen	
	Montag Ruhetag
40 Hotelbetten	
	Kategorie: mittel
American Express, Eurocard, Visa, Diners	
	Innenhof, eigener Weinhandel
Parkplatz vorhanden	
	Hunde gestattet

„Zur Schwane"
Familie Pfaff
8712 Volkach am Main
Telefon 0 93 81-5 15
Fax 0 93 81-44 15

Zehntkeller

Einer der wohlwollendsten Kommentare zur Qualität der Zehntkeller-Weine ist mit Sicherheit der von Humor- und Satire-Schreiber Kurt Tucholsky: „Schade, daß man einen Wein nicht streicheln kann." Er war einer der berühmten Besucher, die sich im Laufe der Jahre in das Gästebuch des Hauses eingetragen haben.

Der Zehntkeller in Iphofen, einem kleinen Weinstädtchen am Fuße des Schwanberges, rund 30 Kilometer von Würzburg und rund 70 Kilometer von Nürnberg entfernt, hat eine lange Geschichte. 1436 wurde er zum erstenmal erwähnt, als er in den Besitz des Augustinerklosters Birklingen überging. Rund 120 Jahre später wurde aus dem Sitz des Konvents das fürstliche Amtshaus des Hochstifts Würzburg. Dabei blieb es für knapp 200 Jahre. Dann erwarb zwischenzeitlich die Stadt Iphofen das Anwesen, um es drei Jahre später dem Würzburger Juliusspital mit der Auflage zu überlassen, ein neues Gebäude zu errichten, das der Stadt zur Zierde gereicht. Sobald das Haus fertig war, diente es dem Zentgrafen und auch dem Zentgericht als Amtssitz. 1850 schließlich ging es in Privatbesitz über.

In den drei Generationen, die der „Zehntkeller" jetzt schon von der Familie Seufert bewirtschaftet wird, war er zuerst Weinschenke, dann ländlicher Gasthof und schließlich wurde er zum Hotel.

Was die Zusammenstellung der Speisekarte betrifft, ist diese allerdings ziemlich weit von allem entfernt, was man zu jedweder Zeit als Hausmannskost oder bürgerliche Küche bezeichnen konnte. Man hat eher den Eindruck, daß sich bei der Veredelung der früheren Brotzeit- und Vespergerichte, deftiger Eintöpfe und hauseigener Schlachtplatten in Richtung einer anspruchsvolleren und gleichzeitig auch internationaleren Küche, von Norden nach Süden und von Westen nach Osten neue Standards einschleichen, denen man augenscheinlich schon fast überall begegnet. Ein paar klassische Beispiele, die auch der „Zehntkeller" in sein kulinarisches Repertoire aufgenommen hat, sind: Gefüllte Barberieentenbrust, Filetspitzen Züricher Art, Jacobsmuscheln in Champagner, Entrecôte in der Kräuterkruste oder Kalbsrücken mit Hummermedaillon. Eine Hommage an die heimatliche Kochkunst ist das fränkische Menü: Rinderkraftbrühe mit Leberklößchen – Perlhuhnkeule in Silvaner mit geröstetem Weinlaub und gemischtem Reis – Vanillekrapfen mit Kirschragout. Viel Fantasie und Feinschmeckertum demonstriert das aufwendigere Romantik-Menü: Rauchforellensülze mit Apfel-Meerrettichtatar – Auszug vom Ochsenschwanz – Frühlingssalat mit gebratenen Seeteufelbäckchen – gefüllte Wachtel auf Kalbsbriesragout mit römischen

Nocken – Krokantparfait mit Erdbeersalat oder französischer Rohmilchkäse.

Während der vielen rustikalen Feste, die immer wieder veranstaltet werden, und vor allem während der regelmäßigen Weinproben tritt die fränkische Lebensart noch etwas mehr in den Vordergrund. Die alten Kellergewölbe bieten dafür natürlich auch den dazugehörigen stimmungsvollen Rahmen. Neben den eigenen Weinen wird in den weitläufigen Kellerräumen des Weinguts – drei Stockwerke tief unter der Erde – auch das Lesegut von befreundeten Winzern verarbeitet. Dabei wird grundsätzlich mehr auf Qualität als auf Quantität geachtet. Die meisten Eigenprodukte werden länger gelagert, als man es normalerweise von einem Frankenwein erwarten würde.

Bei all der Freude an Speis und Trank sollte man es nicht versäumen, das schöne Franken-Städtchen zu besichtigen. Iphofen bekam schon 1293 das Stadtrecht, und gleich darauf wurde mit dem Bau der Stadtmauer und ihrer vier Tore begonnen, die dem Ort seinen besonderen Charme geben. Im Knauf-Museum befindet sich eine erstaunliche Sammlung wertvoller Reliefs aus verschiedenen Kulturepochen und im Ortsteil Mönchsondheim ein Bauern- und Handwerkermuseum.

Betriebsferien im Januar	kein Ruhetag
70 Hotelbetten	Kategorie: mittel
American Express, Diners, Visa, Eurocard	Weinproben und Weinverkauf, Gesellschaften und Feste
abgeschlossener Parkplatz, Einzelgaragen	Hunde gestattet

„Zehntkeller"
Familie Seufert
Bahnhofstr. 12
8715 Iphofen
Telefon 0 93 23-30 62
Fax 0 93 23-15 19

Hotel Löwen

Am südlichen Zipfel des sogenannten Maindreiecks – nur ein paar Kilometer südöstlich von Würzburg – liegt Marktbreit, ein historisches Städtchen aus dem 15. Jahrhundert. In unmittelbarer Nähe des Renaissance-Rathauses aus dem Jahre 1579, das zu den schönsten Deutschlands gezählt wird, findet man hinter einer stattlichen Fachwerkfassade das „Hotel Löwen", ehemaliges Gästehaus der Fürsten von Schwarzenberg und gleichzeitig das zweitälteste Gasthaus in Bayern.

In den holzgetäfelten Gaststuben tranken, tafelten und diskutierten schon die Offiziere des Schwedenkönigs Gustav Adolf, Ansbacher Ulanen und preußische Kürassiere. Unter den prominenten Gästen des Fürsten von Schwarzenberg war auch König Ludwig I. von Bayern.

Heutzutage schlafen unter dem traditionsreichen Dach des Hauses Geschäftsleute und Hochzeitsreisende, aber es kommen auch „ganz normale" Touristen. Zum einen, um auf dem Weg durch die schmalen Gassen dieses mainfränkischen Städtchens eine kulturhistorische Reise in die Vergangenheit zu machen – zum anderen, um sich den vorzüglich zubereiteten Klassikern der regionalen Hausmannskost widerstandslos hinzu-

geben. Und das der jeweiligen Jahreszeit entsprechend.

Wen die Frühlingsblüte ins schöne Frankenland verschlägt, der sollte sich die – leider nur kurze – Spargelzeit nicht entgehen lassen. Zu dem zarten Edelgemüse paßt außer dem obligatorischen gut gesalzenen Schinken ganz hervorragend einer der rassigen gehaltvollen Frankenweine, von denen bekanntlich gesagt wird, man müsse sie andächtig trinken, mit leichtem Schlürfen und Schmatzen.

An lauen Sommerabenden verspeist man am besten ein leichtes Wallerfilet mit Gemüsestreifen in Weißweinsauce oder ein entsprechendes Hecht-Hausgericht mit knackig-frischen Salaten. Und während die Tage allmählich kürzer werden, darf man sich schon auf harmonische Herbstabende und den herzhaften Geschmack fränkischer Bratwürste, zarter Rippchen und mächtiger fränkischer Schlachtschüsseln freuen. Am besten in Kombination mit einem der vielen unterschiedlichen Biere. Ob geräuchert, gefroren, süßlich, herb oder bitter – in jedem Fall sind sie süffig.

Im Winter schmecken knusprige Wildschweinrücken, Karpfen blau oder gebacken und würziger Hasenpfeffer mit faustdicken fränkischen Kartoffelklößen.

Wer entschlossen ist, den regionalen Geheimnissen soweit wie möglich auf die Spur zu kommen, bestellt sich je nach Lust und Speisefolge ein Viertel vom weißen – oder roten – Marktbreiter Sonnenberg. Der rote bekam 1989 die Silbermedaille der fränkischen Weinprämierung.

Von den Jahreszeiten unabhängig sind Spezialitäten wie fränkische Kartoffelsuppe mit Röstzwiebeln, fränkische Weinnudeln mit Tomaten, gekochtem Schinken und Champignons und mit Käsestreifen überbacken oder fränkische Pfannkuchen, gefüllt mit Zwetschgenmus und Sahne.

keine Betriebsferien	kein Ruhetag
50 Hotelzimmer	Kategorie: einfach/mittel
Eurocard, American Express, Mastercard, Visa	Tennis- und Golfpatz in der Nähe
Garagen, Parkplatz	Hunde gestattet

Hotel Löwen
8713 Marktbreit am Main
Telefon 0 93 32-30 85
Fax 0 93 32-94 38

Rottner

Beim Stichwort fränkische Hausmannskost denkt man sofort an frische Rostbratwürste und Räucherbier. Wer sich, um diese und andere Spezialitäten zu genießen, in ein ländliches Gasthaus setzen will, muß je nachdem wo er wohnt allerdings weit fahren. Im Großraum Nürnberg beispielsweise sind die Städte mit den meisten Dörfern schon nahtlos zusammengewachsen, und man tut sich schwer, dem eigentlichen Landleben auf die Spur zu kommen. Im Norden der Lebkuchen-Stadt, zwischen Fürth und Flughafen, erstreckt sich das noch einigermaßen ländliche Knoblauchland, das seinen Namen nicht der „wohlriechenden" Knolle, sondern einem Bauern gleichen Namens verdankt. Hier gibt es noch viele Wiesen, Felder und Gärten, in denen Salat, Spargel, Kohl und Kräuter wachsen. Im Süden Nürnbergs, wo die Häuser etwas dichter zusammenstehen, findet man in Großreuth bei Schweinau den Gasthof „Rottner", ein wahres Paradebeispiel für wohlverstandene Familientradition. Hier hat jeder seine Aufgabe: Konrad Rottner, der Seniorchef, hat sich aus dem Tagesgeschäft weitgehend zurückgezogen und kümmert sich hauptsächlich um den Weineinkauf und als passionierter Jäger um die lückenlose Versorgung der Küche mit Wild und Fisch. Irma Rottner, seine Frau, betreut die Blumen und Kräuter im eigenen Garten, beliefert die Küche mit Kerbel und Majoran und hat mit ihren ausgefallen schönen Blumendekorationen für den Gasthof wesentlich dazu beigetragen, daß der „Rottner" im Mai 1991 mit einem Ehrenpreis des Bayrischen Staatsministeriums für seine hohe Kochkunst und für den gedeckten Tisch ausgezeichnet wurde. Für die Kochkunst ist der Junior, Stephan Rottner, zuständig, im Service und in der Betreuung der Gäste ist seine Frau Claudia aktiv.

Im Frühjahr freut sich der Gast über frisch gestochenen Spargel von eigenen Feldern.

Was der junge Küchenchef in den „Schweizer Stuben" in Wertheim mit auf den Weg bekommen hat, wird inzwischen im eigenen Betrieb optimal umgesetzt. Noch mehr als sein Vater legt Stephan Rottner Wert auf die wahrhafte Tradition der regionalen Küche und läßt es im Gegensatz zu vielen anderen Kollegen nicht zu, seine Speisekarte auf einen von Norden nach Süden fast einheitlichen Standard von regionaler Pseudo-Edelküche herunterkommen zu lassen. Daß Wild und Geflügel aus der Nachbarschaft kommen, merkt man an der gleichbleibenden Qualität der Ware. Es werden ausschließlich Süßwasserfische aus dem eigenen Fischwasserbecken angeboten; Gemüse, Salat und Kräuter werden im eigenen Garten gezogen. Kein Wunder also, daß die ständig wechselnde Karte den Jahreszeiten und ihren jeweiligen Produkten angepaßt ist. Im Frühjahr freut sich der Gast über Spargel (von eigenen Feldern), Brunnenkresse, Sauerampfersuppe, Hopfensprossensalat, junge Täubchen, Möweneier und Rhabarbersorbet. Im Sommer findet man in den umliegenden Wäldern Rotkappen, Maronen und Steinpilze. Aus den einheimischen Bächen stammen Forellen, Saibling und Hecht. Es gibt um diese Zeit auch schon Rehschäufele mit Pfifferlingen oder eine knusprige Ente vom benachbarten Bauernhof. Im Herbst folgen Rebhühner, Fasane und Kaninchen – unter den Fischen findet man besonders viel Zander und Aal. Zwetschgen und duftende Herbstäpfel werden zu wunderbaren Desserts verarbeitet. Mit der winterlichen Kälte wird auch das Essen schwerer: Man serviert nach Einbruch der frühen Dunkelheit mit Vorliebe geräucherte Karpfen mit Apfelmeerrettich, deftige Leberwurst, Gänse und Wildschweinbraten.

Zu all dem bestellt man am besten einen trockenen Frankenwein – die Auswahl ist hier am größten und am besten.

Übrigens: Unter den mehr als 100jährigen Kastanien-, Rotdorn- und Walnußbäumen des schönen Biergartens organisieren die Rottners bei gutem Wetter regelmäßig Jazzkonzerte. Ab 11 Uhr morgens gibt es an solchen Sonntagen reichlich Bier und ein kalt-warmes Büffet.

Betriebsferien vom 27. Dezember bis zum 31. Januar	Ruhetag
Samstag bis 18 Uhr geschlossen, Sonntag ganz geschlossen	
Mittagessen von 12 bis 14 Uhr, Abendessen von 18.30 bis 21.30 Uhr	
saisonbedingte Spezialitäten wie Geißlein oder fränkischer Spargel	
Eurocard, Diners, Visa	
Biergarten bei schönem Wetter offen	
Parkplatz vorhanden	
Hunde gestattet	

„Rottner"
Familie Rottner
Winterstr. 15
8500 Nürnberg 80
Telefon 09 11-61 20 32
Fax 09 11-61 37 59

Die Grüne Bettlad

Nachder
ne Wirti
Jahrhun
lich Ehe
gangen
bekam
haus de
namen
Bettlad"

Ob der besagte Ehebruch wirklich stattgefunden hat oder ob die Geschichte von der untreuen Adelheid nur eine Legende ist, läßt sich soviele Jahre nach dem vermeintlichen Ehebruch nicht mehr zuverlässig feststellen, und es scheint auch gar nicht so wichtig. Auf jeden Fall steht es so in der Chronik des Hauses: Es war im 16. Jahrhundert, und es gab ein Gasthaus mit dem harmonischen Namen „Eintracht". Die schöne Wirtin hörte auf den Namen Adelheid und soll – laut Überlieferung – ein lebensfrohes Weib gewesen sein, dessen äußere Reize nicht nur dem braven Ehemann vorbehalten waren. Angeblich wußte sie mit süßem Gesang und Zitherspiel auch andere männliche Wesen zu betören, und als der Hausherr sie schließlich mit dem strammen Küfer im ehelichen Bett überraschte, war es mit der Eintracht zunächst einmal vorbei.

Böse Zungen gaben dem Gasthaus daraufhin den Schimpfnamen "Grüne Bettlad". Dem nächsten Besitzer soll dieser Name so gut gefallen haben, daß er sich entschloß, das Haus in Zukunft offiziell so zu nennen. Viele Jahre sind inzwischen vergangen, das Haus und der Name haben überdauert und wurden von einem Besitzer zum anderen weitergegeben. Nach dem Ende des letzten Weltkrieges machten Lilly und Ernst Günthner das nostalgische Gasthaus zu dem, was es heute noch ist. Nachdem sie es 1959 gekauft hatten, verwandelten sie den historischen Fachwerkbau und seinen reizvollen Innenhof in ein gastfreundliches Mekka für Gourmets und Genießer. Gepflegte Gastronomie hat am Oberrhein seit Jahr und Tag Tradition, und so fand die „Grüne Bettlad" schon nach kurzer Zeit ihren festen Platz in der badisch-alemannischen Eß- und Trinkkultur. Was die Ausstattung des inzwischen überregional renommierten Hauses betrifft, so liegt der besondere Reiz im Detail: Rund um den kuschelig warmen Kachelofen gruppieren sich wertvolle Hinterglasbilder, geschnitzte Holzfiguren und buntbemaltes Bauernmobiliar. Mittendrin steht der legendäre Bettladtisch, unter dessen Baldachin man sich zum Essen setzen kann. Die fachspezifische Ausbildung des Sohnes und Nachfolgers, Peter Günthner, trug schließlich dazu bei, den schönen äußeren Rahmen mit den richtigen kulinarischen Inhalten zu füllen. Er lernte sein Fach im „Ettlinger Erbprinz" und sammelte nach dem Abschluß der Hotelfachschule seine wichtigsten

Unter dem Baldachin des legendären Bettladtisches kann sich der Besucher heute zum Essen setzen.

Erfahrungen bei namhaften Kollegen in der Schweiz, England, Frankreich und Monte Carlo. Kein Wunder also, daß er in gastronomischer Bestform war, als er 1980 mit seiner Frau Sabine den elterlichen Betrieb übernahm. Neben klassischen regionalen Spezialitäten gab er der hauseigenen Küche viele neue Anregungen. Er verfeinert beispielsweise ein badisches Kalbszüngle mit einer gehaltvollen Madeirasauce, füllt klopfzarte Kalbsschnitzel mit Zwetschgen und überzieht das Ganze mit einem pikanten Pilzrahmsößle. Er füllt frische Ofenkartoffeln mit Sauerrahm und einem Klecks Kaviar von heimatlichen Bodenseefelchen. Und er veredelt den Geschmack eines süßen Apfeltörtchens mit schaumiger Calvadossabayon. Als Ergänzung dazu bestückt er seinen Weinkeller mit gepflegten badischen und französischen Gewächsen. Nach behutsamem Um- und Anbau entstand eine Atmosphäre, in der sich der Gast in jeder Hinsicht wohlfühlt. Das gilt für den blumengeschmückten erweiterten Innenhof genauso wie für die stilvollen Hotelzimmer mit den romantischen Himmelbetten, den alten Schränken und dem bemalten Bauernmobiliar.

Betriebsferien etwa ab 20. 12. bis 15. 01. und während der Sommerschulferien in Baden-Württemberg	Ruhetag
Restaurant Sonntag und Montag Ruhetag, Hotel geöffnet	
15 Hotelbetten	
Kategorie: mittel/gehoben	
Kreditkarten werden nicht akzeptiert	
gute Ausflugsmöglichkeiten	
Parkplätze vorhanden	
Hunde gegen Aufpreis gestattet	

„Die Grüne Bettlad"
Peter und Sabine Günthner
Blumenstr. 4
7580 Bühl
Telefon 0 72 23 – 2 42 38

Schafhof

Der Traum von einem Boot, mit dem man die Welt umsegeln kann, der Traum von einem kleinen Hotel in den Tropen, das einem ewige Sonne und Freiheit verspricht und der Traum von einem schönen alten Haus in ländlicher Umgebung, das einem die Lasten des Großstadt-Alltags von den Schultern nimmt, sind vielen Menschen gemeinsam. Der erfolgreiche Rechtsanwalt Dr. Lothar Winkler, mit Kanzlei und Wohnsitz in Offenbach, hatte auch so einen Traum: Er wünschte sich einen Bauernhof als Ausgleich zu dem notorischen Muff der deutschen Amtsstuben, er wollte am Wochenende und in den Ferien mit seiner Frau Charlotte an die frische Luft und nur zur eigenen Freude Unkraut jäten, Wiesen düngen und Obstbäume abernten.

Wie üblich kam alles ganz anders. Er hatte zwar nach langen Streifzügen über Berg und Tal endlich das Objekt seiner Begierde gefunden – das ehemalige Klostergut „Amorhof" im Odenwald, die Wochenenden gestalteten sich allerdings etwas weniger einsam als er es sich vorgestellt hatte. Als ob jemand eine Parole ausgegeben hätte, tauchten nun regelmäßig Freunde auf, ließen sich nach appetitanregenden Spaziergängen durch die schöne Umgebung auf der Terrasse nieder und hatten nach viel Bier keine große Lust mehr, mit dem Auto Richtung Frankfurt zu fahren. Mit anderen Worten: Zuerst waren es nur Gästezimmer für Freunde, die ständig ausgebaut wurden, und schließlich wurden aus den Gästezimmern Hotelzimmer und aus dem Eßzimmer ein Restaurant. 1974 hatte Lothar Winkler das ziemlich heruntergekommene Haus gekauft, vier Jahre später wurde es in seiner jetzigen Form eröffnet.

Wie der Name schon sagt, hat die Geschichte des Hauses

mit Schafen zu tun. In den Archiven des ehemaligen Benediktinerklosters in Amorbach kann man eine alte Eintragung aus dem Jahre 1446 nachlesen, die den „Schafhof" zum erstenmal erwähnt. Das Haus selbst trägt heute noch auf einem Balken in der Scheune das Amtswappen eines Benediktinerabts und die Jahreszahl 1574. Schafe gab es damals wie heute, und sie liefern inzwischen ihren Beitrag zur Erfüllung des Prinzips, soviel wie möglich aus eigener Produktion in die Küche einzubringen.

Das fängt schon beim Frühstück an: Die Eier legen glückliche Schafhof-Hühner, Honig und Marmelade sind hausgemacht. Mittags und abends hat man die Wahl zwischen Forellen und Karpfen aus nahegelegenen Teichen, Lammfleisch und Schafskäse aus der eigenen Zucht und last not least einem hausgemachten naturbelassenen Apfelwein oder einem selbstgebrannten Obstschnaps aus Äpfeln, Zwetschgen oder Mirabellen. Noch ein paar Beispiele von der Tageskarte: Entenbrust in Austernpilzrahmsauce mit hausgemachten Nudeln, Tranchen von Lachs auf Kräuterrisotto, Terrine von der Stopfente mit Zwetschgenmark.

Der „Schafhof" ist ein ideales Wochenendziel für Verliebte. Von den gemütlichen Stunden zu zweit am offenen Kamin über die ehemaligen Mönchszellen, die heute romantische Dachzimmer sind mit hübschen Bauernmöbeln, bis zu den beschaulichen Kutschfahrten im hauseigenen Zweispänner, ist einfach für alles gesorgt.

Übrigens: Wer sein eigenes Reitpferd mitbringen will, kann es in den Stallungen des „Schafhofs" unterstellen.

„Der Schafhof"
Familie Winkler
8762 Amorbach
im bayr. Odenwald
Telefon 0 93 73-80 88
Fax 0 93 73-41 20

Betriebsferien zwei Wochen im Januar	
	kein Ruhetag
14 Doppelzimmer, 1 Einzelzimmer	
	Kategorie: gehoben
alle gängigen Kreditkarten werden akzeptiert	
	Tagungen bis zu 35 Personen
Parkplatz vorhanden	
	Hunde in den Gästezimmern nicht erlaubt

Wirtshaus am Ebnisee

Wenn Hausgäste des „Hirschen", der Gasthof und Landhotel unter seinem Dach beherbergt, heutzutage nach einem Angelschein fragen, weiß wohl kaum einer von ihnen, daß es den Ebnisee vor 250 Jahren noch gar nicht gegeben hat. Das heißt mit anderen Worten: Der Ebnisee ist künstlich angelegt, sein Wasser wurde im Winter 1745/46 zum ersten Mal aufgestaut und das aus einem ganz besonderen Grund. An vielen Ortsnamen in der Gegend läßt sich heute noch feststellen, daß vor vielen Jahren im Welzheimer Wald, eine gute Autostunde von Stuttgart entfernt, aus Holz Glas gewonnen wurde. Als man schließlich erkannte, daß in den zahlreichen Glasbrennereien mit dem Holz langfristig Raubbau getrieben wurde, entschloß man sich, statt dessen auf Brennholz umzusteigen. Allerdings fehlten dafür die nötigen Transportwege. Schließlich legte man einen Staudamm an und den dazugehörigen See, den Ebnisee. In seinem unteren Bereich wurden riesige Holzstapel aufgeschichtet, während sich der See mit Regenwasser und Schneeschmelze füllte. Wenn dann das aufgestaute Wasser abgelassen wurde, stürzten Tausende Meter Holz auf diesem künstlichen Wasserweg ins Tal.

Der Floßbetrieb wurde 1861 eingestellt, die saftigen Wiesen-

gründe dienen längst der Landwirtschaft, und der Ebnisee ist ein beliebtes Ausflugsziel, zu dem sich zahlreiche Hobbyangler hingezogen fühlen. Was früher Sitz der königlichen Flößereidirektion war, mit einer urigen Gastwirtschaft für die Waldarbeiter, ist inzwischen eine großangelegte Freizeitoase mit umfassendem Sportangebot, Beauty-Farm, Hotel und Gourmet-Restaurant. Als späten Nachfahren des alten Wirtshauses gibt es die „Flößerstube" mit bodenständigen Gerichten aus der Gegend.

Wer die feinsten Produkte aus der Region auf perfekte Art veredelt erleben möchte, läßt sich einen Tisch in der Hirschstube oder in der ländlich-eleganten Gläserstube reservieren. Zu den traditionellen gastronomischen Höhepunkten gehören Spezialitäten wie Schwäbische Bouillabaisse aus heimischen Fischen, roh marinierte Zander-Lachsforellenroulade an Wildkräutersalat oder Gänseleber-trüffel auf Sabayon von Württemberger Traminer. Den nötigen Appetit holt man sich zum Beispiel auf dem Mühlenwanderweg, der daran erinnert, daß einstmals nicht weniger als 26 Mahl- und Sägemühlen im Bereich des Welzheimer Waldes zu finden waren. Sie prägen heute noch das Landschaftsbild und sind in ihrer Vielzahl einmalig in Baden-Württemberg. Für einen passionierten Wanderer bietet der Schwäbische Wald noch mehr Attraktionen: zum Beispiel die Limeswanderung vorbei an Wachtürmen und Kastellen, die in der Römerzeit einen Teil des Befestigungswalles bildeten.

Für Gaumenfreuden sorgt Ernst-Ulrich Schassberger

Für den Wintersportler gibt es überall in der Gegend Loipen; für den Autofahrer eine etwa 130 Kilometer lange Rundfahrt über die sogenannte „idyllische Straße". Sie schlängelt sich zwischen Wiesen, Wäldern, Mühlen und Badeseen durch den Welzheimer, Murrhardter und Mainhardter Wald.

keine Betriebsferien	kein Ruhetag
48 Hotelzimmer	Kategorie: mittel
Kreditkarten werden akzeptiert	Seeterrasse, Tennishalle, 2 Tennisplätze, 2 Squashcourts, Tischtennis, Fahrräder, Liegewiese, Angeln, Rudern
Parkplatz vorhanden	Hunde gestattet

„Wirtshaus am Ebnisee"
7061 Kaisersbach-Ebnisee
Telefon 0 71 84-29 22 39
Fax 0 7184-29 22 04

Sonne - Post

Was die wenigsten Leute wissen: Bevor es einen ordentlichen Postverkehr gab, waren in vielen Orten im 16. und 17. Jahrhundert Metzger als „Briefträger" im Einsatz. Dieser Doppelauftrag ergab sich ganz einfach aus der Tatsache, daß die Metzger regelmäßig mit Pferdefuhrwerken in den Dörfern der näheren und weiteren Umgebung unterwegs waren, um neues Vieh einzukaufen. Bei dieser Gelegenheit transportierten sie bei Bedarf Personen, Briefe und Päckchen. So entstanden auch in Baden-Württemberg gegen Ende des 16. Jahrhunderts immer mehr Metzgerpoststationen.

Die Geschichte der „Sonne-Post" in Murrhardt, 45 Kilometer nordöstlich von Stuttgart, begann auf ähnliche Art, jedoch einige Zeit später. In den Räumen des Gasthofs „Sonne" wurde 1841 die erste Posthalterei eingerichtet und zwei Jahre später in einen Postversand umgestaltet. 1877 zog das Postamt ins Rathaus um, und das Gasthaus nannte sich von diesem Zeitpunkt an „Sonne-Post". Inzwischen wurde das Stammhaus, ein herrlicher alter Fachwerkbau, um ein modernes Hotel erweitert, das dem Gasthof gleich gegenüber liegt.

Die ursprünglich deftige Regionalküche zeigt auch in Murrhardt mittlerweile den obligatorischen internationalen Anstrich. Eine traditionelle Kalbsschwanzsuppe verfeinert man heutzutage mit altem Sherry, und Poulardenbrüstchen taucht

man in Rieslingschaum. Unverändert hält sich jedoch das klassische Rehschäufele in Wacholderrahm mit Rotkohl und Semmelknödeln. Je nach Jahreszeit wird die Speisekarte um saisonale Spezialitäten wie Aal, Waller, Krebse, Muscheln, Fasan, Rebhuhn und Wildschwein erweitert.

Wiesen und Wälder rund um Murrhardt lassen sowohl für Spaziergänger als auch für ambitionierte Wanderer keine Langeweile aufkommen. Entlang der „idyllischen Straße" warten Burgen und Schlösser darauf, besichtigt zu werden. Wer sich für die Landesgeschichte interessiert, kann sich an einer geschichtlichen Führung „auf den Spuren der Römer", die von der „Sonne" organisiert wird, beteiligen und unter anderem die Reste der alten Wachtruinen besichtigen, die den Weg des Limes markierten.

Die Gästeliste der „Sonne" ist lang und liest sich spannend. Die wohl spektakulärsten Gäste landeten am 5. Februar 1971 in der gemütlichen Gaststube im Schwäbischen, nachdem sie kurz vorher auf dem Mond gelandet waren: die komplette Besatzung des amerikanischen Raumschiffs Apollo 14, Shepard, Mitchell und Roosa. Mit ihren Frauen folgten sie der Einladung einer Stuttgarter Autofirma.

keine Betriebsferien	
	kein Ruhetag
37 Zimmer	
	Kategorie: mittel
Eurocard, American Express, Visa	
	Tagungen und Familienfeiern, kulinarische Weinproben, Oster- und Pfingstarrangements, Kutschfahrten
Parkplatz, Garagen	
	Hunde gestattet

„Sonne-Post"
Karlstr. 6
7157 Murrhardt
Telefon 0 71 92-80 83
Fax 0 71 92-15 50

Die Bierhütte Hohenau

1545 wechselte die Pleuerhütte in den Besitz der Familie von Buchberger, die 20 Jahre später durch den Fürstbischof von Passau die offizielle Erlaubnis zum Bierbrauen bekam.

Der Glasbauer Paulus Pleuer, der an gleicher Stelle vor mehr als 450 Jahren eine bescheidene Glashütte betrieb, hätte sich damals nicht träumen lassen, was aus seinem einfachen Haus einmal werden würde. Der Grundstein für eine neue Zukunft wurde allerdings schon zu seinen Lebzeiten gelegt: 1545 wechselte die Pleuerhütte in den Besitz der Familie von Buchberger, die 20 Jahre später durch den Fürstbischof von Passau die offizielle Erlaubnis zum Bierbrauen bekam. Nur knapp zwei Generationen später übernahm die Kirche selbst das Brauhaus, und in einer alten Grenzkarte erschien 1593 zum ersten Mal der Name "Pierhittn". Unter den späteren Verwaltern hatte einer einen ganz berühmten Sohn: Pater Georg von Pasterwitz, Professor an der Adeligen Akademie in Kremsmünster und gleichzeitig Komponist von Kirchenmusik. Selbst bekanntere Kollegen wie Haydn, Mozart oder Bruckner gehörten zu den Bewunderern seiner Messen, Operetten und Singspiele. Als Erinnerung an ihn und sein Werk gibt es eine Gedenktafel an der Nordseite des Hauses.

Nach der Säkularisierung ging die Brauerei 1810 in private Hände über – zu den neuen Besitzern zählten auch Vorfahren der heute noch existierenden Brauerei Lang – rund 100 Jahre später wurde die Produk-

tion während des 1. Weltkrieges ganz eingestellt. Es blieb nichts als ein bescheidenes Gasthaus für Leute aus der Nachbarschaft, das in den Jahren darauf immer mehr verwahrloste.

Erst ein neuer Besitzer, der Architekt Ludwig Störzer aus München, baute die gesamte Anlage Ende der sechziger Jahre nach allen Regeln des Denkmalschutzes um und eröffnete Anfang 1973 Hotel und Restaurant. Als Belohnung für seinen sensiblen Umgang mit dem historisch wertvollen Gemäuer wurde er zwei Jahre später von der Landesregierung mit dem Ehrenpreis ausgezeichnet und ein Jahr später in der Münchner Residenz mit der "Medaille für vorbildliche Heimatpflege".

Die natürliche Ruhe des Bayrischen Waldes und vor allem die Nähe des 1. Deutschen Nationalparks zwischen Freyung und Grafenau bringen inzwischen viele Touristen in diese Gegend – sei es für ein entspanntes Romantik-Wochenende zu zweit oder eine aktive Wanderwoche. Die „Bierhütte" hat sich mit 43 Gästezimmern im Haupthaus und neuen Nebengebäuden darauf eingestellt. Wer nicht mit dem "Spezial-Brotzeit-Rucksack" auf dem Rücken und der Wanderkarte in der Hand das Haus verläßt, wird in seinen vier Wänden verwöhnt. Weder der feinzüngige Feinschmecker noch der passionierte Verfechter der bodenständigen regionalen Küche müssen auf ihre Lieblingsspeisen verzichten. Auch wenn sich ein starker Trend erkennen läßt, Kraut und Knödel durch Brokkoli und Kroketten zu ersetzen, finden sich auf der Speisekarte zwischen den mit neumodischen kulinarischen Köstlichkeiten gefüllten Zeilen nach wie vor Schmankerl wie Ochsenbrust in Meerrettichsauce mit Wirsing, Kasseler vom Grill mit Bohnen und Bratkartoffeln sowie Schwäbischer Rostbraten mit knusprigen Röstzwiebeln und Käsespätzle. Besonders zu empfehlen sind alle Wildgerichte und die täglich wechselnden Menüs zu unterschiedlichen Preisen.

Einer Familientradition entsprechend werden unter den Gerstensäften die preisgekrönten Biere der Brauerei Lang favorisiert. Die ungewöhnliche Auswahl an Wein und Champagner reicht vom Badischen Spätburgunder über alle obligatorischen Lagen italienischer und französischer Spitzenweine bis hin zu den Bestsellern des berühmten Barossa Valley im Süden Australiens.

keine Betriebsferien	
	kein Ruhetag
43 Gästezimmer	
	Kategorie: mittel
Visa, Eurocard, American Express, Diners	
	Spezialangebote wie Romantikwochenende, Langlaufwoche, Wanderwoche
Parkplatz, Garagen	
	Hunde erlaubt

„Die Bierhütte"
Familie Störzer
Bierhütte 10
8351 Hohenau bei Freyung
Telefon 0 85 58-3 15
Fax 0 85 58-23 87

Zur Oberen Linde

Neben dem Schloß Neuschwanstein, der Lorelei und dem Münchener Hofbräuhaus haben die Schwarzwaldhochstraße und die im Westen parallel dazu verlaufende Badische Weinstraße ihren festen Platz auf der Checkliste amerikanischer und japanischer Touristen. Auf der rund 60 Kilometer langen Erlebnisstrecke zwischen Baden-Baden und Freudenstadt drängt sich auf zwei bis vier Spuren alles, was auf Wandern, Rodeln, schöne Aussichten und gemütliche Einkehr eingestellt ist. Wem die gute Schwarzwaldluft stinkt, weil sie von zuviel Abgas verpestet ist, flüchtet aus dem dunklen Tannengrün in die leichte Hügellandschaft der Weinstraße, an deren südlichem Ende, zu Füßen der mächtigen Schauenburg aus dem 11. Jahrhundert, schöne alte Fachwerkhäuser das Städtchen Oberkirch bilden. Über 500 Jahre war dieser von Wäldern und Weinbergen umgebene Ort im Besitz der Fürstbischöfe von Straßburg. So erklärt sich auch, daß damals wie heute die elsässisch-französische Küche gemeinsam mit der berühmten badischen Küche im Renchtal gepflegt wird. Gastwirt Christian Fischer, Hausherr des Gasthofs „Zur Linde", bekam gegen Ende des 17. Jahrhunderts die negativen Seiten der Franzosenherrschaft auf dramatische Art zu spüren: Am 10. September 1689 beauftragte Sonnenkönig Ludwig XIV. von Frankreich den Marquis de Chamilly, seine Truppen nach Oberkirch zu lenken und die ganze Stadt in Brand zu setzen. Unter den Opfern der Flammen war auch der Gasthof „Zur Linde".

Schon drei Jahre später war das Haus an gleicher Stelle wiederaufgebaut, und kurz danach entstand ein noch größerer Fachwerkbau, das heutige Hotel „Zur Oberen Linde". Beide Häuser sind heute noch durch einen Balusteraufgang miteinander verbunden. Im Laufe seiner Geschichte hatte auch der Gasthof – zur Unterscheidung von der „Unteren Linde" in Unter-

kirch-Fernach – den Namen „Zur Oberen Linde" angenommen. In den ältesten Gästebüchern des Hauses aus dem 19. Jahrhundert kann man heute noch nachlesen, welche berühmten Gäste der damalige Wirt Fiedel Geldreich unter seinem Dach begrüßen durfte: Kaiser Wilhelm I., Großherzog Friedrich und Großherzogin Luise von Baden, Großherzog Karl Alexander von Sachsen, Prinz Wilhelm von Preußen und andere Repräsentanten des Hochadels.

Seit Anfang dieses Jahrhunderts sind Gasthof und Hotel im Besitz der Familie Dilger. Es wirkte wie ein schlechter Scherz der Geschichte, als Lindenwirt Alfred Dilger bei der Rückkehr aus der Kriegsgefangenschaft im Jahre 1948 zur Kenntnis nehmen mußte, daß sein Gasthof von der französischen Besatzungsmacht beschlagnahmt worden war. Bis die Franzosen sieben Jahre später endgültig das Feld räumten, zog er sich mit seinem Betrieb ins Nebengebäude zurück, wo er in der Zwischenzeit berühmte Gäste wie beispielsweise den „Urwalddoktor" Albert Schweitzer begrüßte. Seither gab es Umbauten und Anbauten, Renovierung und Veredelung und neue klingende Namen im Gästebuch wie Richard von Weizsäcker, Gustav Knuth und Fritz Walter, und dennoch hat sich die „Obere Linde" über all die Jahre hinweg den Charme eines ganz persönlich geführten Familienbetriebs bewahrt. Inzwischen haben Werner und Elisabeth Dilger die Leitung übernommen, und auch wenn sich die Speisekarte heute nicht mehr liest wie eine Schwarzwälder Vesperauswahl, so läßt sich doch mit Freuden feststellen, daß die Pfifferlinge zum Norweger Lachs aus dem benachbarten Wald stammen, die Nudeln zum Kalbsrückensteak aus eigener Produktion sind und das zarte Wildragout in Oberkircher Rotwein geschmort wird.

Übrigens: Wer gerne wissen möchte, wie die traditionelle Schwarzwälder Kirschtorte entsteht, kann ein paar Schritte vom Haus entfernt einem Konditor bei der Herstellung über die Schulter schauen. Für 15 DM ist eine Kostprobe inbegriffen.

keine Betriebsferien	
	kein Ruhetag
37 Hotelzimmer	
	Kategorie: gehoben
Eurocard, American Express, Visa, Diners	
	Garten und Liegewiese, Tennisplatz, zwei Bundeskegelbahnen
Parkplatz	
	Hunde im Restaurant gestattet, im Hotel gegen Aufpreis

„Zur Oberen Linde"
7602 Oberkirch
Telefon 0 78 02-80 20
Fax: 0 78 02-30 30

Adler

Ein Beispiel zur Bestätigung der These vom kulinarischen Nord-Süd-Gefälle zugunsten der süddeutschen Küche und der Genießer-Mentalität ist der Gasthof „Adler" in Lahr-Reichenbach. Als absolutes Zugpferd auf dem Weg zum Erfolg erwies sich zweifellos die außerordentliche Begabung Otto Fehrenbachers als Gastgeber und auch als Küchenchef. Das gepflegte Haus in der Ortenau, in der Nähe der Autobahn Karlsruhe-Basel, beherbergt schon seit 127 Jahren die Gastwirtschaft unter dem gleichen Namen. Die Familie Fehrenbacher ist jetzt in der dritten Generation mit dem Schicksal des Hauses verbun-

den. Genau wie ihre Vorfahren wurden sie nicht müde, regelmäßig zu verbessern, zu verschönern und immer wieder ein Stückchen dazuzubauen, um den sowieso schon sehr komfortablen Schwarzwaldhof in Zukunft noch attraktiver zu machen. Hier die entscheidenden Veränderungen der letzten Jahre: 1984 wurde das neue Gästehaus eingeweiht und im Anschluß daran die Bettenkapazität peu à peu erhöht. In der gleichen Zeit entstand eine große zusätzliche Veranda auf der Westseite, damit die Gäste an schönen Tagen windgeschützt sitzen und die Sonne genießen können. Durch ein gläsernes Entree betritt man das Haus und hat die schwierige Wahl zwischen drei verschiedenen Speisezimmern, die alle eher elegant als rustikal sind – mit blankgebohnerten Holzfußböden, Deckenbalken, wertvollen Teppichen, bleiverglasten Fenstern, Kachelofen und Standuhr.

Dem freundlichen, aufmerksamen Service verdankt das Haus ebenfalls seinen guten Ruf.

Otto Fehrenbacher besteht seit Jahren auf einer bodenständigen, unverfälschten Art zu kochen – ohne exotischen Firlefanz. Er legt den allergrößten Wert auf frische, einwandfreie Grundprodukte und überläßt die Raffinesse seiner Frau Pia, die für die fantasievolle Präsentation der Speisen verantwortlich ist. Auf jeder Tageskarte findet sich etwas Schlichtes, Gutbürgerliches aus der badischen Heimat wie zum Beispiel saures Leberle mit Bratkartoffeln oder geräuchertes Forellenfilet mit Sahnemeerrettich. Im Frühjahr könnte ein Tagesmenü wie folgt zusammengestellt sein: gegrillte Langustinos mit verschiedenen Blattsalaten, Hummercremesuppe, Poulardenbrüstchen in Morchelrahmsauce mit Gemüse und Maisküchle oder statt dessen Rouget gebraten in Blattspinat auf Schnittlauchbutter und zum Abschluß ein „Adler"-Beerenteller.

	Betriebsferien zwei Wochen im Februar/März	Ruhetag
	Dienstag Ruhetag	
	27 Zimmer	
	Kategorie: mittel	
	Eurocard	
	Golfclub Ortenau drei Autominuten entfernt	
	Parkplatz, Garagen	
	Hunde gestattet	

„Adler"
Familie Fehrenbacher
Hauptstraße 18
7630 Lahr-Reichenbach
Telefon 0 78 21-70 35
Fax 0 78 21-70 33

Herberge Zum Löwen

Diese schöne Postkarte aus dem Jahre 1897 zeugt schon von der großen Bekanntheit des „Löwen" vor knapp 100 Jahren.

In einer Zeit der Superlative, in der jeder gerne der Größte, der Reichste und der Schönste sein möchte, wird der Gast zunächst einmal mißtrauisch, wenn er hört, im ältesten Gasthaus Deutschlands zu sitzen. Man kann sicher davon ausgehen, daß schon vor dem 13. Jahrhundert eingekehrt und ausgeschenkt wurde; urkundlich belegt findet sich dieses Privileg allerdings nur unter dem denkmalgeschützten Dach des „Löwen", einem – schon wegen seiner landschaftlich reizvollen Lage – wahrhaften Parade-Gasthof im südlichen Schwarzwald. Wie die Urkunde bestätigt, gab es an dieser Stelle schon seit 1231 die "Schenke am Berg", zu Füßen der Burg Geroldseck, hinter deren starken Mauern die Grafen gleichen Namens bis zum Ende des 30jährigen Krieges (1648) die Gegend beherrschten. Wie ebenfalls urkundlich bestätigt ist, knöpften sie den erschöpften Reisenden nicht nur reichlich Taler für Essen, Trinken und Zollgebühr ab, sondern pflegten sie am nächsten Tag angeblich noch – in rostigen Raubritter-Rüstungen verborgen – heimtückisch zu überfallen und vollends auszurauben.

An gleicher Stelle, wo vor mehr als 700 Jahren wehrlose Kaufleute auf abenteuerliche Art ihren Geschäften nachgingen, schlängelt sich heute die Bundesstraße 415 von Lahr in Richtung Biberach. Die ehemalige Trutzburg der Grafen von Geroldseck ist längst eine Ruine – nur die Schenke hat als heutige Herberge „Zum Löwen" alle stürmischen Zeiten fast unbeschadet überstanden. Wie ein Fels in der Brandung präsentiert sich der stattliche alte Fachwerkbau, dessen stabiles Innenleben von Kassettendecken aus sechs Zentimeter dickem Schwarzwaldholz getragen wird. Und offensichtlich erhört wurde der fromme Wunsch seines Bauherrn, den man heute noch auf einem Balken neben dem Kachelofen nachlesen kann: "Behuet oh Herr mit starker Hand des Hus

und unser Heimatland 1231."

Alles möglichst so zu erhalten, wie es früher einmal war und wenn überhaupt, dann mit aller Vorsicht zu renovieren, ist einer der größten Wünsche der heutigen Wirtsleute, Siegbert und Helga Wussler. Dementsprechend gibt es jede Menge lohnende Fotomotive, wenn Besucher aus aller Welt mit gezückter Kamera das schöne alte Haus besichtigen: im Restaurant, im Jägerstüble und im liebevoll restaurierten Geroldsecker Saal, den Stammgäste aus der Nachbarschaft für ihre Familienfeiern buchen. Und dies tun sie nicht nur wegen des außergewöhnlichen Rahmens, sondern vor allem wegen der kulinarischen Köstlichkeiten, die Siegbert Wussler aus eigener Jagd und eigener Landwirtschaft auf den Tisch bringt: Von der herzhaften Bauernvesper mit hausgemachter Wurst und selbstgebackenem Brot (als Abschluß den Himbeergeist aus eigener Brennerei nicht vergessen) bis zu dem ganzjährig angebotenen Erlebnis-Wochenende inklusive Übernachtung im benachbarten Hotel Geroldseck (mit Schwimmbad, Sauna und Sonnenbank), einem sechsgängigen "Exquisit-Menü" im „Löwen" plus Frühstücksbüfett am Sonntagmorgen.

keine Betriebsferien	Montag Ruhetag
26 Hotelzimmer	Kategorie: mittel
Eurocard, Diners	Sauna, Sonnenbank, Hallenbad
Parkplatz	Hunde gestattet

Herberge „Zum Löwen"
7633 Seelbach/Schönberg
(Schwarzwald)
Telefon 0 78 23-20 44
Fax 0 78 23-55

Schwarzer Adler

Die Küche des „Schwarzen Adlers"wird heute zu den besten Deutschlands gezählt, was auch in zwei Michelin-Sternen seinen Niederschlag findet. Dennoch konzentriert sich das laute Lob für dieses Haus nicht in erster Linie auf die Küche, sondern noch mehr auf den Keller. Im wahrsten Sinne des Wortes. Franz Keller, dessen Familie seit über 300 Jahren im ältesten Gasthof des Kaiserstuhls das Sagen hat, gilt als führende Persönlichkeit im regionalen Weinanbau. Seit Anfang der siebziger Jahre gehört sein Betrieb zu den bekanntesten in Deutschland. Der „Schwarze Adler"wurde 1454 erstmals urkundlich erwähnt. Als die Familie Keller ihn 1660 übernahm, diente er zunächst als Herberge – das schöne alte Wirtshausschild, das heute noch über dem Eingang hängt, könnte eine Menge über die Höhen und Tiefen des Gasthofs am Oberrhein erzählen. Von Anfang an wurde an den blanken Tischen des damals noch sehr schlichten Gasthofs Wein aus eigenem Anbau ausgeschenkt. Schon der berühmte ungarische Feldhauptmann Lazarus von Schwendi, der bei den Habsburgern diente, soll die Qualität des Oberbergener Weines lobend erwähnt haben.

Bevor Franz Keller den elterlichen Betrieb 1953 übernahm, wurde er jahrelang von seiner Mutter allein geführt. Viel später erst wurde der Gasthof zum internationalen Schlemmerparadies. Franz Keller war sein Leben lang mit Leib und Seele Gastwirt, aber er ist vor allem auch Weinbauer. Inzwischen teilt er sich die Aufgaben der Weinkellerei mit seinem Sohn Fritz und hat dadurch wieder etwas mehr Zeit für die Gäste des „Schwarzen Adlers".

Heutzutage kann man Keller-Weine in fast allen guten deutschen Restaurants auf der Weinkarte entdecken. Sie werden außerdem in Nachbarländer wie Holland, Belgien und die Schweiz geliefert, aber auch nach Japan und Brasilien. Es gilt als besonderes Kompliment, daß sogar die Franzosen aus dem benachbarten Kaiserstuhl regelmäßig Weine beziehen. Sie wissen vor allem zu schätzen, wie konsequent Keller bereits gegen den traditionellen süßlich-lieblichen Wein zu Felde gezogen ist, als die Bezeichnung „trocken" längst noch nicht die Bedeutung hatte wie heute. Nachdem heutzutage immer noch laut Gesetz erlaubt ist, einem Wein das Prädikat „trocken" zu geben, solange sein Restzuckergehalt neun Gramm pro Liter nicht übersteigt, hat Keller einen neuen Ansatz im Kampf um den natürlichen Wein gefunden. Er nennt ihn nicht mehr „trocken", sondern statt dessen „durchgegoren". Zu seinen besten Lagen gehören die Oberbergener Baßgeige, Jechtinger Eichert, Oberrotweiler Eichberg und Kirchberg.

Die Verbundenheit mit den französischen Nachbarn überträgt sich offensichtlich auch auf die Speisekarte des Gasthofs. Auffällig und naheliegend ist, daß die hauseigenen Produkte nicht nur auf der Weinkarte zu finden sind, sondern auch beim Koch in der Küche. Kreationen wie Poulardenbrust in Spätburgunder oder St. Peter Fischfilet in Grauburgunder gehören zum kulinarischen Repertoire von Chefkoch Christian Bégyn.

Die Weinkarte selbst wurde für ihren außergewöhnlichen Inhalt von der „Académie du Vin de France" ausgezeichnet. Unter der Riesenauswahl, die auch viele französische Weine bietet, stammen rund 100 aus dem Kaiserstuhl. Es ist in diesem Zusammenhang erfreulich, daß es einen großen Teil der Qualitätsweine auch in halben Flaschen gibt – ein kleines Eingeständnis an motorisierte Gäste, die nicht ganz verzichten wollen.

Ein Schlüsselerlebnis in Sachen Wein war für den 17jährigen Fähnrich Franz Keller ein unvergeßlicher Abend kurz vor Kriegsende. Mit einer Gruppe Landser hatte er in einem ostpreußischen Gutshof Unterkunft und Verpflegung gefunden. Die alte Gutsherrin überließ ihm den Schlüssel vom Weinkeller, in dessen feuchter Kühle er bei Kerzenlicht die letzten Flaschen vom heimatlichen Oberrotweiler Eichberg fand und als letzten Rotwein einen Lafite-Rothschild Jahrgang 1928. Heute stehen 13 Jahrgänge Lafite auf seiner Weinkarte, der Oberrotweiler Eichberg gehört mittlerweile zu seinem eigenen Weingut.

Betriebsferien von circa Mitte Januar bis Mitte Februar (bzw. bis Mittwoch vor Weiberfastnacht)	Ruhetag
Mittwoch und Donnerstag Ruhetag Reservierung empfehlenswert	
9 Doppelzimmer	
Kategorie: mittel/gehoben	
Kreditkarten werden akzeptiert	
eigener Weinbau und Weinverkauf Sauna und kleiner Swimmingpool im Nebenhaus	
Parkplatz vorhanden	
Hunde gestattet	

„Schwarzer Adler"
Familie Keller
7818 Vogtsburg-Oberbergen
Telefon 0 76 62-7 15
Fax 0 76 62-7 19

Stollen

Dort, wo das Somonswäldertal in das Elztal einmündet, befinden sich die alten Fachwerkhäuser des Schwarzwalddörfchens Bleibach – unter ihnen der traditionelle Gasthof „Stollen". Man möchte es kaum glauben, aber die siebenmalgscheiten Schwaben waren auf der Suche nach Silber, als sie um die Mitte des 14. Jahrhunderts Stollen in den Berg trieben. Das Haus, dessen Name eindeutig aus dieser Zeit stammt, wurde allerdings erst 1847 gebaut. Unter dem typischen Schwarzwalddach lebten die Mitarbeiter des Brauhauses Bayer jahrelang gemeinsam mit einem Barbier.

Das Schankrecht war bereits eingetragen, als 1898 die Wirtschaft mit Genehmigung des Großherzoglich Badischen Bezirksamts eine ordentliche Gaststätte wurde. Ihr erster Wirt hieß Josef Kiefer, seine Nachkommen schalten und walten heute noch in Küche und Keller. Bevor Walter Jehli, der jetzige Wirt, sich mit Ena Kiefer nach der Heirat zu einem kreativen Team zusammentat, hatte der gebürtige Schweizer schon viele Erfahrungen am Herd gesammelt. Beide haben dem Gasthaus seit der Übernahme im Jahre 1970 ein ganz neues Gesicht gegeben. Außer einer geschmackvollen Einrichtung der gemütlichen Gaststuben war es den Wirtsleuten besonders wichtig, durch den Einbau modernster Küchenmaschinen die besten Voraussetzungen für den Kochkünstler zu schaffen. Und er hat sie offensichtlich genutzt:

1976 holte sich der Meister eine Goldmedaille mit Ehrenpreis auf der Internationalen Kochkunstausstellung in Frankfurt, die als Olympiade der Köche gilt, und kurz darauf gewann der Chevalier de Cordon Bleu du St. Esprit auf der Intergastra in Stuttgart noch eine Goldmedaille dazu.

Walter Jehli hat es bis heute nicht verlernt, die Raffinesse der heimatlichen Schweizer Kochkunst mit Schwarzwälder Spezialitäten zu neuen interessanten Kreationen zu verbinden. Zu seinen kulinarischen Stärken gehören Wildbachforellen aus eigener Zucht, Flußkrebse, Hechtklößchen, Seezungenfilet, Rehschnitzel mit Cognac-Kirschen und Pfeffersteak nach Art des Chefs – mit frischem grünem Pfeffer.

Auf der Getränkekarte finden sich die Spitzenprodukte der badischen Winzer und selbstverständlich auch eine Auswahl an Wässerli, neben Wein und Speck ist dies der dritte Grundpfeiler der schwäbischen Lebensart. Wer macht sich schon klar, daß aus dem Schwarzwald 90 Prozent der 20 Millionen Obstbrand-Flaschen stammen. Es sind vor allem die kleinen Hausbrennereien, die zum weltweit guten Ruf von Kirschwasser, Himbeergeist, Zwetschgenwasser und Obstler beigetragen haben.

Für Besucher und Hausgäste wird die familiäre Atmosphäre direkt spürbar. Schon von außen wirkt das kleine Haus mit der niedrigen Bauernstube ganz einfach gemütlich. Innen befinden sich das zünftige, holzgetäfelte Einkehrstüble, wo einen bestenfalls der Schlag der Kuckucksuhr daran erinnert, daß man offensichtlich die Zeit vergessen hat, und die vom Stil her leicht veredelten Nebenzimmer – die St. Georg-Stube und das Kaminzimmer.

Vor nun genau zehn Jahren wurde die gesamte Außenfront verschönert und dem Landschaftsbild harmonisch angepaßt. Das neu dazugekommene Stockwerk beherbergt komfortable Gästezimmer.

Das Elztal verdient seinen Ruf als vorzügliches Wanderrevier. In nächster Umgebung empfehlen sich Ausflüge in die Schweiz, zum Kaiserstuhl, in das Elsaß und natürlich in den Schwarzwald.

Betriebsferien 2. Januarhälfte	Dienstag Ruhetag
18 Hotelbetten und eine Suite	Kategorie: mittel/gehoben
American Express, Eurocard, Visa	Skilift
Parkpatz vorhanden	Hunde nicht gestattet

„Stollen"
Familie Jehli-Kiefer
7809 Gutach-Bleibach
Telefon 0 76 85-2 07
Fax 0 76 85-15 50

Zum Adler

Obwohl der Schwarzwald nicht mehr ganz das ist, was er früher einmal war, ist er immer noch wunderschön. Die Zeiten scheinen vorbei, wo sich dicke weiße Schneemützen auf die Gipfel der hohen Tannenwälder legten und die Kinder mit dem Schlitten in die Schule fuhren. Dafür hat der saure Regen die ersten sichtbaren Spuren hinterlassen. Auf den Straßen zwischen Berg und Tal sind mehr Autos zu sehen als Wanderer.

Zu der Zeit, als viele der prächtigen Schwarzwaldgasthöfe gebaut wurden, waren die meisten Menschen noch mit Pferd und Wagen unterwegs, und ein großer Teil der Gasthöfe diente in erster Linie als Poststation, um frische Pferde für die Kutschen bereitzuhalten. Auch der „Adler" im Glottertal, nur ein paar Kilometer außerhalb von Freiburg, ist schon mehr als 150 Jahre alt, er war allerdings von Anfang an ein Gasthof.

In den drei Generationen, die er von der Familie Linder bewohnt und bewirtschaftet wurde, veränderte sich nicht allzuviel. Anfang der zwanziger Jahre wurden lediglich zwei gemütliche Stuben dazugebaut. Darauf, daß diese Stuben weiterhin so gemütlich bleiben, legt auch Stephanie Langenbacher, die jetzige Wirtin des „Adlers", besonders großen Wert. Glücklicherweise hat sie die nötige Erfahrung von zu Hause mitgebracht: Ihre Familie betreibt seit 1671 die berühmte „Kleber-Post" in Saulgau, die inzwischen erfolgreich von Bruder Andreas Kleber geleitet wird. 1982 kaufte Stephanie Langenbacher „ihren" Gasthof, und wenn sie heute einen Blick auf die Personalliste wirft, so kann sie mehr als einmal feststellen, daß es eine ganze Reihe treuer Mitarbeiter gibt, die dem Betrieb schon einige Jahre länger angehören als sie selbst. Bertel ist die „Dienstälteste", sie hat schon 28 Jahre im „Adler" hinter sich. Margit ist bereits die Hälfte dieser Zeit für die schönen Blumenarrangements zuständig. Insgesamt sind es mehr als ein Dutzend dienstbarer Geister – sie stammen alle aus dem Glottertal, und sie sind alle dafür bekannt, daß sie ihren Gästen besondere Aufmerksamkeit entgegenbringen.

Aber zurück zu den Stuben. An der dunklen Tannenholztäfelung sind im Laufe der Jahre viele Rauchschwaden und Küchengerüche vorbeigezogen. Einen bunten Kontrast zu ihr bilden der maigrüne Kachelofen und die langen schmalen Tischkerzen, die so rot sind wie die knödelförmigen Pompons auf den Hüten der Schwarzwaldpuppen. Die aus goldgerahmten Porträts an den Wänden blickenden Ahnen schauen wesentlich ernsthafter in die Runde, als es der guten Stimmung in der Stube entspricht. Daß diese so gut ist, hat sicherlich auch etwas damit zu tun, daß das Publikum so bunt gemischt ist. Da gibt es immer noch die Studenten aus der benachbarten Universitätsstadt Freiburg und für sie nach wie vor die Studentenschnitzel, deren knusprige Kruste von einem Tellerrand zum anderen reicht. An gleicher Stelle sitzen ebenfalls angereiste Feinschmecker und weitgereiste Amerikaner, um die anerkannte Gourmet-Küche zu genießen. Ganz besonders beliebt unter den vielen regionalen Spezialitäten sind Fasane, Rebhühner, Hasen und anderes Wild aus eigener Jagd, wie könnte es anders sein als mit hausgemachten Spätzle und Preiselbeeren als Beilage.

Vieles von dem, was mit dem für die Mundart des Breisgaus typischen „le" endet, wird in jeder Hinsicht dem Anspruch einer feinen überregionalen Küche gerecht, z. B. Kalbsbriesle an Morchelrahmsauce, Nüdele und Gemüse oder Feinschmeckerpfännle – Lammkotelett, Tournedos mit Pfeffer, Kalbsmedaillon mit Gänseleber, Gemüse und Kroketten. Vieles von dem, was das Vesperkärtle anbietet, ist gute alte Hausmannskost wie Schäufele mit Salatteller, Adlerwirtin's Bureplättle mit Griebenschmalz und Landbrot oder tannengeräuchertes Forellenfilet. Die Wurst ist selbstgemacht, der Speck hausgeräuchert und der Schnaps selbstgebrannt. Die umfangreiche Weinkarte ist eine Art Gotha der badischen Weinkultur.

	keine Betriebsferien	Ruhetag
	Dienstag Ruhetag	
	12 Hotelzimmer	
	Kategorie: einfach	
	Eurocard, Diners, Visa	
	Spezialität: selbstgebrannte Schnäpse, Wild aus eigener Jagd	
	Parkplatz vorhanden	
	Hunde gestattet	

„Zum Adler"
Stephanie Langenbacher
Talstr. 11
7804 Glottertal
Telefon 0 76 84-10 81
Fax 0 76 84-10 83

Alte Post

Im Schwarzwald gibt es seit geraumer Zeit eine offizielle Initiative, die ausgewählte Restaurants und Hotels in dieser Region publizistisch fördert. Zu den gastronomischen Betrieben, die in diesem Zusammenhang betreut werden, zählt die „Altendorf Kulturstiftung Freudenstadt" unter anderem das „Schloßhotel Bühlerhöhe", „Brenners Parkhotel" in Baden-Baden, die „Traube-Tonbach", den „Adler" in Hinterzarten, das „Schloßhotel Friedrichsruhe" in Zweiflingen und auch den Gasthof „Alte Post" in Nagold. In einem ersten journalistischen Steckbrief des bald 300 Jahre alten Hauses wird die Leichtigkeit der Küche gelobt, die fachmännische Zusammenstellung des Weinkellers gepriesen und die geschmackvolle Intimität der Gaststuben hervorgehoben.

Und man kann nur bestätigen: Die „Alte Post" hat diese Auszeichnung verdient. So viel Lob und Anerkennung hatte sich niemand träumen lassen, als an dieser Stelle im Jahre 1807

eine „Königlich Württembergische Poststation" eingerichtet wurde. Um diese Zeit stand die urige Gastwirtschaft schon seit rund 100 Jahren vor den Toren

der Stadt. Die günstige geographische Lage trug noch ein übriges dazu bei, daß Reisende, die auf den großen Routen nach Frankreich oder in die Schweiz unterwegs waren sowie per Kutsche zwischen Straßburg und Stuttgart, regelmäßig in Nagold einkehrten. Heute noch liest man in den alten Gästebüchern berühmte Namen wie Kaiser Napoleon von Frankreich oder König Friedrich von Württemberg. Seit dieser Zeit ist der schöne alte Gasthof innen und außen erhalten geblieben. Was seine äußere Attraktivität betrifft, so ist es dem Stuttgarter Künstler Robert Nachbauer zu verdanken, daß die ursprüngliche Fachwerkfassade wieder freigelegt und weiterhin bewahrt wurde. Das Wirtshausschild wurde 1931 von dem Freudenstädter Kunstschmied Baldenhofer in seiner jetzigen Form gestaltet. Mit dem Ehepaar Sonja und Hans-Georg Einreiner hat die „Alte Post" ein perfektes Pächterehepaar gefunden. Sie können beide, unbhängig voneinander, eine exellente Hotelfachausbildung vorweisen, ihre Arbeitseinteilung ist geradezu ideal: Er managt – von vier Mitarbeitern unterstützt – die Aufgaben im Bereich der Küche; sie mit drei weiteren Fachkräften den Service.

Ein Blick in die internationale, von regionaler Küche ganz leicht beeinflußte Speisekarte: Kalbsbriesterrine mit Salatbouquet in Wildrosenblütenvinaigrette unter den kalten beziehungsweise Salonbeuscherl in Weißer Burgunder Beerenauslese-Essigsoße mit Austernpilzen und kleinem Semmelknödel unter den warmen Vorspeisen. Bei den Hauptgerichten besticht ein Schwäbischer Rostbraten mit roten Schmorzwiebeln, Gemüse und Spätzle oder – unter den Fischangeboten – ein Seezungenfilet in Blätterteig mit Kaviarsoße und Gemüse.

Betriebsferien zwei Wochen im Sommer und zwei Wochen im Januar	Montag Ruhetag
Mittagessen von 12 bis 14 Uhr, Abendessen von 18 bis 22 Uhr	Spezialität: Schwäbischer Rostbraten, Seezungenfilet in Blätterteig
alle gängigen Kreditkarten werden akzeptiert	Veranstaltungen bis zu 80 Personen
Parkplatz vorhanden	Hunde gestattet

„Alte Post"
Familie Eireiner
Bahnhofstr. 2
7270 Nagold
Telefon 0 74 52-42 21
Fax 0 74 52-6 71 18

Brauereigaststätte Schlößle

Im ehemaligen Land der Hohenzollern, weit genug entfernt von touristischen Trampelpfaden, entdeckt man zwischen Schwarzwald und Schwäbischer Alb das historische Städtchen Haigerloch, das aus verschiedenen Gründen einen Besuch wert ist. Es ist vor allem bekannt durch seine berühmte Fliederblüte, eine sehenswerte Barockkirche und die jährlichen Konzerte im Schloß Haigerloch, unter dessen renoviertem Dach man neuerdings auch übernachten kann.

Außerdem gibt es noch die Klöster Kirchberg und Bernstein im Hinterland, den Nachbarort Stein mit seinen römischen Ausgrabungen und – nur 25 Kilometer entfernt – die traditionsreiche Studentenstadt Tübingen mit ihrer romantischen Altstadt. Und für diejenigen, die nicht nur kulturell interessiert sind, sondern auch genüßlich essen und trinken möchten, gibt es die Schloßbrauerei Haigerloch und ihren hauseigenen Gasthof zu Füßen des mächtigen Schloßfelsens. Wie sich erst kürzlich, nach neuerlichem Studium des Staatsarchivs, herausgestellt hat, rollte bereits 1596 das erste Faß des köstlichen Haigerlocher Schloßbräus aus der Produktion – damals noch im Besitz des Fürstenhauses Hohenzollern-Sigmaringen. Im Jahre 1869 wurde die Brauerei vom damaligen Küfermeister Wilhelm Zöhrlaut übernommen, von dessen Nachkommen sie heute noch – bereits in der fünften Generation – bewirtschaftet wird.

Das „Schlößle", eine Art Miniaturausgabe seines großen Bruders, hält nach wie vor die Stellung am Eingang der Unterstadt, wo es früher schon, gemeinsam mit den beiden anderen Burgen, den Stadttoren und den Ringmauern eine starke Be-

Auch im Schloß Haigerloch kann man neuerdings übernachten.

festigung bildete. Das derzeitige Erscheinungsbild des Hauses stammt noch aus dem 16. Jahrhundert. Vor rund zehn Jahren wurde es zum 260jährigen Jubiläum der Schloßbrauerei stilvoll renoviert. Stilvoll heißt in diesem Fall nichts anderes als seiner ursprünglichen Form entsprechend, also ohne neumodischen Schnick-Schnack. Wen es auf der Suche nach einem echten schwäbischen Sonntagsbraten in diese Gegend verschlägt, der darf froh sein, auf dem begrenzten Parkplatz zwischen dem „Schlößle" und einem benachbarten wilden Bächle sein Auto abstellen zu können. In Gedanken an das berühmte Lied der Schwaben „Kennst Du das Land, wo jeder lacht, wo man aus Leber Spätzle macht, wo jeder zweite Fritzle heißt und man noch über Balken ..." tritt man beschwingten Schrittes in die gut gefüllte Gaststube und genießt vom ersten Moment an die fröhlich-familiäre Gastlichkeit. Hinter der breiten Schanktheke bemühen sich die Mitglieder der Pächterfamilie Schneider, dem Sonntagsdurst ihrer Stammgäste mit forciertem Bierzapfen hinterher zu kommen – auf der anderen Seite des Zapfhahns drängen sich Haigerlocher Kirchgänger gemeinsam mit Leuten aus den Nachbardörfern und zugereisten Ausflüglern um die blankpolierten Tische. Frei nach dem Motto „Liaber en Ranza vom Essa als en Buckl vom Schaffa" zelebriert man mit gutem Hunger den obligatorischen Rostbraten mit Zwiebelsauce und Krautspätzle oder einen „Schlößle Filetspieß" für

zwei Personen, das sind Schweinemedaillons im Speckmantel am Spieß gebraten, Sauce Béarnaise, Spargelspitzen, Erbsen-Karotten, Kartoffelkroketten und – weil es ohne einfach nicht geht – zusätzlich noch hausgemachte Spätzle.

Als Brotzeit zwischendurch empfehlen sich geräucherte Forellenfilets, Ripple mit Brot und Schwarzwälder Schinken und danach natürlich ein Obstler.

keine Betriebsferien	Montag Ruhetag
geöffnet von 10 bis 24 Uhr	durchgehend warme Küche
Eurocard	Saisonale Karten/sehr kinderfreundlich
Parkplatz vorhanden	Hunde gestattet

Brauereigaststätte „Schlößle"
7452 Haigerloch
Telefon 0 74 74-62 35

Zum Ochsen

Zwei Frauen und ein Mann – Eva Raps, Marga und Uwe Förster – scheinen fest entschlossen zu sein, dem alten „Ochsen" in Trochtelfingen mit ihrer Interpretation der neuen deutschen Küche die Hörner zu stärken. Heutzutage können auch Frauen riskieren, in dem kleinen Schwabenstädtchen ans Licht der Öffentlichkeit zu treten – vor 400 Jahren wäre das ungleich schwieriger gewesen. Kann man doch in alten Urkunden nachlesen, daß allein im Jahre 1596 nicht weniger als 21 Frauen in Trochtelfingen als Hexen verbrannt wurden.

Inzwischen weht ein anderer Wind über die Schwäbische Alb. Das gilt nicht nur für den Umgang mit Frauen, sondern auch für den Umgang mit der traditionellen Spätzle-Küche. Frei nach dem Motto „Was der Bauer nicht kennt, das frißt er nicht", ist es hier genauso wie anderswo auf dem Land, gewiß nicht einfach, die einheimische Zunge für den neumodischen Speiseplan zu gewinnen – besonders in einem Ort wie Trochtelfingen, der vom internationalen Touristenandrang eines Schwarzwalddorfes meilenweit entfernt ist. Stammgäste sind hier alle, die im Ort etwas zu sagen haben, durchreisende Geschäftsleute und natürlich ein gewisses Quantum Reutlinger, von denen man sagt, sie führen kilometerweit für ihr Rostbrätle, damit daheim keiner merkt, wieviel Kreuzerle sie in der Tasche haben.

Wer Lust auf Rostbrätle mit Zwiebeln hat, ist allerdings im „Ochsen" an der falschen Adresse. Hier wird eine fri-

sche, feine Regionalküche offeriert mit Spezialitäten wie rosa gebratene Entenbrust in Rotweinsoße mit frischem Rhabarber und Apfelrösti, gefüllte Kaninchenkeule mit Dijonsenfsößle und Kohlrabinudeln oder Rücken vom Salzwiesenlamm mit Kräuterkruste, Ratatouille und gratinierte Kartoffeln. Bevor die Vorspeisen auf den Tisch kommen, überrascht Uwe Förster seine Gäste mit einem „Amuse gueule": eingelegter Schafskäse mit Tomaten und einem wunderbar nach Kräutern und Knoblauch duftenden warmen Brot.

Zum besseren Verständnis der Geschichte des Hauses und der Gegend noch kurz ein Gang durch die Jahrhunderte: 1727 entstand das Barockfachwerkhaus „Zum Ochsen"; im 19. Jahrhundert wurden die Trochtelfinger durch den Staatsvertrag zwischen Hohenzollern und Preußen über Nacht zu preußischen Untertanen; im 20. Jahrhundert wechselte das Schwabenstädtle vom Landkreis Sigmaringen zum Landkreis Reutlingen; 1976 entdeckte man hinter der abbruchreifen Fassade des Gasthofs „Zum Ochsen" das sagenhafte Fachwerk. Die schöne alte Fassade ist inzwischen wieder freigelegt, und andere Häuser in der Nachbarschaft sind dem guten Beispiel gefolgt. Mit anderen Worten: Ein Besuch in Trochtelfingen lohnt sich wegen der guten Küche des „Ochsen" und wegen der ungewöhnlichen Vielzahl der barocken Fachwerkfassaden.

„Zum Ochsen"
Familie Förster
Marktstr. 21
7416 Trochtelfingen
Telefon 0 71 24-22 00

Betriebsferien auf Anfrage	Mittwoch Ruhetag
Sonntag ab 11.30 Uhr geöffnet, an allen anderen Tagen ab 18 Uhr geöffnet	Spezialität: gebratene Entenbrust, gefüllte Kaninchenkeule
Kreditkarten werden nicht akzeptiert	zwei Kegelbahnen, Künstler-Veranstaltungen
Parkplatz hinter dem Haus	Hunde gestattet

Schloßwirtschaft

An den geschmackvoll gedeckten Tischen der „Schloßwirtschaft" läßt man sich gerne nieder.

Wenn das Ventil der positiven Kritik erst einmal geöffnet ist, kann man sich vor Sternen, Hauben, Mützen und anderen für den Bereich Essen und Trinken typischen Auszeichnungen oft kaum noch retten. Eberhard und Renate Aspacher können, wenn das so weitergeht, mit Kochlöffeln demnächst die Wände pflastern. Dabei ist es noch keine zehn Jahre her, daß sie sich entschieden haben, aus der „Schloßwirtschaft" in Illereichen ein gastronomisches Schatzkästlein zu machen. Um nur einige kulinarische Höhepunkte zu nennen: ein Stern im Michelin, vier Kochlöffel im Aral, zwei Kochmützen und 15 Punkte im Gault Millau, eine weitere Kochmütze im Varta,

17 von 20 Punkten im VIF und – nach der Beurteilung des Guide des Guides die Position 33 in Deutschland. Und noch mehr: Die Fachzeitschrift „Feinschmecker" setzte die „Schloßwirtschaft" hinter dem berühmten Koch Eckart Witzigmann auf Position zwei in Bayern. Seit 1990 gibt es außerdem den Guide mit vier Bänden für Deutschland und die angrenzenden Regionen. Dieser wählte sie 1992 gar zum Restaurant des Jahres, was durch die Verleihung einer goldenen Pfanne sichtbar gemacht wurde. Die offizielle Begründung lautet: Eberhard und Renate Aspacher sei es gelungen, im Laufe vieler Jahre ein Qualitätsniveau zu erreichen, das sich nicht nur durch neue Ideen, sondern vor allem durch fachliches Können und Kontinuität ausgezeichnet habe.

Die „Schloßwirtschaft" mit Landhotel liegt hoch über dem Illertal, nicht weit von Altenstadt (zwischen Ulm und Memmingen) und ist Teil einer idyllischen Schloßanlage aus dem 14. Jahrhundert. Das Restaurant selbst hat seinen Platz in den Gewölben der ehemaligen Schnapsbrennerei gefunden.

Eberhard Aspacher ist ein außergewöhnlich schneller Aufsteiger, was seine Koch-Karriere betrifft. Mit 16 Jahren zog es den gebürtigen Backnanger in die Kochlehre nach Stuttgart.

Nach seiner Meisterprüfung in Heidelberg war er der jüngste Küchenchef Deutschlands. Inzwischen beschäftigt er selbst einen Chef de Cuisine, Andreas Weise, der gemeinsam mit dem Wirtsehepaar ein kleines, effektives Team bildet. Wobei Fische und Meerestiere die Domaine des Hausherrn sind. Er kombiniert sie gerne mit den feinsten Teigwaren wie beispielsweise Seezunge und Tiefseegarnelen auf Zucchini-Bärlauchgemüse mit Spaghettini. Ein typisches Tagesmenü liest sich wie folgt: Variation von Gänseleber auf Apfel-Selleriesalat – Blumenkohlschaumsüppchen mit Red Snapper und Morcheln – gebratener Seeteufel auf Tomaten-Olivenragout mit Spaghettini – Limonensorbet auf Erbeercoulis – Lammrückenscheiben mit Schalottenconfit und Polentaschnitte – From d'Ambert in Blätterteig auf Kresse – Rhabarbertarte auf Vanillespiegel mit Schokoladenmousse.

Sein Weinkeller ist seit frühester Jugend Aspachers stille Leidenschaft. Während seine Freunde für eine Harley Davidson sparten, trug er ein paar Flaschen seltenen Bordeaux nach Hause.

Zum Restaurant gehört auch das heimelige Landhotel mit dem bäuerlich-eleganten Zimmerdekor und den komfortablen Badezimmern. Der Gast wird morgens von den Glokken der alten Pfarrkirche von Illereichen geweckt.

keine Betriebsferien	Ruhetag
Montag Ruhetag, Sonntag nur abends geöffnet	
11 Hotelzimmer	
Kategorie: mittel	
American Express, Eurocard, Diners	
Tagungen, Familienfeiern, Kochkurse, Tennisplatz, Fahrräder	
Garagen vorhanden	
Hunde gestattet	

„Schloßwirtschaft"
Eberhard und Renate Aspacher
Kirchplatz 2
7919 Illereichen
Telefon 0 83 37-80 45
Fax 0 83 37-4 60

Traubenbräu

Der Gasthof „Traubenbräu", der im sogenannten „Schwäbischen Barockwinkel" liegt, im südlichen Dreieck zwischen Ulm und Augsburg, wurde im Jahre 1988 von Staatsminister Simon Nüssel mit dem Ehrenpreis für den Regierungsbezirk Schwaben im Wettbewerb um die „Bayrische Küche" ausgezeichnet. In der Ehrenurkunde wendet sich die Preisverleihung gleichermaßen an Georg und Georgine Ringler, die Wirtsleute – und indirekt natürlich vor allen Dingen an Chefkoch Leo Schregle.

Das einzig wirklich bayrische auf der Speise- und Getränkeliste ist eine Münchner Brauerei mit frischem Faßbier, hellem und dunklem Weizenbier sowie Malz-, Stark- und Oktoberfestbier. Was an Speisen angeboten wird, klingt, zumindest für den Laien, durch und durch schwäbisch. Allem voran Kässpätzla, Krautspätzla oder Buabaspitzla – wahlweise mit Salat, Saubuckl, Schweinefilet oder Rinderlendenstück –, Schwäbischer Zwiebelrostbraten, Linsenteller oder ein Sieben-Schwaben-Spieß: Fleisch am Spieß, hausgemachte Spätzle, Rahm und Schinken mit Sauce. Eine typische Suppe aus der Gegend ist die Krumbacher Festsuppe mit Grünen Krapfen und Brätstrudel als Einlage.

Hat man wenig Geld und viel Hunger, dann gibt es zum sagenhaften Preis von 3,30 DM Schwäbische Spätzla mit Soße. Für Gäste mit exotischem Geschmack werden verschiedene panierte Filets auf Fruchtreis mit Currysauce angeboten. Etwas weniger spektakulär präsentiert sich der lukullische Party-Renner aus den sechziger Jahren: Toast Hawaii mit Schinken, Spargel, Käse und Ananas.

Wer Kalorien sparen will, findet unter der Rubrik „Ebbes Schlank`s" magere Steaks mit Salatteller oder verschiedene Fische mit Salatteller und Zitrone. Das Gegenteil erreicht man un-

EHRENURKUNDE

DER BAYERISCHE STAATSMINISTER FÜR
ERNÄHRUNG, LANDWIRTSCHAFT UND FORSTEN
ZEICHNET IM
WETTBEWERB „BAYERISCHE KÜCHE" 1988

HERRN GEORG UND FRAU GEORGINE RINGLER
GASTHOF TRAUBENBRÄU
KRUMBACH

FÜR HERVORRAGENDE LEISTUNGEN
UM DIE ERHALTUNG UND WIEDERBELEBUNG
DER BAYERISCHEN WIRTSHAUSTRADITION
FÜR DEN REGIERUNGSBEZIRK SCHWABEN
MIT DEM EHRENPREIS AUS.

ter dem Stichwort „Ebbes zum Schlecka", indem man Apfelküchle mit Zimtzucker oder Walnußeis mit Eierlikör bestellt.

Zum Schwarzwälder Geräucherten oder zum Oberstdorfer Bergkäs paßt von den Weißweinen ein Schoppen vom Stettener Heuchelberg oder von den Rotweinen ein Strumpfelbacher Wertbühl – beides Qualitätsweine aus Baden-Württemberg.

Das „Traubenbräu" gehört seit 1981 zur Bruderschaft der sieben Schwaben. Der „Blitzschwab" hat es sich zur Aufgabe gemacht, schwäbisches Kulturgut in Wort und Schrift und natürlich auch, was Essen und Trinken betrifft, zu fördern und aufrechtzuerhalten. Zu den täglichen Pflichten Georg Ringlers gehört es seitdem, das Leibgericht der Blitzschwaben – Saubuckl mit abgeschmelztem Leberknödel und Bubaspitz auf Most-Sauerkraut – nicht nur ständig auf der Speisekarte zu führen, sondern es auch nachdrücklich seinen Gästen anzupreisen.

Der frühere Sitz der Brauerei „Traubenbräu" beherbergt heute nicht nur den Gasthof, sondern im Laufe der Zeit sind auch 36 Gästebetten dazugekommen.

Tennisanlage, Golfplatz und ein Freibad sind in erreichbarer Nähe. Wanderer kommen rund um Krumbach ebenfalls auf ihre Kosten. Krumbach selbst ist ein reizendes Städtchen, das man als Herz Mittelschwabens betrachtet. Unbedingt anschauen sollte man sich den mit viel Liebe angelegten Stadtgarten, das örtliche Heimatmuseum und die denkmalgeschützte Kirche St. Michael.

Betriebsferien 2 Wochen Anfang August
Samstag Ruhetag
36 Hotelbetten
Kategorie: einfach/mittel
American Express, Eurocard, Visa
18-Loch-Golfplatz Klingenberg in unmittelbarer Nähe
Parkplatz vorhanden
Hunde gestattet

„Gasthof Traubenbräu"
Familie Ringler
Marktplatz 14
8908 Krumbach
Telefon 0 82 82-20 93

Zur Aubinger Einkehr

Pasing gehört nicht zu den Paradevororten der Bayernmetropole, sondern zieht sich links und rechts der nicht enden wollenden Landsberger Straße immer weiter stadtauswärts. Endlich ist es dann soweit, daß die grauen Häuserreihen etwas lichter werden, die Industrieanlagen weniger und die Gegend ländlicher. Pasing geht nahtlos in Aubing über und Aubing unmerklich in Neuaubing, und schon geht es rechts ab zum Gößweinsteinplatz, den der bekannte Architekt Franz Ruf in den 30er Jahren zum Mittelpunkt einer Siedlung bestimmte. Das dazugehörige Gasthaus lag viele Jahre unbeachtet im Dornröschenschlaf, aus dem es erst Ende der 80er Jahre sanft geweckt wurde. Sein Erlöser, Max Kerscher, hat darin Erfahrung. Denn er machte aus seinem Hobby einen Beruf, das heißt, er kauft heruntergekommene Wirtshäuser, restauriert sie nach ursprünglichem Vorbild, dekoriert sie im gleichen Stil und läßt die alte Gastlichkeit neu aufleben.

Wenn man heute als Gast in die „Aubinger Einkehr" kommt, kann man sich kaum vorstellen, daß hier so viele Jahre alles brach lag. Dabei halten sich die Schönheit der Gaststube mit der Schönheit des Biergartens die Waage. Solche Gärten gibt es eben nur in Bayern – in dieser Größe und vor allem mit diesen riesigen alten Kastanienbäumen, deren Kronen so dicht sind, daß sie gerade noch genug Sonne durchlassen und vor Regentropfen schützen. Der Garten der „Einkehr" zeigt die traditionelle Einteilung in eine Terrasse direkt am Haus – mit Sonnenschirmen, Bedienung und Tischdecken –, eine gut organisierte Selbstbedienung für Bier und Brotzeiten und genug leere Tische, an denen man sich, wie es überall in Bayern Usus ist, mit seinem eigenen Picknick-

korb niederläßt, inklusive Salzfaß, Schnupftabak und Zahnstocher alles auf dem Tisch ausbreitet, das daheim Vergessene vom Nachbarn holt und die frische Maß Bier vom Getränkeausschank.

Während das Publikum in den meisten etwas bekannteren Biergärten rund um München vor allem am Wochenende ziemlich gemischt ist, bewirten Helmut und Heidi Aberger die Nachbarsleute aus der Vorstadt und echte Münchner. Im Wonnemonat Mai und den ganzen Sommer über werden einzelne Räume an vielen Wochenenden für Familienfeste gebucht. Wenn draußen gefeiert wird, darf die Blasmusik ruhig etwas lauter sein, und man tritt sich in dem weitläufigen Biergarten (rund 1000 Plätze) nicht auf die Füße. Wenn drinnen gefeiert wird, spricht alles für die im bäuerlichen Stil der 30er Jahre renovierten Stuben. Sie zeigen genau die richtige Mischung zwischen ländlich und gutbürgerlich, zwischen perfektem Styling und dezenter Dekoration. Die Decken sind nicht so niedrig wie in einem Bauernhaus, und auf diese Art kommen sowohl die großzügig gerafften Vorhänge als auch die edlen Holzvertäfelungen viel besser zur Geltung.

Nicht nur wenn Hochzeiten gefeiert werden, stehen überall frische Blumensträuße, sondern sonst auch. Wer weiß, woher Inge Kerscher die vielen Kuriositäten und Raritäten für die Gaststube zusammengetragen hat, weiß auch, daß Münchner Flohmärkte noch echte Fundgruben sein können.

Das Angebot auf der Standardspeisekarte ist traditionell bayrisch, die Auswahl an Brotzeiten gut und reichlich. Je nach Jahreszeit wechseln die Appetitmacher auf der handgeschriebenen Tageskarte. Da gibt es dann auch Raffinierteres wie Hirschnüßchen im Wirsingmantel, gebratene Gänseleber auf Apfelscheiben mit Kartoffelpüree oder Wildhasenrücken auf Wildrahmsoße mit Herzoginkartoffeln und Mandelbrokkoli. Viele junge Leute aus der Nachbarschaft kommen speziell wegen der herrlichen Nachspeisen. Wer in der „Einkehr" Kaiserschmarrn oder Erdbeeren mit Sahne bestellt, kann sicher sein, daß man unter einem Berg von köstlichen Süßigkeiten den Teller nicht mehr erkennen kann.

	keine Betriebsferien	
	Montag Ruhetag	
	außer Montag täglich von 10 bis 24 Uhr geöffnet	
	Spezialität: bayrische Brotzeiten, herrliche Nachspeisen	
	Kreditkarten werden nicht akzeptiert	
	Biergarten bei schönem Wetter offen	
	Parkplatz vorhanden	
	Hunde nicht gestattet	

„Zur Aubinger Einkehr"
Familie Aberger
Gößweinsteinplatz 7
8000 München 60
Telefon 0 89-87 55 81

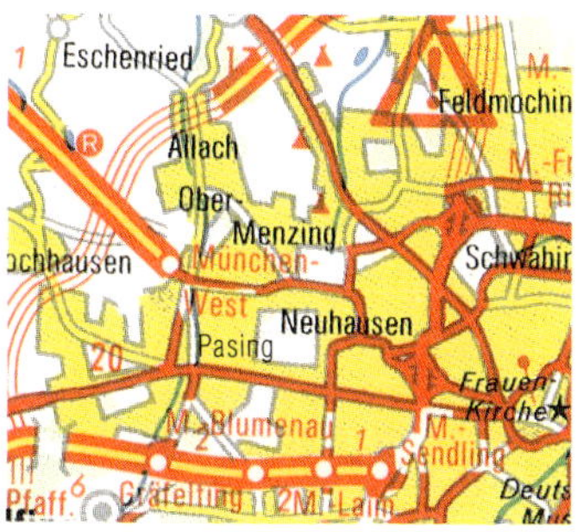

Forsthaus am See

In dem gemütlich eingerichteten „Forsthaus" wird man stets sehr freundlich begrüßt.

Auf den Spuren von Sissi, der berühmten Kaiserin von Österreich, gerät man automatisch nach Possenhofen am Starnberger See. Hier steht ihr bayrisches Elternhaus, das schlichte Schloß Possenhofen, und hier steht auch, direkt am See, das schöne alte Forsthaus. Während ihrer Sommerbesuche in der geliebten Heimat benutzte sie es als Jagdhaus. Es wurde 1870 gebaut – sein zweiter prominenter Dauerbesucher war der legendäre König Ludwig.

Es folgten noch viele klingende Namen auf der Gästeliste, als das Haus mit dem schlichten Holzgiebel längst ein Wirtshaus mit Fremdenzimmern war: von Hindenburg, Rockefeller, Hans Albers, Heinz Rühmann, Johannes Heesters und von den neueren deutschen Politikern Walter Scheel, Hans-Dietrich Genscher, Helmut Kohl und natürlich auch Franz-Josef Strauß. Der Starnberger See gehört mit Ammer-, Wörth-, Pilsen- und Weßlinger See zum sogenannten Fünfseenland. Es beginnt vor den Toren Münchens und erstreckt sich rund 60 Kilometer südlich davon. Insider schwören auf einsame Winterspaziergänge entlang der Seeufer. Wasserratten lieben den Sommer zum Baden, Segeln, Windsurfen und Wasserskifahren.

Von München aus fährt die S-Bahn bis an den Starnberger See. Wer Lust hat, kann sogar sein Fahrrad mitnehmen – wer die Kondition hat, radelt die Strecke selbst. Dampfer der Staatlichen Schiffahrt verkehren fast stündlich auf Rundfahrten – von Anfang April bis Ende September. Auf der weitläufigen Terrasse des „Forsthauses" wird man bei sonnigem Wetter nicht müde, Segler und Sommergäste zu beobachten. Wer damit umzugehen weiß, mietet sich selbst ein Boot (zum Beispiel bei Glas & Goetzke in Possenhofen). Tret- und Elektroboote werden an der Uferpromenade angeboten. Übrigens: Wer mit der eigenen Jolle unterwegs ist, bekommt am „Forsthaus" einen Anlegeplatz. Hausgäste, die gerne Golf spielen, können sich auf der nahegelegenen Golfanlage Feldafing diesem Sport widmen.

Nachdem die früheren Besitzer, Melanie und Otto Robl, das Haus komplett umgebaut und erweitert hatten, übernahm im Februar '91 die Familie Graf den gesamten Betrieb. Seit der Renovierung gibt es außer dem großzügig angelegten Restaurant mit Rundum-Blick auf den See und dem etwas intimeren Jägerstüble moderne Tagungsräume und 21 exklusive Doppelzimmer. Für außergewöhnliche Ansprüche wurde eine Luxus-Suite eingerichtet: mit eigenem Wohn- und Empfangsraum, Whirlpool und Dampfbad. Neben dem schicken neumodischen Komfort gibt es aber auch noch holzgetäfelte Hotelzimmer mit Himmelbett.

Der Gasthof selbst präsentiert sich so, wie er immer war. Die Preise sind nach der Renovierung etwas angezogen worden. Doch zwischen Hechtklößchen in Hummersahne und Norweger Lachs mit Mais und Basilikum gibt es auf der Speisekarte auch die gute alte Starnberger-See-Renke mit Kräutern und Kartoffeln. Unter den Vorspeisen findet man ein raffiniertes Carpaccio vom Schwertfisch in Limonenvinaigrette genauso wie ein ausgelöstes Lammhaxerl auf Linsensalat. Bei den Desserts hat man die Qual der Wahl: Aprikosentarte auf Mascarponesauce, Topfenknödel auf Zwetschgenröster, Mohnnudeln, Zimtparfait oder Rote Grütze mit Vanillesauce.

Neuerdings gibt es auch mehrgängige Menüvorschläge in verschiedenen Preislagen.

Neben einigen Schoppenweinen in weiß, rosé und rot bietet die Getränkekarte ausgesuchte Flaschenweine aus Deutschland, der Schweiz, Frankreich und Italien.

Außer so raffinierten Gerichten wie Hechtklößchen in Hummersahne und Norweger Lachs bringen die Köche des „Forsthauses" auch traditionelle Speisen wie See-Renke auf den Tisch.

keine Betriebsferien	kein Ruhetag
21 Doppelzimmer	Kategorie: gehoben
American Express, Eurocard	Räume für Tagungen, Familienfeste
Parkplatz Innenhof, Bootsliegeplatz	Hunde erlaubt

„Forsthaus am See"
Familie Graf
Am See 1
8134 Pöcking-Possenhofen
Telefon 0 81 57-12 45
Fax 0 81 57-42 92

Gasthaus Netterndorf

„Wer gerne ißt und kocht, hat mehr vom Leben" sagt Leni Gröbmeyer, die Wirtin vom „Gasthaus Netterndorf", und wenn man sich in der urbayrischen Gaststube umschaut, möchte man es sofort glauben. Im Unterschied zu den vielen Edelgasthöfen, die im Voralpenland immer zahlreicher werden, hat man im „Netterndorf" den Charakter eines einfachen Dorfwirtshauses ganz bewußt bewahrt. Alles, aber wirklich alles, ist authentisch. Hat man den Marktflecken in der Nähe von Glonn erst einmal gefunden, bekommt man innerhalb der Zeit, die man normalerweise dafür braucht, um ein Bier und einen Schweinebraten zu vertilgen, alles das geboten, was ein Gasthaus auf dem Land sympathisch macht: das bescheidene, freundliche Haus, die gemütliche, helle Gaststube, den Biergarten im Schatten der Kastanienbäume, die Wirtsfamilie mit drei Buben und drei Mädchen, wovon der älteste die Metzgerei und der jüngste das Gasthaus übernimmt, und eine solide Hausmannskost zu reellen Preisen.

„Netterndorf" hat zu Recht den Ruf, kinderfreundlich zu sein. Nicht nur, daß Eltern und Kinder nach Herzenslust essen und trinken können, ohne daß dem Vater der Geldbeutel zu sehr schrumpft – die jüngsten unter den Gästen haben sogar einen eigenen Spielplatz. Genauso willkommen wie Familien mit Kind und Kegel sind die Mitglieder der örtlichen Trachten- und Schützenvereine, die im „Gasthaus Netterndorf" ihr Hauptquartier aufgeschlagen haben. Überhaupt ist es im Haus so üblich, daß hin und wieder gesungen und musiziert wird. Leni und Alois Gröbmeyer teilen sich seit vielen Jahren die Arbeit in der Küche. Der Haus-

herr ist für alle Fleischgerichte zuständig – Leni Gröbmeyers Hobby ist ihr Kräutergarten, in dem sie außer Schnittlauch und Petersilie auch Liebstöckel, Zitronenmelisse und Kerbel zieht. Ihre Großmutter kam aus Bad Füssing und war vor dem Ersten Weltkrieg Köchin im „Flötzingerbräu" in Rosenheim. Sie hat drei Kochbücher hinterlassen – eines davon handgeschrieben mit zahlreichen niederbayrischen Rezepten. Viele von den köstlichen Kuchen und Mehlspeisen, die Leni Gröbmeyers Spezialgebiet sind, stammen aus diesem Fundus. Wochenendgäste schwärmen von ihren „Ausgezogenen" (Schmalznudeln), dem warmen Apfelstrudel und dem süßen Reisauflauf. Überhaupt wollen die Städter alles so bayrisch wie möglich, während die Einheimischen nach Salatplatten mit Meeresfrüchten verlangen. Ob bayrisch oder ab und an ein wenig exotisch, in diesem Haus wird alles mit Butter oder Butterschmalz gekocht. Die Eier stammen vom eigenen Hühnerhof, um dessen rund 200 Mitglieder sich der Großvater kümmert. „Im Gegensatz zu Gänsen sind Hühner ziemlich dumm", meint die Wirtin, „aber wir brauchen sie wegen der Eier und wegen der Küchenabfälle."

Die täglich neu geschriebene Speisekarte enthält Schmankerl wie gefüllte Kalbsbrust mit Bratkartoffeln und Salat, gedünstetes Rinderherz mit Schwenkkartoffeln, Spanferkel mit Kartoffelknödeln oder Milzwurst gebacken mit Röstkartoffeln. Mit solch guten Speisen gestärkt hat sich schon mancher Gast ins Gästebuch eingeschrieben, unter ihnen auch bekannte Namen wie Karin Dor, Michael Ende, Josef Ertl und Graf Stauffenberg. Ein alter Stammgast beschrieb die Not dessen, der schreiben soll, mit humorvollen Worten: „Vor das Gästebuch gezerrt, das macht mir viel Verdruß. Man fühlt sich wie ins Klo gesperrt, obwohl man gar nicht muß."

Betriebsferien auf Anfrage	Montag Ruhetag
Mittagessen von 11.30 bis 14 Uhr, Sonntag bis 14.30 Uhr, Abendessen von 18 bis 22 Uhr	Spezialität: gefüllte Kalbsbrust, Spanferkel, köstliche Kuchen und Mehlspeisen
Kreditkarten werden nicht akzeptiert	großer Biergarten, Saal für 150 Personen, eigene Metzgerei
Parkplatz vorhanden	Hunde gestattet

„Gasthaus Netterndorf"
Familie Gröbmeyer
Lindenstr. 3
8019 Netterndorf/Post Glonn
Telefon 0 80 93-53 37

Brauereigasthof Aying

Die Beleg
Brauereig
um 1915

Kaum daß man München auf der Autobahn Salzburg verlassen hat und je weiter man Richtung Süden fährt, tauchen links und rechts von der Straße all die Dinge auf, die Bayern so liebenswert machen. Das Auge eines Autofahrers gewöhnt sich mit Vergnügen an die gleichmäßig hügelige Landschaft mit saftiggrünen Wiesen, fruchtbaren Feldern und winzigen Dörfern mit ihren unverwechselbaren Zwiebeltürmen auf den bayrisch-barocken Gotteshäusern. Genau da, wo es am schönsten ist und man bereits das ausgezackte Panorama der Voralpenlandschaft entdeckt, verläßt man den breiten Strom der ewigen Blechlawine Richtung Süden und folgt nach der Ausfahrt „Hofoldinger Forst" den Schildern bis nach Aying. Kurz und präzise kann man den „Brauereigasthof Aying" folgendermaßen beschreiben: ein Bilderbuchgasthof in einem Bilderbuchdorf in einer Bilderbuchlandschaft. Vorbei an der hauseigenen Brauerei und zahlreichen imposanten Bauernhäusern mit breiten Blumenbalkonen vor den historischen Holzfassaden erreicht man den Dorfplatz und damit den ehrwürdigen Brauereigasthof aus dem Jahre 1878. Mindestens genau so alt sind die dicken Kastanienbäume, unter deren schattenspendenden Kronen die Gäste im Sommer im Biergarten sitzen. Typisch für die oberbayrische Dorfidylle: der blau-weiß geringelte Maibaum mit den vielen bunten Holzschnitzereien, die Mahnsäule mit den Namen der Dorfbewohner, die den Krieg nicht überlebt haben, und der Blick auf einen gelb und weiß gestrichenen Kirchturm und einen winzigen Friedhof, dessen bildergeschmückte Grabsteine mehr als 100 Jahre Dorfgeschichte erzählen können.

Es ist ebenfalls mehr als 100 Jahre her, daß im „Aying" Bier aus der eigenen Brauerei

ausgeschenkt wird. Genau gesagt am 6. Mai 1385 verlieh Stephan, Herzog von Bayern, der Taverne Ayingen dieses Recht. Seitdem ist viel Bier durch die Kehlen von Besuchern und Stammgästen geflossen. Für die Weiterführung von Tradition und bayrischem Brauchtum sorgt seit sechs Generationen die Familie Inselkammer. Das Geheimnis für den blühenden Erfolg des altbayrischen Landgasthauses ist sicherlich in der Kombination aus eigener Landwirtschaft, Brauerei und Gastwirtschaft zu suchen. „Aying" gehört in Oberbayern zu den wenigen wirklich guten Adressen, die einfach mehr sind als nur ein Wochenend-Wallfahrtsziel für Radlfahrer und Preßsackfanatiker. Die Familie Inselkammer betreibt neben der hauseigenen Brauerei eine eigene Rinderzucht und baut außer der Braugerste auch Kartoffeln, Gemüse und Kräuter an. Franz Inselkammer ergänzt den Speiseplan außerdem mit Wild aus dem eigenen Jagdrevier.

So stammt auch der Hirschschinken (mit Wildpreiselbeeren und Pilzsalat) aus der hauseigenen Räucherkammer, die frische Forelle (mit Blattsalaten und Petersilienkartoffeln) aus dem eigenen Bassin, die Lendenschnitte (mit Senf-Zwiebel-Kruste und Röstkartoffeln) aus der eigenen Schlachtung und die hochprozentigen Obstschnäpse aus der eigenen Brennerei. Im Biergarten und der gemütlichen Schenke serviert man auf blau-weiß gewürfelten Tischdecken vornehmlich Deftiges wie Ochsenmaulsalat, Tellerfleisch oder knuspriges Spanferkel. Hinter der weinberankten Fassade des Haupthauses hört Küchenchef Josef Rample nicht auf, seine re-

gionalen Hausrezepte weiterhin zu verfeinern. In der dunkel getäfelten Gaststube serviert er auf blütenweißen Tischdecken Spezialitäten wie Karpfen im Wurzelsud oder Kalbskopfragout mit Morcheln in Königinpastetchen.

Betriebsferien 2. Woche im Januar, 1. Woche im Februar	kein Ruhetag
28 Zimmer	Kategorie: gehoben
Amex, Diners, Eurocard	Biergarten, Veranstaltungen bis zu 200 Personen
Parkplatz vorhanden	Hunde gestattet

„Brauereigasthof Aying"
Zornedinger Str. 2
8011 Aying
Telefon 0 80 95/7 05-7

Zur Sonne

Auch wenn der Schwarzwald im Südwesten Deutschlands keine eigene Küchentradition hat, die sich zum Beispiel mit der bayrischen vergleichen ließe, so gibt es doch immerhin die Tradition der Vesper mit dem für sie typischen tannengeräucherten Speck. So scheint es auch nicht verwunderlich, daß die Beurteilung eines Landgasthofes beim Speck anfängt und beim Speck wieder aufhört. Mit Vorliebe wird er – gut fingerdick geschnitten und neben hausgemachter Blut- und Leberwurst – auf einem Holzbrett mit kräftigem Landbrot präsen-

tiert. Er sollte nicht zu hart sein und nicht zu weich und runde acht Monate in luftiger Höhe gehangen haben, bevor er auf den Tisch kommt.

Beim Studieren der Speisekarten zwischen Karlsruhe und Lörrach entdeckt man außer der berühmten Schwarzwälder Kirschtorte und der Forelle in allen Variationen ansonsten nicht mehr viel, was man als ausgesprochene Spezialität bezeichnen könnte. Eher läßt sich feststellen, daß die Küche dieser Region für Einflüsse aus der Schweiz, Frankreich und sogar aus Österreich immer sehr aufgeschlossen war. Doch wie auch immer die Rezepte zustande kamen, ein großer Pluspunkt ist die Tatsache, daß vieles von dem, was den täglichen Einkaufszettel einer professionellen Küche kennzeichnet, aus dem eigenen Land stammt. In den hohen Wäldern gibt es Wild, Pilze, Beeren und Tannenhonig; in den vielen munteren Bächlein tummeln sich besagte Forellen; auf den vielen Obstbäumen wachsen Äpfel, Kirschen und Zwetschgen für die berühmten Wässerli.

Auch der Küchenzettel des „Gasthauses Zur Sonne" in Vörstetten bei Freiburg bietet ein buntes Sammelsurium von Speisen, die offensichtlich auf regionalen Produkten basieren. Ein paar typische Beispiele: Kaninchenroulade auf Rahmpilzen mit Kräuterreis und Salaten der Jahreszeit, Medaillons vom Lamm mit Schafskäse und Knoblauch überbacken, dazu Bratkartoffeln und Feldsalat oder gebratenes Zanderfilet mit Zitronenbutter, dazu Blattspinat und Kartoffeln.

In dem kleinen Dorf, das für seine zahlreichen Fachwerkhäuser und Obstbäume bekannt ist, kann man das kunstvolle barocke Wirtshausschild kaum verfehlen. Seit mehr als 200 Jahren wird die ehemalige Stubenwirtschaft von einer Generation an die nächste weitergegeben. Der Name hat sich dabei des öfteren geändert – schließlich hatten auch Töchter das Recht zu erben. Zur Zeit wird die „Sonne" wieder von zwei Schwestern mit ihren Eltern bewirtschaftet.

Betriebsferien drei Wochen im August/September, drei Wochen in der Weihnachtszeit	
	Samstag und Montag Ruhetag
12 Zimmer	
	Kategorie: einfach
Eurocard	
	Familienfeiern
Parkplatz vorhanden	
	Hunde gestattet

„Gasthaus Zur Sonne"
Familie Stahl
Freiburger Str. 4
7801 Vörstetten
Telefon 0 76 66-23 26

Gasthof Engel

1990 bekam der „Gasthof Engel" vom Gault Millau eine vernichtende Kritik – nur ein Jahr später vom Guide Michelin den begehrten Stern, auf den schon viele Schwarzwaldgasthöfe vergeblich gehofft haben. Frei nach dem Motto „Des einen Uhl ist des anderen Nachtigall" läßt Reinhold Ketterer sich nicht aus der gewohnten Ruhe bringen. Mit oder ohne Stern bestätigen ihm tagtäglich einheimische Stammgäste und durchreisende Feinschmecker, daß man mit den Leistungen seiner Küche hochzufrieden ist. Und darauf kommt es ihm schließlich an. Seine natürliche Zurückhaltung, die auch nach dem ausgesprochenen Lob durch Gastronomiekritiker Wolfram Siebeck erhalten blieb, zeigt sich auch äußerlich in der dezenten Präsentation seines Hauses. Dabei kann er stolz darauf sein, daß seine Familie seit nicht weniger als 250 Jahren mit dem Schicksal des „Engels" eng verbunden ist. Das eigentliche Alter des Gasthofs kennt niemand so genau, urkundlich erwähnt wurde er erstmals 1544, als er bis auf die Grundmauern abbrannte. Kaum war das Haus, in dem die Vöhrenbacher gerne aßen, tranken und feierten, an gleicher Stelle wiederaufgebaut, ereilte es während des Dreißigjährigen Krieges das gleiche Schicksal zum zweiten Mal. Bei der dritten Brandkatastrophe im Dezember 1819, der fast das ganze Dorf zum Opfer fiel, blieb der „Engel" – gemeinsam mit acht weiteren Häusern – auf wundersame Art von den Flammen verschont.

Reinhold Ketterer, der achte „Engel"-Wirt gleichen Namens, lernte beim „Adler" in Hinterzarten, sammelte Erfahrungen in verschiedenen Häusern im Ausland und arrivierte schließlich zum Hofkoch der Großherzogin von Luxemburg, bevor er den Gasthof von seinem Vater übernahm. Viele Fans seiner feinen Kochkunst sind davon überzeugt, daß er in dieser Zeit sein Talent, auf eine außerordentlich fantasievolle Art zu kochen, entwickelt hat.

Wer in den Genuß dieser Kochkunst kommen will, muß sich rechtzeitig einen Tisch reservieren lassen, der „Engel" ist auch zu normalen Zeiten gut ausgebucht. Trotz aller Lobeshymnen, die mittlerweile gesungen wurden, wirkt das mehr als

400 Jahre alte Gasthaus in der Nähe von Furtwangen auf den ersten Blick immer noch wie viele andere Schwarzwaldhäuser in dieser Gegend auch. Dies führt unter anderem dazu, daß sich auch die Vöhrenbacher hier weiterhin wohlfühlen und – wenn ihnen danach zumute ist – zum Schnitzel eine Coca Cola bestellen. Das heißt, vieles von dem, was man anderswo als Standard findet, bekommt man auch hier, wie eine Kraftbrühe mit Griesklößchen, Kalbsgeschnetzeltes mit Spätzle und Salat oder hausgemachte Maultaschen mit Pilzen. Sein besonderes Talent beweist Ketterer, wenn er frische Produkte vom Markt auf leichte Art miteinander verkocht. Stammgäste schwärmen von zarten Schäufele mit Linsensalat, Bodenseefelchenfilet auf Selleriebutter, Kaninchensülze im Wirsingblatt und gefüllter Wachtel im Pilz-Gemüse-Nest. Auch bei den Desserts läuft einem das Wasser im Mund zusammen. Wie wäre es zum Beispiel mit einer Passionsfruchtcharlotte auf Grand-Marnier-Sauce mit Erdbeeren oder Topfenknödeln mit Rhabarberkompott auf Vanilleeis?

Bei der Wahl der Weine kann man sich auf den Rat von Ursula Ketterer blind verlassen. Unter rund 180 verschiedenen Gewächsen nehmen die guten Tropfen aus badischen Anbaugebieten selbstverständlich eine besondere Stellung ein.

Betriebsferien in den ersten drei Wochen der Schulferien in Baden-Württemberg, 10 Tage ab 7. Januar	Ruhetag
Montag Ruhetag	
Dienstag ab 18 Uhr geöffnet, Mittagessen von 12 bis 13.30 Uhr, Abendessen von 18.30 bis 21 Uhr	
Saisonbedingte Spezialitäten	
Kreditkarten werden nicht akzeptiert	
Freibad und Minigolf im Ort	
Parkplatz vorhanden	
Hunde nach Absprache gestattet	

„Gasthof Engel"
Familie Ketterer
Schützenstr. 1
7741 Vöhrenbach
Telefon 0 77 27-70 52

Krone

Wie viele andere historische Gasthäuser wurde auch die „Krone" im Verlauf des 30jährigen Krieges vollkommen zerstört. Erst rund 100 Jahre später begann man allmählich mit dem Wiederaufbau, und seitdem blieb das stattliche weiße Haus mit den breiten Fensterläden immer in Familienbesitz. An der schönen alten Gaststube ist im Laufe der vielen Jahre Gott sei Dank nicht allzu viel verändert worden. Im Ausgleich zu der dunklen Holztäfelung dominieren ansonsten leuchtendes Blau und Weiß bei den gewürfelten Tischdecken, den bäuerlichen Vorhängen und auf den Kacheln des wertvollen Ofens aus dem 18. Jahrhundert. Gut

erhalten sind auch die Zunftzeichen der einheimischen Handwerksbetriebe, deren Meister und Gesellen sich seinerzeit regelmäßig am Stammtisch der „Krone" zusammensetzten.

Die übersichtliche Speisekarte ist ausgewogen. Zur obligatorischen Schwarzwaldforelle gesellen sich Kabeljau, Zander und Seeteufel – unter den Fleischgerichten finden sich Klassiker wie Cordon Bleu oder Züricher Geschnetzeltes ebenso wie ein landestypischer Markgräflertopf mit verschiedenen Filets auf geschabten Spätzle mit Champignons und buntem Salatteller oder – je nach Saison – eine Portion vom Wildschweinrücken an Sauerkirschensauce mit Maronen, gefüllter Birne, Speckrosenkohl und schwäbischen Knöpfle.

Erwähnenswert auf der Getränkekarte ist unter anderem das „Weinleiterle" – diverse badische Gewächse in Probiergläsern, um die Weinauswahl zu erleichtern.

Von Kirchhofen-Ehrenkirchen ist man in ein paar Autominuten in Freiburg, wo man mit der Seilbahn auf den 1284 Meter hohen Hausberg hinaufschweben sollte, im Thermalbad Krozingen oder im benachbarten Hochschwarzwald mit seinen ungezählten Wanderwegen. Sehenswert ist auch das Münstertal mit seinem Besuchsbergwerk und der Barockkirche St. Trutpert, das Bergbaumuseum von Sulzburg und Staufen mit seiner historischen Innenstadt und der Wässerli-Firma Schladerer. An heißen Tagen entspannt man sich auf der Liegewiese der „Krone" und spielt bestenfalls eine Runde Tischtennis. Wer auf den weißen Sport nicht verzichten will, kann im Gemeinde-Tennisclub einen Platz mieten.

Betriebsferien in den ersten drei Wochen der Sommerschulferien und 14 Tage ab Aschermittwoch
Dienstag Ruhetag, im Winter Mittwoch ebenfalls geschlossen
8 Zimmer
Kategorie: einfach
Visa, Diners, Eurocard
Veranstaltungen bis zu 35 Personen
Parkplatz vorhanden
Hunde gestattet

„Krone"
Familie Kiefer
7801 Kirchhofen-Ehrenkirchen
Telefon 0 76 33-52 13
Fax 0 76 33-8 35 50

Alte Post

Daß Umweltschutz in vielen kleinen Dingen des Lebens stattfinden kann, haben Heiner und Dorette Mack bewiesen. Nicht umsonst wurden sie beziehungsweise ihr Landhotel „Alte Post" 1991 mit dem Umweltschutz-Preis der Zeitschrift „impulse" ausgezeichnet und damit zum umweltfreundlichsten Hotel Deutschlands erklärt. Damit sich jeder etwas darunter vorstellen kann, ein paar wichtige Beispiele: Seifenspender statt Kosmetikset in den Badezimmern, Energiesparleuchten, Recyclingpapier für Büroarbeiten, Frühstücksbüffet ohne Portionsverpackungen, Komposthaufen für

Küchenabfälle, umweltfreundliche Putzmittel, umweltverträgliche Lacke und Farben.

Und speziell für die Küche bedeutet dies: die ausschließliche Verwendung von Rohprodukten aus kontrolliertem biologischen Anbau. Ein angenehmer Nebeneffekt dabei ist, daß sich durch den reduzierten Energieverbrauch und die reduzierten Ausgaben für die Entsorgung die Betriebskosten um 25 Prozent senken! Dabei kann man nicht behaupten, daß Heiner und Dorette ein Haus in Öko-Lage vorfanden, als sie 1987 den Entschluß faßten, aus der „Alten Post" das Beste zu machen: Das 250 Jahre alte Gasthaus liegt direkt an der verkehrsreichen B3 bei Müllheim im Markgräflerland, dahinter ein großer Einkaufsmarkt, 50 Meter weiter eine Tankstelle. Man würde an dieser Stelle eher eine Imbißbude erwarten als ein kleines Komforthotel mit qualitativ hochwertiger Regionalküche. Dem Ehepaar Mack ist es trotz der mageren Vorschußlorbeeren in knapp fünf Jahren gelungen, die Hotelbelegung von 25 auf 50 Prozent zu steigern.

Das Restaurant gehört inzwischen zu den 300 besten der Republik. Stammgäste lieben die historische Atmosphäre der Hebbelstube und vor allem Heiner Macks Kochkunst. Ein typisches Mittagsmenü setzt sich

wie folgt zusammen: Zwischen Rahmsuppe von Petersilienwurzeln oder ersatzweise Frühlingssalaten mit gebratenem Kalbskopf als Vorspeise und warmer Apfeltorte mit Zimteis als Dessert hat der Gast die Wahl zwischen folgenden Hauptgerichten: geschnetzeltem Milchlammrücken mit Senfkräutersauce, Rösti und Saisonsalat, geschmorter Gritzischulter an Spätburgunderjus mit Schupfnudeln und Marktgemüse beziehungsweise Glattbuttfilet auf Rote-Beete-Schaum mit hausgemachten Nudeln und Blattspinat. Nach dem gleichen Prinzip hat man das Fischmenü zusammengestellt: Als Auftakt kommt eine Fischsuppe mit Safranfäden und Croutons auf den Tisch, danach ein markgräflicher Frühlingssalat mit gebratenen Scampi, als Dessert gibt es ein Schokoladenparfait mit Vanillesabayon und als Hauptgerichte zur Auswahl Atlantik-Lotte auf Lauchgemüse oder Steinbuttfilet auf Gemüselinsen mit Kartöffele.

Badische Gewächse mit diversen regionalen Raritäten nehmen den wichtigsten Platz auf der gut sortierten Weinkarte ein.

Betriebsferien drei Wochen im Januar
November bis März Dienstag Ruhetag
52 Zimmer
Kategorie: mittel
Eurocard, American Express
Öko-Wochenendangebote
Parkplatz vorhanden
Hunde gestattet

„Alte Post"
Familie Mack
An der B3
7840 Müllheim
Telefon 0 76 31-55 22
Fax 0 76 31-1 55 24

Gasthof Ochsen

Liebhaber der deftigen, unverfälschten Hausmannskost scheuen keinen Weg nach Müllheim. Die Stadt liegt allerdings auch verkehrsgünstig in Grenznähe zu Frankreich und der Schweiz, mitten im sogenannten Bäderdreieck Badenweiler-Krozingen-Bellingen. Im Vorort Feldberg, einem properen Winzerdorf, das auf einige Jahrhunderte Geschichte zurückblickt, findet man den „Gasthof Ochsen", der weit über die Grenzen des Markgräflerlandes hinaus für seine ausgezeichnete gutbürgerliche Küche bekannt ist.

Seit 1763 ist das Haus im Besitz der Familie Eglin. Vorfahre Eugen Eglin, der den Hof mit Gast- und Landwirtschaft 1923 übernahm, widmete sich in den Jahren danach besonders intensiv dem Wein- und Obstbau. In seiner Funktion als Bürgermeister der kleinen Gemeinde ließ er Rebgelände umlegen und sorgte dafür, daß qualitativ hochwertige Weinsorten angepflanzt wurden. Der Bestand in seinen eigenen Kellereien wuchs ständig, er begann, eigene Flaschen abzufüllen und auch andere Häuser mit seinem Wein zu beliefern. Die hohe Qualität seiner Produkte ist mit für den guten Ruf des Gasthofs verantwortlich. Seit 1968 kümmert sich die nächste Eglin-Generation um den Betrieb – inzwischen werden sie von Tochter Gudrun und Schwiegersohn Hans Adam unterstützt. Von außen wie auch von innen ist dieser Gasthof ein wahrer Augenschmaus. Der ehemalige Bauernhof ist schneeweiß, über der breiten Toreinfahrt und der überdachten Eingangstür sieht man lauter kleine, von grünen Holzläden eingerahmte Fenster. An schönen Tagen sitzen die Gäste zwischen buntwuchernden Sommerblumen im Schatten roter Sonnenschirme.

In der behaglichen alten Weinstube möchte man am liebsten sitzen bleiben. Wie überall im Schwabenland gibt es auch hier eine umfangreiche Vesperkarte. Was könnte noch schöner sein als an einem der blankgescheuerten Tische in der Nähe des alten Kachelofens zu sitzen, ein Viertele badischen Weins zu schlotzen und sich dazu einen Schinkenspeck oder ein Bündnerfleisch mit Bauernbrot und nicht zu vergessen einen säuerlich angemachten Ochsenmaulsalat oder eine gutgewürzte Geflügelterrine mit Preiselbeersahne zu Gemüte zu führen. Wer gerne Innereien ißt, sollte in jedem Fall die geschnetzelten Kalbsnieren in Senfsoße probieren, mit Schupfnudeln und Salat oder Kalbsleberschnitten in Butter gebraten mit Berner Rösti und Salat. Gewiß nichts falsch machen kann man mit einer Portion Schüfeli mit Sauerkraut und Kartoffelpüree – wer sich überraschen lassen will, bestellt Kalbskopf „wie der Chef ihn liebt".

„Gasthof Ochsen"
Familie Eglin
Müllheim 14
7840 Feldberg
Telefon 0 76 31-35 03

Betriebsferien vom 4. Januar bis zum 9. Februar
Donnerstag Ruhetag, Freitag bis 17 Uhr geschlossen
8 Zimmer
Kategorie: mittel
Kreditkarten werden nicht akzeptiert
eigene Weine, selbstgebackener Kuchen
Parkplatz vorhanden
Hunde auf Anfrage gestattet

Spielweg

Dort, wo sich Handelsstraßen kreuzten, Pferde gewechselt wurden und Märkte regelmäßig von Einheimischen sowie von Leuten aus den Nachbarorten besucht wurden, entstanden am häufigsten Schankwirtschaften, Dorfkrüge und Gasthöfe. So ähnlich liest sich auch die Geschichte des „Spielwegs", der wie viele der heutigen Edelgasthöfe vor rund 350 Jahren als einfaches Gasthaus am Wegesrand stand. Besser gesagt an einer Art Weggabelung. Das Wort „Spill" heißt nämlich im Altdeutschen „teilen". Und wahrhaftig teilt sich an dieser Stelle der Weg – auf der einen Seite in Richtung Schauinsland und zur anderen Seite in Richtung Wiedener Eck.

Im Jahre 1705 unterzeichnete Abt Augustinus vom Kloster St. Trudpert eine Urkunde, in der dem Michel Wyßler das Wirtschaftsrecht für sein Haus am „Spihlweg" zugestanden wird. Unter anderem heißt es: Er soll „allein im Oberen Thaal das gemeine und offentliche Wirtshauß und Stuben sein für alle gemeinde Gastmähler und privaten Zöhrungen, für Hochzeithen, Kirchweyhungen, Fastnachten und Neujahrsfeiern".

In den Jahren darauf wechselte das Haus mehrmals den Besitzer, bis 1861 ein neuer Wirt, Karl Fuchs aus Wettelbrunn, den Grundstein legte für eine inzwischen 130jährige Familien-Tradition. Bereits fünf Jahre später bekam der „Spielweg" eine zusätzliche Funktion als Herzoglich-Badische Poststation. Nun dauerte es nicht mehr lange, bis sich zu den Geschäftsleuten und Durchreisenden ebenfalls sogenannte „Kurgäste" gesellten. Sie kamen aus Staufen, Freiburg und Basel, aber bald auch schon aus Paris, Oxford und Chicago, um zwei bis drei Wochen lang die frische Bergluft zu schnuppern und im glasklaren Wasser des Neumagen zu baden, an dessen Ufer schon das erste Badehäuschen aufgestellt wurde.

Heutzutage sind Feriengäste im schönen Schwarzwald selbstverständlich geworden, und laut Statistik gibt es allein im Münstertal jährlich rund 30 000 Gäste und mehr als 200 000 Übernachtungen.

Die Seele des „Spielwegs" ist heute Karl Josef Fuchs, der sich bei Franz Keller in Oberbergen, im „Le Canard" in Hamburg und in den „Schweizer Stuben" in Wertheim auf seine Laufbahn vorbereitete. Als passionierter Jäger und Angler versteht er sich auf alles, was ihm die regionale Forst- und Landwirtschaft für seine Küche liefert. Neben Spitzengerichten der internationalen Küche gibt es diverse Feinschmecker-Menüs, aber auch regionale Dauerbrenner wie hausgemachte Wildschweinsülze, badische Flädlesuppe oder Schwarzwaldforelle in Riesling mit Butterkartoffeln. Ein echter Schwabenschmaus für zwei Personen: Wildschweinrücken am Stück gebraten mit Waldpilzen à la crème und Spätzle vom Brett.

Nach diversen Um- und Anbauten bietet der „Spielweg" heute außerdem alle Annehmlichkeiten eines stilvollen, sehr persönlich geführten Landhotels. Aber auch die Umgebung des Hauses ist durchaus einen Besuch wert – zu Fuß, mit dem Fahrrad oder auch mit dem Auto erreicht man die in unmittelbarer Nähe liegende barocke Klosterkirche St. Trudpert, das Faust-Städtchen Staufen und besucht problemlos die Barock-Konzerte im Schloß von Bad Krozingen. Wer es mehr mit der Eß- und Trinkkultur hält, entspannt sich bei einer Weinprobe im benachbarten Kaiserstuhl oder beteiligt sich an einer der organisierten Wandertouren mit lukullischem Picknick.

keine Betriebsferien	kein Ruhetag
80 Hotelbetten	Kategorie: gehoben
Eurocard, American Express, Diners, Visa	Hallenbad, Freibad, Sauna, Solarium, Tennisplatz, Fahrradverleih
Parkplatz vorhanden	Hunde erlaubt

„Spielweg"
Familie Fuchs
7816 Münstertal/
Schwarzwald
Telefon 0 76 36-70 90
Fax 0 76 36-7 09 66

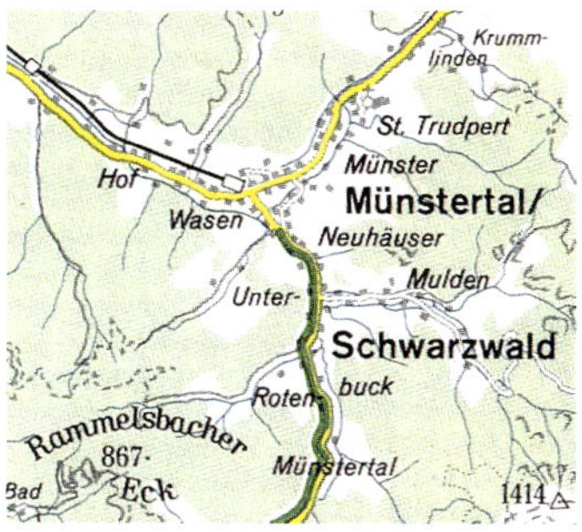

Krone

In badischen Landen kam immer schon besonders Gutes und davon reichlich auf den Tisch. Böse Feinschmecker-Zungen behaupten, das käme einzig und allein durch die Nähe Frankreichs und den guten Einfluß der Elsässischen Küche. Das ist zum Teil bestimmt auch richtig. Bedeutender für den derzeitigen kulinarischen Status Quo dieser schönen Gegend zwischen Schwarzwald und Bodensee ist jedoch die Tatsache, daß es in den letzten Jahren immer mehr junge Kochtalente an die Herde der traditionellen Gasthöfe treibt. Sie haben Fachschulen hinter sich und ihre praktischen Jahre in international bekannten Häusern in Frankreich und der Schweiz absolviert. Und natürlich fehlen ihnen noch einige wichtige Erfahrungen. Es kommt beispielsweise nicht nur darauf an, Lehrbuchweisheiten mit dem unfehlbaren Griff ins Gewürzschränkchen in die Praxis umzusetzen. Mindestens genauso wichtig ist es, Gästen aus der Nachbarschaft und Mitgliedern von Kegelclubs und Gesangvereinen, die seit 20 Jahren jeden Samstag Erbseneintopf mit Wursteinlage gewöhnt waren, die Verfeinerung ihrer Lieblingsgerichte so schonend beizubringen, daß sie nicht fluchtartig für alle Zeiten ihren Stammtisch verlassen. Die Eßgewohnheiten sitzen tief, und es braucht seine Zeit, Gesinnung und Gaumen auf neue Geschmacksrichtungen umzustellen. Was allgemein hilft, ist die Einsicht, daß schwere Speckseiten und mehlige Saucen ganz einfach nicht mehr zeitgemäß sind. Ohne harte körperliche Arbeit oder kalorienzehrende Kälteperioden kann der moderne Mensch das gar nicht mehr verarbeiten. Und noch einen Schritt weitergedacht: Auch die Tendenz zu wenig oder gar keinem Fleisch zugunsten von Körnern und Kräutern, schlägt sich inzwischen überall nieder. Wobei sich dem traditionellen Gasthofgänger allerdings die Nackenhaare senkrecht stellen, sobald er nur das Wort Vollwertkost auf der Speisekarte liest.

Doch zurück zu den Kochtalenten. Mitglied ihrer badischen Liga ist zweifellos auch Josef Thoma, der „Krone"-Wirt in Heitersheim. Nun sind es schon fast 20 Jahre, daß er – gemeinsam mit Ehefrau Christel – die Geschmacksnerven seiner Gäste auf neue Weise stimuliert.

Wie viele ihrer Namensvettern überall auf dem Land ist auch diese „Krone" ein Haus mit Tradition. 1618 wurde sie zum ersten Mal in den Kirchenbüchern als Wirtshaus erwähnt. Rund 150 Jahre später baute man sie zu dem Bürgerhaus um, das sie heute noch ist.

Wer nur schnell vespern möchte und dazu ein Viertele schlotzen, begibt sich vorzugsweise in den alten Kronenkeller „anno 1777". Die Weine werden fast alle aus klassischen Markgräflichen Rebsorten gekeltert – Winzer und Weinberge gibt es in der Nachbarschaft genug. Für ein aufwendigeres Menü setzt man sich an einen der weißgedeckten Tische in der Stube. Ein paar Beispiele für typische Speisefolgen: Nach einem erfrischenden Aperitif aus frischen Kiwis und Heitersheimer Gutedel Sekt folgt als „normales" Süpple ein Consommé mit Grießnockern oder eine raffinierte Creme aus italienischen Trüffeln; bei den Vorspeisen käme ein deftiger Gartensalat mit Speck in Betracht oder – wenn es etwas Ausgefallenes sein sollte – ein Jakobsmuschelsoufflé mit aufgeschlagener Safranbutter; unter den Hauptgerichten empfiehlt sich eine gekochte Ochsenbrust mit Rösti und jungem Gemüse oder als eine der Spezialitäten des Hauses ein leicht überbackener Salm in Champagnersoße oder von den Fleischgerichten die Perlhuhngelatine mit Gänsestopfleber. In und um Heitersheim gibt es genug zu sehen und zu erleben. Außer der obligatorischen Weinprobe gibt es Sommerfeste, Kulturwochen, die Schloßbesichtigung mit Serenadenkonzert im Schloßhof und Ausflüge zu den vielen malerischen Weinorten in der Nachbarschaft.

„Krone"
Familie Thoma
Hauptstr. 7
7843 Heitersheim
Telefon 0 76 34-28 11
Fax 0 76 34-45 88

Betriebsferien: 2 Wochen im Juli, 2 Wochen im November	Ruhetag
Dienstag- und Mittwochnachmittag geschlossen	
12 Zimmer	
Kategorie: mittel	
Kreditkarten werden nicht akzeptiert	
Sonnen-Terrasse, Wintergarten, Tagungen im Kronenkeller bis zu 25 Personen	
Parkplatz, Einzelgaragen	
Hunde mit Aufpreis gestattet	

Adler

Als Benedikt Zumkeller 1859 den „Adler" kaufte, hatte das Haus schon einiges erlebt. Vor rund 400 Jahren war es noch unter dem Namen „Zum Zapfen" als Taverne bekannt. Anfang des 19. Jahrhunderts brannte es völlig ab – die Katastrophe forderte sogar zwei Menschenleben. Nach dem Wiederaufbau war es erneut ein Gasthaus, das seit 1825 auf den Namen „Adler" eingetragen ist.

Heutzutage heißt die Wirtsfamilie immer noch Zumkeller, sie bewirtschaftet jetzt in der vierten Generation das Anwesen. Aus den alten Zeiten ist dem modernen Gasthaus nur noch der Name und das Wirtshausschild erhalten geblieben. Ansonsten weht ein frischer Wind durch die dunklen Schwarzwaldtannen.

Man hat sich jedoch bemüht, hinter der schmucken Fassade möglichst viel von dem alten Stil zu retten: die edle Holzvertäfelung, die strengen Deckenbalken, die gemütlichen Eckbänke – ganz einfach die gewohnte Gemütlichkeit unter dem tiefgezogenen Kuppelwalmdach. Den Balkon verzieren unzählige Geranien.

Was die innere Neuorientierung betrifft, so folgt auch Junior-

und Küchenchef Winfried Zumkeller dem allgemeinen Trend zur leichten internationalen Küche. Er hält allerdings nicht viel von der teilweise überzogenen neuen deutschen Art zu kochen, sondern er spezialisiert sich – gemeinsam mit seinem 20köpfigen Küchenteam – lieber auf der jeweiligen Saison angepaßte Menüvorschläge.

Es macht ihm besonderen Spaß, regionale Rezepte mit Fantasie und kulinarischer Kreativität zu verändern. Auf der Speisekarte liest sich das folgendermaßen: Schwarzwälder Schäufele auf Weinsauerkraut und Sahnepüree; Kalbshaxenfleisch mit frischen Pilzen und Rahmsauce, hausgemachte Spätzle, Blattsalate; Perlhuhnhüfte auf Frühlingsgemüse mit Kartoffelcrêpes. Ein typisches Tagesmenü ist: Adlerwirt`s Versucherle – Zanderfilet mit Frühlingsgemüse – Entrecôte Bourguignonne mit Austernpilzen, Gemüse der Saison, Kartoffelrösti – Pumpernickelparfait mit eingelegten Pflaumen, Portweinsabayon. Besonders als Hausgast hat man die Gelegenheit, die angenehme Lebensart des „Adlers" in Ruhe zu genießen. Das beginnt schon in der ersten Nacht, vorausgesetzt, man läßt die Fenster des ländlich-eleganten Gästezimmers weit auf und damit gleichzeitig die herrlich frische Schwarzwaldluft ins Zimmer. Das macht den richtigen Appetit auf die Köstlichkeiten des üppigen Frühstücksbüffets. Und nach langen Spaziergängen durch die benachbarte Bilderbuchlandschaft entspannt man sich im hauseigenen Hallenbad mit Sauna – die perfekte Vorbereitung für einen gepflegten Aperitif in der kleinen Hausbar „Zum Florian". Hier in den uralten Kellergewölben lagern exklusive Weine aus den besten Lagen der Anbaugebiete Burgund, Bordeaux, Toskana, Piemont und natürlich Baden und Württemberg.

Was Winfried Zumkeller und sein 20köpfiges Küchenteam zubereiten, kann sich sehen lassen.

Betriebsferien vom 9. November bis 17. Dezember	Ruhetag
Montag und Dienstag Ruhetag	
44 Zimmer	
Kategorie: gehoben	
Eurocard, American Express, Diners, Visa	
2 Tennisplätze, Fahrräder, Pferdeboxen, Hobbykochen, Sport- und Wanderwochen, Hallenbad, Whirlpool	
Garagen vorhanden	
Hunde gestattet	

„Adler"
Familie Zumkeller
St. Fridolin-Str. 15
7822 Häusern
Telefon 0 76 72-41 70
Fax 0 76 72-41 71 50

Rößle

Eine der schönsten Arten, den typischen Schwarzwaldgasthof „Rößle" kennenzulernen, ist eine organisierte Wanderung von einem Bilderbuchort zum anderen – das Gepäck fährt voraus, die strammen Spaziergänger folgen zu Fuß. Man hat die Wahl zwischen einem Wochenende und fünf oder sogar neun Wandertagen. Je nachdem, wie lange man unterwegs ist und welcher Route man folgt, hat man eine gute Chance, von Todtnau nach Todtmoos zu kommen und damit unter das breite Dach des Gasthauses „Rößle".

Einer der vielen Frischluftfanatiker, die in durchschnittlich sechs Stunden die Strecke von Todtnau nach Todtmoos hinter sich brachten, war seinerzeit Chefredakteur der Londoner Times. Er war nicht nur von der Süffigkeit des Durbacher Spätburgunder Weißherbstes beeindruckt und von der außergewöhnlichen Qualität des hausgeräucherten Specks – er genoß gemeinsam mit seiner Frau vor allem die Herzlichkeit, mit der er empfangen wurde. Ein bißchen mehr Aufmerksamkeit als gewöhnlich tat auch gut, denn die Wanderschaft durch Berg und Tal hatte ihn ziemlich ermüdet.

Wie man mit Prominenten umgeht, haben die Wirtsleute, d. h. die Familie Maier, bereits ausgiebig geübt. Seit der malerische Gasthof im Ortsteil Todtmoos-Strick das erste Mal als Filmkulisse diente, ist schon viel Wasser die Bächle hinunterge-

flossen. Der Titel des heimatlichen Rührstücks war „Wenn am Sonntagabend die Dorfmusik spielt" und die Besetzung mit 50er Jahre-Stars wie Rudolf Prack, Oskar Sima und Maria Seebalt offensichtlich so attraktiv, daß sich während der dreiwöchigen Drehzeit wahre Menschenmassen in Bewegung setzten, um einen Blick auf ihre Filmlieblinge zu werfen. O. E. Hasse erhielt während der Filmarbeiten im Schwarzwald das Angebot für den Film „Canaris", der ihn international bekannt machen sollte.

Zu normalen Zeiten sind es allerdings hauptsächlich Wanderer und Skifahrer, die sich im „Rößle" niederlassen, und natürlich die Einheimischen, für die das Gasthaus den gesellschaftlichen Mittelpunkt ihres kleinen Ortes bildet. Aus der Inschrift auf einem alten Querbalken geht hervor, daß der Gasthof schon über 300 Jahre alt ist – übrigens genau so lange ist er auch schon in Familienbesitz.

Daß es hier sehr familiär zugeht und der Gast vom ersten Tag an das Gefühl hat, ganz persönlich betreut zu werden, kann die Wirtsfamilie Maier eindeutig als Pluspunkt verbuchen. Schon am frühen Morgen, wenn der hausgemachte Tannenschlößlehonig, die selbstgemachte Holunderbeermarmelade und der hausgeräucherte Schinken auf den Tisch kommen, fühlt man sich „wie bei Muttern". Und dieses Gefühl reißt nicht ab bis zum Abend, wenn der Gast sich bemüht, mit ein paar einheimischen Wässerli den nötigen Ausgleich zu hausgemachten Maultaschen mit Röstzwiebeln oder einem Hasenrückenfilet mit Preiselbeeren, Williams-Birne und Spätzle zu schaffen.

Sohn Thomas, der im „Adler" in Häusern gelernt hat und ein Jahr in der Küche der „Traube" in Tonbach Erfahrungen sammelte, macht sich gerade bereit, in die Fußstapfen seiner Eltern zu treten. Der junge Meisterkoch will weiterhin an der bodenständigen Küche festhalten, sie bestenfalls verfeinern.

Betriebsferien vom 2. November bis zum 20. Dezember	
Dienstag Ruhetag	Ruhetag
40 Zimmer und 2 Appartements	
Kategorie: einfach	
Eurocard (nur im Hotel)	
Tennisplatz, Liegewiese, Sonnenterrasse, Sauna, Solarium	
Parkplatz vorhanden	
Hunde gestattet	

„Rößle"
Familie Maier
Kapellenweg 2
7865 Todtmoos-Strick
Telefon 0 76 74-5 25
Fax 0 76 74-88 38

Gasthof Tannenmühle

Gerade im Winter ist ein Besuch im „Schwarzwaldgasthof" besonders reizvoll.

Forellen-Liebhaber können hier voll auf ihre Kosten kommen: Buchen Sie eine Schlemmerwoche im Schwarzwaldgasthof „Tannenmühle" bei Grafenhausen. Mitten im schönsten Hochschwarzwald, nicht weit vom Schluchsee, findet man ihn auf romantischen Waldwegen in einer alten Mühle. Außer Forellen hält man hier noch einen ganzen Zoo von Tieren, denen allerdings der Weg in die Pfanne zum großen Teil erspart bleibt, z.B. Schweine, Ziegen, Hühner, Gänse, Enten, Wild- und Hängebauchschweine, Ponys, Eulen, Pfauen, Schwäne sowie ein Wildgehege mit einem stattlichen Hirsch und vier Hirschkühen.

Doch zunächst zur Geschichte des Gasthofs, die bis ins Mittelalter zurückreicht. Damals gab es schon eine Mühle am Oberlauf des Rötenbachs, die irgendwann stillgelegt werden mußte, weil der Wasserfluß nicht ausreichte, das Mühlrad in Bewegung zu halten. So verlegte man im Jahre 1832 die Mühle kurzerhand an die Mündung des Rötenbachs, dorthin, wo er gemeinsam mit dem Rippoldsbach in die Schlücht fließt. Von den drei Tannen, die dem Neubau geopfert werden mußten, hat die Mühle ihren Namen. In den Jahren danach diente sie brav dem Wohl der Rötenbacher und Rippoldsbacher Bauern, und der Müller betrieb nebenbei noch etwas Landwirtschaft. Das ging so lange gut, bis das ganze Anwesen 1918 – der damalige Besitzer Friedrich Baschnagel war gerade im zweiten Weltkrieg – durch eine Brandstiftung zerstört wurde. Erst vier Jahre später konnte sie an gleicher Stelle wiederaufgebaut werden. Danach klapperte das Mühlrad noch dreißig Jahre weiter, bis der Betrieb 1952 aus Gründen der Rentabilität endgültig eingestellt wurde.

Als Fritz und Hildegard Baschnagel 1960 die Mühle übernahmen, richteten sie eine Gaststätte ein und entschlossen sich schnell, das quellklare Wasser vor dem Haus zur Forellenzucht zu nutzen. Das Mühlrad dreht sich immer noch, der Wildbach fließt vorbei und speist die Forellenteiche mit Tausenden von Forellen.

Die Besichtigung dieser sechs Teiche, ein Besuch des Heimatmuseums in Grafenhausen, ein Ausflug zu dem als „Schwarzwaldklinik" bekannten Hüsli und sechs ausgedehnte Schlemmermenüs gehören zum festen Programm der „Forellenschlemmerwoche". Ein kleiner Auszug aus der Speisekarte: Pochiertes Forellenfilet „Tannenmühle" mit Forellenfarce, Hummersauce, Blattspinat und Reis Timbale oder Gebratene Forellenfilets auf Orientalische Art, auf Trockenreis, Banane, gerösteten Mandeln, Currysauce oder Gefüllte gebratene Forelle „Maître Otto" mit Fischfarce, gehackten Kräutern, Forellenleber und Duxelles mit Champignons, Sauce Béarnaise und Salzkartoffeln.

Die normale Speisekarte enthält ein kleines Forellenbrevier, in dem erklärt wird, wie man eine Forelle sachgemäß zerlegt. Außerdem beschreibt es den langen Weg vom Forellenei über das Bruthaus in den Teich, wo die Forellen nach zwei bis drei Jahren Spezialfütterung die ideale Größe von 350 Gramm erreicht haben. Schließlich kommen sie aus der hochspezialisierten Küche der „Tannenmühle" in nicht weniger als 26 Variationen auf den Tisch: angefangen mit den Klassikern wie Forelle Blau oder Müllerinart über Pochierte Forellenklöße in Kräutersauce bis zu Pochiertem Forellenauflauf nach Königinart mit Safransauce, Erbsen und Trockenreis. Dazu werden zwei offene weiße Schoppenweine angeboten: Bickensohler Müller-Thurgau und ein Neuweierer Altenberg Riesling. Aus der Flasche gibt es die Wahl zwischen einem Durbacher Riesling, einem Bickensohler Herrenstück und einem Varnhalter Klosterbergfelsen. Als Spätburgunder Weißherbst steht der Glottertäler Roter Bur auf der Karte.

Die Mitarbeiter der „Tannenmühle" sind sehr um das Wohl ihrer Gäste bemüht.

Betriebsferien von November bis 20. Dezember	Ruhetag
Dienstag Ruhetag	
Übernachtung im 2,5 km entfernten Gästehaus	
Kategorie: einfach	
Kreditkarten werden nicht akzeptiert	
Wildgehege	
200 Parkplätze	
Hunde erlaubt	

„Tannenmühle"
Familie Baschnagel
7821 Grafenhausen
Telefon 0 77 48-2 15
Telefax 0 77 48-12 26

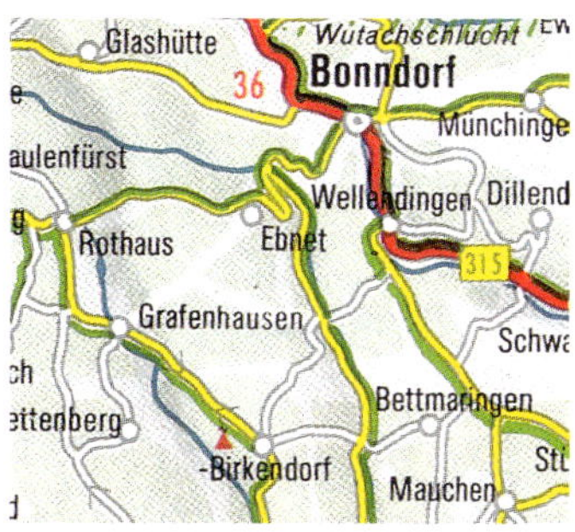

Winzerstube zum Becher

Ein Ausflug zur Meersburg am Bodensee ist immer ein Erlebnis.

Das in habsburgischem Gelb gestrichene Haus, dessen Gasthofschild man vor lauter Weinlaub kaum noch erkennen kann, gehört zu den ältesten in Meersburg. Seine Geschichte reicht bis ins Mittelalter zurück – die Höllgasse hieß damals noch Helengasse und das Haus, in dem später die „Winzerstube zum Becher" untergebracht wurde, war ein Teil der Vogtsburg. Wie man in der Chronik des malerischen Städtchens am Ufer des Bodensees nachlesen kann, nahm eine üble Feuersbrunst im Jahre 1605, der fast der ganze Stadtkern zum Opfer fiel, ihren Anfang genau von diesem Haus aus. So erklärt sich auch der spätere Name der Gasse. Schon zu jener Zeit befand sich im Souterrain eine kleine Weinschenke für einfache Bürgersleute. 1835 erwarben die Vorfahren der jetzigen Wirtsfamilie das Haus. Als Urgroßvater Karl Benz 1884 den Meersburger Winzerverein gründete, entschloß er sich, die alte Trinkstube wieder mit neuem Leben zu füllen. Auf diese Weise wurde sie zunächst eine Art Vereinslokal für die trinkfesten Mitglieder des Winzervereins, der rund 50 Jahre lang – zuerst von Karl Benz und später von seinem Sohn Fritz – geleitet wurde.

Ein Teil der Einrichtung stammt noch aus dieser Zeit und gibt der Winzerstube einen besonderen Charme, den nur historische Häuser in dieser Form haben können.

Anfang dieses Jahrhunderts kamen die ersten Reisenden zur Sommerfrische an den Bodensee, und so entstand allmählich aus der Weinstube ein Speiselokal mit regionalen Spezialitäten. Inzwischen kümmert sich die vierte Generation – Michael und Christel Benz – um das Gasthaus, natürlich auf neue, zeitgemäße Art. Auch die übrige Familie zeigt sich aktiv: Die Eltern haben sich mit der Leitung des hübschen „Hotels Becher" in die Weinberge über der Stadt zurückgezogen; Wolfgang Benz und seine Frau fertigen aus Ton alle Arten von Gefäßen, Leuchten und Figuren an, die man auch in den drei Gaststuben des „Bechers" bewundern kann.

Michael Benz, der Urenkel des Gründers, hat seine Lehr- und Wanderjahre als Koch im Ausland verbracht. Das, was er dort gelernt hat, wurde am heimischen Herd erfolgreich umgesetzt, mit dem Ergebnis, daß Leute von weither nach Meersburg reisen, um sich von ihm verwöhnen zu lassen.

Während die Gäste bei einem ersten Glas badischen Weins gespannt darauf warten, was die Küche ihnen zu bieten hat, bleibt Zeit genug, sich in den heimeligen Gasträumen umzuschauen. Eine besondere Attraktion ist das Birnbaumzimmer, dessen Wandtäfelung aus einem einzigen Stamm geschnitzt ist. Charakteristisch für die Winzerstube sind auch die vielen wertvollen Schnitzereien von Meersburger Künstlern sowie die bunten Butzenscheiben.

Ein Haus, das so nahe am Wasser steht, ist – wie könnte es anders sein – prädestiniert für Fischspezialitäten. In diesem Fall handelt es sich in erster Linie um Bodenseefelchen, die in verschiedenster Form zubereitet auf den Tisch gebracht werden. Zu

den fangfrischen Fischen gehören natürlich auch Kretzer, Zander, Hecht und Lachsforelle. Hier ein paar Beispiele für die vielen fantasievollen Kreationen: Kretzerfilets und Lachsmousse in Paprikasahne mit Brokkoliröschen und Gemüsereis, Hechtklößchen in Sherrysahne mit grünen Nudeln und Salat, Felchenfilets gebraten mit Tomaten und Basilikum, Spinatauflauf und Nudeln, Mousse von geräucherter Lachsforelle in Rieslinggelee. In Anknüpfung an die Winzertradition des Hauses besitzt die Familie heute auch wieder einen eigenen Weinberg, der einen fruchtigen Weißherbst liefert und einen trockenen Sekt. Nach dem Essen lohnt sich ein kurzer Spaziergang zum Atelier von Professor Walter Stähler. Wie in Gutenbergs Zeiten druckt er auf einer alten Ernst-Engel-Handpresse Texte der großen deutschen Dichter nach, Gedichte, Bücher und Kalligraphien. Die ungewöhnliche Ausstellung ist wirklich sehenswert. Eine Besichtigung von Schloß Meersburg, das über 1000 Jahre alt ist, und eine Bootsfahrt zur Blumeninsel Mainau, die von der Familie des schwedischen Grafen Lennart Bernadotte bewohnt wird, sind schon fast ein Muß.

„Winzerstube zum Becher"
Familie Benz
Höllgasse 4
7758 Meersburg
Telefon 0 75 32-90 09
Fax 0 75 32-16 99

Betriebsferien von Mitte Dezember bis Mitte Januar	Montag Ruhetag
Dienstag ab 17 Uhr geöffnet, ansonsten Mittagessen von 11.30 bis 14 Uhr, Abendessen von 18 bis 21 Uhr	Fischspezialitäten, z. B. Bodenseefelchen
Visa, American Express, Diners	eigener Weinberg
in der autofreien Altstadt sind nur Anlieger gestattet	Hunde gestattet

Schwanen

Bei dem Stichwort Salem kommt manchem als erster Gedanke das Internat gleichen Namens in den Sinn, und damit sind wir direkt schon an der richtigen Stelle. Nur einen Steinwurf vom Gasthof entfernt, im edlen Gemäuer von Schloß Salem, werden seit der Gründung des Nobelinternats im Jahre 1920 nach wie vor die Sprößlinge des deutschen Geld- und anderen Adels auf ihre Reifeprüfung vorbereitet. Gleich vor dem Eingang zum Schloß, das früher ein Zisterzienserkloster war, findet man das schöne bäuerlich-barocke Gasthaus, das für seine ausgezeichneten Wild- und Fischspezialitäten am ganzen Bodensee bekannt ist. Das Wild stammt aus eigener Jagd, die Fische kommen aus eigenen Fischgründen. Das kunstvolle alte Wirtshausschild mit der Jahreszahl 1684 erinnert an die Vergangenheit des Gasthofs als Klosterschenke.

Noch ein paar Worte zu der Früh-Geschichte Salems: Es war Bernhard von Clairvaux, dessen großes Vorbild im 12. Jahrhundert viele Mönche dazu bewog, neue Klöster aufzubauen. So zog es auch einige von ihnen in die friedlich-heitere Landschaft des Linzgaus, im Norden des Bodensees, und sie gründeten in Salem (früher Salmansweiler) die später bedeutendste Zi-

sterzienserabtei Süddeutschlands. Durch einen Brand im Jahre 1697 wurde ein großer Teil des Klosters zerstört – nur das gotische Münster blieb als Zeuge der mittelalterlichen Baukultur erhalten. Dem bekannten Vorarlberger Baumeister Franz Beer ist es zu verdanken, daß die Klosteranlage schließlich im Barockstil jener Zeit wiederaufgebaut wurde. Damals legte man auch den Grundstein zu dem, was man später als „Salemer Wunder des Stuck" bezeichnete und was erst in der zweiten Hälfte des 18. Jahrhunderts seinen Höhepunkt auf dem Gebiet der Architektur fand. Nach der Säkularisierung ging das Kloster Salem 1803 in weltlichen Besitz über und wird seitdem von der Markgräflichen Familie bewohnt.

Auch die Tradition des Weinbaus läßt sich in Salem weit zurückverfolgen. In der Gegend um den Bodensee wurden Weintrauben bereits in vorchristlicher Zeit zu Wein verarbeitet. In der Blütezeit des Weinbaus, dem Mittelalter, waren Berge und Hügel zwischen Chur und Stockach dicht mit Reben bewachsen. Von den ursprünglich rund 2500 Hektar sind heute auf deutschem Gebiet knapp 340 übriggeblieben – 87 davon im Besitz des Markgrafen von Baden. Die Kellerei befand sich schon im 17. Jahrhundert im Kloster Salem – in den gleichen, selbstverständlich modernisierten Räumen wird heute noch gearbeitet. Jedes Jahr sammelt man hier die Trauben von den Weingütern Birnau, Bermatingen und Schloß Kirchberg, keltert und füllt sie in Flaschen. Im Weinmuseum der Schloßkellerei kann man sich alte Pressen

und andere Gebrauchsgegenstände ansehen.

Die Weine aus der Markgräflichen Kellerei findet man natürlich auf der Weinkarte des „Schwanen". Wer nur einen Schoppen davon trinken möchte in Verbindung mit einer Vesper, sollte sich zwischen einem geräucherten Forellenfilet aus dem Bodensee, einem „Schwanenteller" mit Schwarzwälder Schinken und Wildschweinschinken und einem badischen Brotzeitteller mit deftigen Wurst- und Schinkensorten entscheiden.

Wer Manfred Martins 15köpfiges Küchenteam von seiner besten Seite kennenlernen möchte, ist mit einem Pot au feu von Edelfischen oder einem Wildschweinrücken mit Waldpilzen und Rosenkohl auf jeden Fall richtig beraten. Zum Schluß noch ein Menüvorschlag, der auch der schlanken Linie nichts anhaben kann: Quarkterrine auf Orangensalat – Zopf von Seezunge und Lachs auf zweierlei Saucen mit Schwenkkartoffeln und Blattsalaten – Pistazienparfait mit Ingwerschokolade.

Als Ausgleich nach dem guten Essen tut ein wenig Bewegung wohl. Einer der schönsten Spazierwege beginnt direkt vor dem Haus: der Prälatenweg zum Barockkloster Birnau.

Betriebsferien 2. Hälfte Oktober	Ruhetag
Donnerstag Ruhetag	
35 Hotelbetten	
Kategorie: mittel	
Kreditkarten werden nicht akzeptiert	
historische Kegelbahn, Terrasse	
Parkplatz vorhanden	
Hunde gestattet	

„Markgräflich Badischer Gasthof Schwanen"
7777 Salem 1
Telefon 0 75 53-2 83
Fax 0 7553-64 18

Zur Sonne

Wer sich in Landsberg bei eingeweihten Gasthofspezialisten nach einem besonderen Tip fürs Wochenende erkundigt, dem wird in neun von zehn Fällen die „Sonne" in Epfach genannt. Und die meisten kommen dabei gleich ins Schwärmen: Der Schweinebraten ist an der richtigen Stelle rösch, das Schnitzel ist so groß wie der Teller, die Kartoffelknödel sind selbst im hektischsten Sonntagsgeschäft frisch und selbstgemacht. Der Wirt scheint die Speisekarte nach dem Motto „Je größer die Portionen, desto kleiner die Preise" zusammenzustellen. Dieses Prinzip macht sich schon bei den Brotzeiten bemerkbar: Ob Kasseler Ripperl mit Kraut und Bratkartoffeln, warmer Leberkäs` mit Spiegelei und Salat, die bunte Hausmacherplatte „Abodiacum" oder drei Dicke (Würste) mit Kraut – all das erhält man unter 10 DM. Und die Hauptgerichte kosten nicht allzu viel mehr. Wie beispielsweise das Tellerfleisch mit Meerrettich und Kartoffelsalat, der Kalbsnierenbraten mit Spätzle und Salat oder saftiger Schweinenacken vom Grill mit Kartoffel-Gurken-Salat.

Die Bewohner von Epfach, im Landkreis Landsberg, können auf eine 2000jährige Geschichte zurückblicken.

Mit anderen Worten: Der Weg nach Epfach über Rott und Apfeldorfhausen lohnt sich schon wegen der gutbürgerlichen Küche und verleitet zugleich zu einer beschaulichen Wanderung durch die Lech-Auen.

Der Gasthof selbst ist kein reiner Augenschmaus. Er übertrifft äußerlich keineswegs den Durchschnitt der bayrischen Gasthöfe, die in allen Dörfern wie Schwammerl aus dem Boden wachsen. In Epfach allerdings befindet man sich auf historischem Boden. Zu Zeiten der Römer hieß der gleiche Ort „Abodiacum" und diente als militärischer Stützpunkt. Im 8. Jahrhundert lebte in Epfach der legendäre Bischof Wikterp. Er soll von hier aus den heiligen Magnus zur Missionierung ins Allgäu geschickt haben. Ende des 11. Jahrhunderts ging eine Frau, die Selige Herluka, für ihren Glauben auf die Barrikaden. Seite an Seite mit männlichen Befürwortern kämpfte sie um eine Reformation der Katholischen Kirche. Nach 30 Jahren zog sie sich schließlich in ein Kloster nach Bernried am Starnberger See zurück.

Seit Mitte des 19. Jahrhunderts werden in Epfach regelmäßig Ausgrabungen organisiert. Erst in den fünfziger Jahren fand man unter der Lorenzkapelle eine Öllampe mit Christogramm, ein Beweis dafür, daß unter den Soldaten im 4. Jahrhundert bereits einige Christen waren. Die Lampe benutzte man daraufhin als Grundmotiv für das Wappen von Epfach. Wer sich etwas länger im schönen Lechtal aufhalten möchte, findet in der „Sonne" auch einfache, moderne Fremdenzimmer.

Betriebsferien im Februar	Mitte Juni bis August kein Ruhetag, September bis Mai Donnerstag Ruhetag
5 Fremdenzimmer	Kategorie: einfach
American Express	kleiner Biergarten, Saal mit 260 Plätzen, Familienfeiern
Parkplatz vorhanden	Hunde nur im Restaurant gestattet

„Zur Sonne"
Familie Becher
Sonnenbichl 1
8911 Epfach
Telefon 0 88 69-2 12

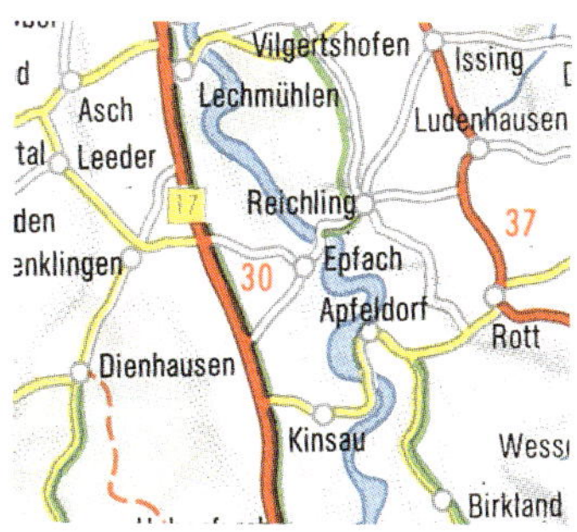

Zum Fischmeister

In einer seiner Possen über die bayrische Heimat schreibt Karl Valentin unter dem Titel 'Neues vom See': „Daß die Fische gefangen werden müssen, leuchtet jedem ein, und das ist auch klar. Wäre im Starnberger See zum Beispiel seit Gründung, oder besser gesagt seit dem viertausendjährigen Bestehen desselben noch nie ein Fisch gefangen worden, so hätten sich die Fische seit diesen Jahrtausenden so vermehrt, daß vielleicht mehr Fische im See wären als Wasser." Ein origineller Gedanke und durch und durch typisch für den kauzigen bayrischen Kabarettisten – doch im Starnberger See wurde seit Urzeiten gefischt, und zwar mit ziemlich gleichbleibendem Erfolg. Saibling und Renke sind nach wie vor die Renner auf den Tageskarten der umliegenden Gasthäuser.

Was es mit der Geschichte des Gewässers genauer auf sich hat, läßt sich bei Besuchen des Starnberger Heimatmuseums und des Prähistorischen Museums in München lebhaft zurückverfolgen. Eines der letzten Fundstücke dieser Zeit ist der erst kürzlich entdeckte Einbaum, der gemeinsam mit Urnen und alten Werkzeugen belegt, daß an dieser Stelle schon vor 4000 Jahren Siedlungen bestanden.

Wo einstmals Kurfürsten am Seeufer flanierten, Klosterbrüder seit Urzeiten Bier brauen und der bayrische „Keni" Ludwig II. den Freitod suchte, machen heutzutage Dauerstaus der Münchner Schicki-Blechlawinen jedes sonnige Wochenende zur Zerreißprobe für die Nerven des ganz normalen Spaziergängers.

Eines ihrer Lieblingsziele ist im Winter die Stube und im Sommer der Biergarten des Gasthauses „Zum Fischmeister" in Ambach. Obwohl das Seeufer für Autos offiziell gesperrt ist und kreuz und quer parkende GTIs und Harley Davidsons nicht gerade dazu beitragen, den Blick über den See zu verschönern, wären wohl Straßensperren die einzige Lösung, die Münchner Yuppies konsequent aus dem Verkehr zu ziehen. Zu den wenigen Fußgängern, die – wie es sich gehört – das Gasthaus auf der „Seeweg" genannten Uferstraße erreichen, gehören auch immer wieder Gäste der benachbarten Prominenten-Schönheits- und Diätfarm, die auf dieser beschaulichen Kurzstrecke nicht selten auf kulinarische Abwege geraten.

Wer es also vorzieht, in ungestörten König-Ludwig-Reminiszenzen zu schwelgen oder auf den Spuren des ehemaligen

Stammgastes Rainer Werner Fassbinder am Ufer entlangzuspazieren, sollte sich keinesfalls am Wochenende in diese schöne Gegend verirren. Insidern begegnet man an leicht vernebelten Novembertagen auf dem nostalgischen Bootssteg direkt vor dem Haus. Mit der feuchtkalten Luft schnuppert man genau die richtige Portion Melancholie, um sich anschließend – mit Blick auf den See in der eher biedermeierlich als bayrisch möblierten Stube des „Fischmeisters" aufzuwärmen. Die täglich wechselnde Speisekarte zeigt eine neumodische Mischung aus traditionellen Standards wie Spanferkel mit Knödeln und Blaukraut oder Starnberger See-Saibling mit Petersilienkartoffeln und Salat, internationalen Gerichten wie Coq au Vin oder Irische Steaks mit Kräuterbutter, exotischen Kombinationen wie arabische Linsenpflanzerl mit Salat und bewußt Vegetarischem wie Grünkernrisotto mit Sprossen und Gemüsestreifen. Übrigens: Leckermäulchen schwärmen vom raffinierten Zimtparfait mit Pflaumensauce und dem wunderbar warmen Apfelstrudel mit Rahm. Wintergäste goutieren zusätzlich ein Kulturprogramm und einmal pro Woche den italienischen Abend mit Spezialitäten aus allen Regionen Italiens. Der Hausherr ist selbst Importeur von Qualitätsweinen aus dem Friaul, dem Piemont und der Toskana und einer Auswahl hochwertiger Grappas. Das heißt: Man kann zuerst testen und nach Belieben auch für zu Hause kaufen.

Im Frühjahr wird der „Fischmeister" bevorzugt von typisch bayrischen Hochzeitsgesellschaften aufgesucht – zu allen anderen Zeiten für Ausstattung jeglicher Art von Festen im eigenen Haus oder Garten.

Betriebsferien: letzte November- und erste Dezemberwoche	Ruhetag
Montag und Dienstag Ruhetag	
Dienstag bis Freitag von 16 bis 24 Uhr geöffnet, Sonntag, Samstag und an Feiertagen von 12 bis 24 Uhr	
eigener Weinimport, Proben und Verkauf	
Kreditkarten werden nicht akzeptiert	
Ausstattung für Feste außer Haus, Kulturprogramm im Winter	
Parkplatz vorhanden	
Hunde an der Leine gestattet	

„Zum Fischmeister"
Seeuferstr. 31
8193 Ambach
am Starnberger See
Telefon 0 81 77-5 33

Gasthaus Limm

Ein Zitat aus der berühmten Montagskolumne der Süddeutschen Zeitung zeigt, daß man im „Gasthaus Limm" kulinarische Leckerbissen genießen kann: „Wer die altbayrische Küche liebt, kann sich getrost hier niederlassen. Wo haben wir schon jemals eine so lockere Briesmilzwurst im Schweinenetz bekommen, wo eine so perfekt gewürzte Kalbsbrust? Die Leberknödelsuppe war ohne Tadel und die Hirnsuppe – mag ja nicht jeder – begeisterte ihre Anhänger. Das magere Spanferkel mit röscher Schwarte, ohne schloddrige Fetteile, die einem dieses Fleisch oft vermiesen. Eine Mitteilung zwischen alter und neuer Küche: das Wildgeschnetzelte ein Gedicht aus rosa gebratenen Wildscheiben, frischen Spätzle und duftenden Pilzen."

Nachdem das und noch viel mehr Positives über das „Gasthaus Limm" in Münsing erschienen war, kam der Wirt zum erstenmal in die Verlegenheit, Gäste wieder wegschicken zu müssen. Die Druckerschwärze war noch nicht trocken, als sich alle Spanferkel-Süchtigen aus dem Großraum München in Richtung Starnberger See bereits auf den Weg machten. „Lieber verdiene ich weniger", entschied der Hausherr „als daß die Qualität der Küche leidet." Und die hatte er gerade in den Jahren zuvor in eine neue Bestform gebracht. Ursprünglich war das Gasthaus ein Bauernhaus und hieß „Wollschlager Hof". Nach dem Krieg von 1870/71 verkündete man die allgemeine Gewerbefreiheit, und aus dem Bauernhof wurde der „Gasthof Neuwirt". Es hatten schon einige Wirte vor ihm ihr Glück versucht, als 1908 der Bauer Josef Limm die Leitung übernahm. In den sechziger Jahren bekam der Familienbetrieb seinen eigenen Metzgerbetrieb, was dem Gasthof natürlich nur gut tat. 1985 wurde zum letzten Mal angebaut und vor allem die Küche in einer Weise modernisiert, daß Sebastian Limm, einer der Söhne aus der jüngeren Limm-Generation, optimale Voraussetzungen hatte, als er zwei Jahre später als Juniorchef die Küche übernahm. Er hatte Metzger und Koch gelernt und anschließend noch in renommierten Häusern in München praktische Erfahrungen gesammelt. Ein neuer Koch bringt immer seine eigenen Ideen bei der Zusammenstellung der Speisekarte – eine neue Generation hat normalerweise auch ihre eigenen Vorstellungen davon, was einen Landgasthof heutzutage zeitgemäß erscheinen läßt. So gibt es fast überall den obligatorischen Kampf zwischen Semmelknödeln und Kartoffelplätzchen, zwischen Bachforellen und Hummerkrabbenschwänzen oder zwischen Apfelküchle mit Zimt und Zucker und einem Kiwi-Sorbet.

Beim „Limm" gibt es inzwischen von beidem etwas und zwar in friedlicher Koexistenz. Ihre Vorstellungen von einem Gasthof haben natürlich auch die Stammgäste aus der Nachbarschaft – jegliche Art von Renovierung oder gar Umbau ist deshalb auch gewöhnungsbedürftig. Mit anderen Worten: Die Einheimischen sitzen nach wie vor am liebsten an ihrem alten Stammtisch neben dem Kachelofen, während „Zugereiste" sich in dem etwas besser ausgestatteten Raum mit den altrosa Vorhängen und weichgepolsterten Sitzbänken offensichtlich genauso wohlfühlen.

Doch unabhängig von Mode und Mobiliar hat sich die freundlich-familiäre Atmosphäre, die immer ein besonderes Merkmal des „Limm" war, bis zum heutigen Tag erhalten. Der Gast wird mit offenen Armen empfangen, und es wird kein Unterschied gemacht, ob er ein Bauernsohn aus der Nachbarschaft ist oder ein verwöhntes Mitglied der Münchner Schickeria. Sie alle bleiben dem „Limm" weiterhin treu, weil er in der ganzen Gegend als Musterbeispiel gilt für die Erhaltung einheimischer Rezepte in einer Küche ohne Schnörkel und preistreibenden Firlefanz und es gleichzeitig schafft, durch geschickte Reduktion der schweren, fetthaltigen Zutaten eine leichte, wohlschmeckende Kost auf den Tisch zu bringen. Hier ein kurzer Ausschnitt aus einer typischen Tageskarte: altbayrische Hirnsuppe, gefüllte Kalbsbrust mit gelben Rüben und Kartoffeln, Fleischpflanzel mit Wirsing und Bratkartoffeln, Schollenfilet gebacken mit Sauce Remoulade und Kartoffelsalat, Topfenschmarrn mit Zwetschgeneis.

Von Münsing am Starnberger See hat man einen herrlichen Blick auf die Zugspitze.

Betriebsferien: 2 Wochen nach Pfingsten	Ruhetag
Sonntagabend und Mittwoch geschlossen Reservierung unbedingt erforderlich	
Von 11 bis 14 Uhr/18 bis 22 Uhr geöffnet	
einheimische, jedoch leichte Spezialitäten, eigene Metzgerei	
Kreditkarten werden akzeptiert	
Ausflug zur Zugspitze	
Parkplatz vorhanden für Rollstuhlfahrer geeignet	
Hunde nicht gestattet	

„Gasthof Limm"
Familie Limm
8193 Münsing
am Starnberger See
Telefon 0 81 77-4 11

Buchscharner Seewirt

Südlich von München erstreckt sich das sogenannte Fünfseenland mit Starnberger See, Ammersee, Wörthsee, Pilsensee und Wesslinger See. Jedes Wochenende kommen die Großstädter und jeden Sommer Tausende von Touristen aus aller Welt, um diese schöne Landschaft zu genießen. Dementsprechend groß ist auch das Angebot an Radl- und Wandertouren und Fahrten mit den 37 Schiffen, die als Weiß-Blaue Flotte auf allen Seen unterwegs sind.

Zum Glück läßt sich sagen, daß man in allen Seen – vorausgesetzt, das Wasser ist warm genug – während der Sommerzeit baden kann. Das schönste Stück Strand am Starnberger See, dem See, der München am nächsten liegt und in kürzester Zeit mit der S-Bahn zu erreichen ist, findet man zwischen St. Heinrich und Ambach. Wie man sich denken

kann, ist das schon lange kein Geheimtip mehr, und wer es wirklich nicht weiß, merkt es spätestens, wenn er die Autoschlangen links und rechts von der Seeuferstraße sieht. Diese entstehen, sobald sich die Sonne am weiß-blauen Himmel zeigt. An zwei markanten Stellen versammelt sich am Wochenende das Volk: auf dem Campingplatz gleich nach dem Ortsausgang von St. Heinrich und wenige Kilometer weiter beim „Buchscharner Seewirt". Im Grunde könnte es nicht schöner sein: der flache, breite Strand mit Bootssteg, rundherum alles grün und – nur einen Frisby-Scheiben-Wurf vom Wasser entfernt – ein altes Gasthaus mit Terrasse und Gartenwirtschaft, wie man es sich wünscht. Nur mit Riesenglück gelingt es, das Auto noch auf einem Parkplatz unterzubringen, der jedoch in der Regel keinen Schatten spendet. Danach findet man auch einen Platz für sich selbst an einem der vollgepackten Gartentische. Da sitzt man dann und wartet eine gute Weile auf das erfrischende Bier, mit Blick auf ein offenbar nie endendes Volksvergnügen. Die Liegewiese fängt da an, wo der Garten aufhört, aber das macht eigentlich keinen wesentlichen Unterschied. Barbusige Badenixen und bierbäuchige Strandtarzans haben den Gasthof und alles drumherum längst zum Teil einer öffentlichen Badeanstalt erklärt. Es gibt bestimmt Leute, die sich in dieser Art von fröhlichen Volksaufläufen pudelwohl fühlen. Wer nicht, sollte besser an einem Wochentag im Frühling oder im Herbst beim „Buchscharner" einkehren. Wer Glück hat, kann sein Bier vorm Haus trinken, während die ersten (oder letzten) Sonnenstrahlen ein schönes Licht auf den See zaubern. Oder man sitzt in der urgemütlichen Stube im ersten Stock des knorrigen alten Bauernhauses und läßt sich auf einem blaßrosa Tischtuch von einer freundlichen Bedienung eine Starnberger Renke mit Salzkartoffeln und großem Salatteller servieren.

keine Betriebsferien	Ruhetag
im Sommer kein Ruhetag, im Winter Ruhetag auf Anfrage	
Warme Küche von 11.30 bis 21.30 Uhr	
Spezialität: Starnberger Renke und Seesaibling	
Eurocard	
Terrasse und Biergarten, eigene Liegewiese und Bootssteg	
Parkplatz vorhanden	
Hunde gestattet	

„Buchscharner Seewirt"
Buchscharn 1
8193 Münsing-Ambach
Telefon 0 88 01-24 09

Osterseen

Wer hätte nicht auch Lust, hier den Nachmittag bei Kaffee und Kuchen zu verbringen?

Neben all den vielen Traditionshäusern, die in den meisten Fällen einige Jahrhunderte Geschichte vorzuweisen haben, wirkt der Gasthof „Osterseen" mit seiner neuzeitlichen Architektur schon fast fremd. Man ist dermaßen an den bäuerlich-barocken Charme der alten oberbayrischen Paradehöfe gewöhnt, daß man schon fast mißtrauisch ist in bezug auf die Qualität des Gasthofes. Sobald man jedoch näher hinschaut, erkennt man sehr schnell, daß auch die „neumodischen" Gaststuben und Fremdenzimmer in ihrer soliden Holzverarbeitung durchaus sehr gemütlich sind und viel Komfort bieten. Ob Zirbelstube oder Hochzeitsstube – die Ausstattung ist genauso aufwendig und genauso geschmackvoll

wie in den Gasträumen der großen Vorbilder überall in den Alpen.

Die geographische Lage dieses Landgasthofs ergänzt das harmonische Bild: Er liegt in Iffeldorf, direkt am Ufer der naturgeschützten Osterseen, mit Blick über die gesamte Seenplatte. Und die wiederum gehört zum sogenannten Pfaffenwinkel, einer besonders reizvollen Gegend im Süden des Starnberger Sees.

Bei der Beschreibung dieser sanften Hügellandschaft mit den klaren Bergflüssen und stattlichen Bauernhöfen, denkt man direkt an Sehenswürdigkeiten wie Wieskirch oder Kloster Wessobrunn und natürlich auch an den König-Ludwig-Weg, eine organisierte Wandertour, die unter anderem durch den Pfaffenwinkel führt. Im Volksmund nennt man diesen Landstrich auch das Land der Bauern, Künstler und Mönche.

Früher oder später landet man jedenfalls in Iffeldorf, an den Osterseen und damit im gleichnamigen Gasthof. Hier ruht man sich von langen Spaziergängen aus bei einer zünftigen Brotzeit, einem leichten Tafelspitz oder bei einem kompletten Sonntagsmenü bestehend aus Tomatensuppe, Lammhaxerl und Mousse au Chocolat. Die Preise sind zivil, die Bedienung ist extrem aufmerksam.

Wer diese schöne Gegend mehr als nur einen Tag lang genießen will, findet im Gasthof gepflegte Gästezimmer.

Betriebsferien 3 Wochen im Juni, 3 Wochen im Januar	Dienstag Ruhetag
Mittagessen von 11.30 bis 14 Uhr, Abendessen von 18 bis 21 Uhr	Kuchen aus eigener Konditorei
Eurocard, American Express, Visa, Diners	Tagungen bis zu 40 Personen, Kegelbahn
Parkplatz vorhanden	Hunde gestattet

„Osterseen"
Hofmark 9
8127 Iffeldorf
Telefon 0 88 56-10 11

Benediktenhof

Nachdem der schwedische König Carl Gustaf sich an dem zentnerschweren Kristallüster über dem Prunkbett des Märchenkönigs in Schloß Linderhof sattgesehen hatte, wuchs sein leiblicher Appetit auf die Spezialitäten der gutbürgerlichen Küche. Er mußte nicht lange bitten und eilte im Anschluß an einen Spaziergang durch den herrlichen Schloßpark an die festlich gedeckte Tafel des bayrisch-barocken „Benediktenhofs". Schließlich konnte jedermann in der Bildzeitung vom 26. März 1979 nachlesen, daß der „Keni" aus dem hohen Norden sich für eine Forelle in Mandelbutter entschieden hatte – zum Nachtisch gab es Kaiserschmarrn.

Nach dem Essen folgte ein Besuch des Klosters Ettal und seiner weltberühmten Rokoko-Kirche – ganz in der Nähe des Gasthofs. Durch dessen Fenster schaut man direkt auf die rundlichen Türme der Benediktinerabtei, hinter deren starken Mauern sich heutzutage etwa 60 Mönche außer den religiösen Pflichten auch weltliche Aufgaben teilen. Sei es, daß sie Bier brauen oder den berühmten Ettaler Kräuterlikör – sei es, daß sie sich darum bemühen, internen und externen Internatszöglingen eine humanistische Bildung zukommen zu lassen. Genau wie der König haben sich auch andere prominente Gäste ein Fläschchen von dem belebenden Elexier mitgeben lassen – unter ihnen Ray Charles, Terence Hill und der griechische König Konstantin.

Schloß Linderhof, Kloster Ettal, Oberammergau und eine unzerstörte bayrische Alpenlandschaft, soweit das Auge reicht, locken jedes Jahr Tausende von Touristen in diese schöne Gegend. Wer mit mehr Ruhe auf den Spuren König Ludwigs II. wandeln möchte, kommt besser im Winter und startet von Graswang aus eine beschauliche Besichtigungstour auf einer der vielen verschneiten Langlaufloipen. Doch egal, welche Spur er wählt, sie enden alle irgendwann vor der breiten Barockfassade des „Benediktenhofs", am Fuße der Notharspitze. Wenn man die windgeschützten Balkone sieht und die putzigen Fenster mit den freundlich-blauen Holzläden und der schwungvollen Lüftelmalerei, kann man heute noch gut nachempfinden, daß dieses Haus eine Art Erholungsheim für die Zöglinge der benachbarten Ritterakademie war. Wie die Chronik des Gasthofs berichtet, war es vorher, das heißt seit 1528, eine Ziegelei, die schon das Baumaterial für den Bau von Kloster Ettal lieferte.

Rund 200 Jahre später begann der gastronomische Erfolg des „Benediktenhofs", der Ende der fünfziger Jahre durch ein neues Besitzerehepaar, Baron Ernst und Eva von Reitzenstein, eingeleitet wurde.

Die geschickte Verteilung von alten Schränken und bemalten Truhen, lauschige Sitzecken, in denen die bayrisch „geweißelten" Wände mit alten Bildern und Heiligenfiguren dekoriert wurden, sowie eine ganz und gar mit Zirbelholz ausgeschlagene Bauernstube schaffen eine stilvolle Behaglichkeit, die jeden Gast umfängt, sobald er das Haus betritt. Jedes Gästezimmer bekommt durch eine individuelle Ausstattung seinen eigenen Charakter – von bayrisch-blau bis bäuerlich-bunt.

Egal zu welcher Tageszeit der Wanderer, Golfer oder Langläufer einkehrt, er wird immer gut und freundlich bedient. Das heißt: Zum kräftigen Bauernfrühstück gibt es frische Landeier und selbstgemachte Marmelade; zum Mittagessen eine zünftige Schweinshaxe mit Knödeln; zur Vesperzeit selbstgebackenen Kuchen oder für ausgewachsene Mannsbilder eine König-Ludwig-Platte mit frischer Gänseleber, Gänsebrustbraten in Scheiben, Waldpilzen, Shrimps und verschiedenen Salaten der Saison; zum Abend empfiehlt Küchenchef Kellermann etwas möglichst Leichtes, zum Beispiel Tafelspitz oder die Spezialität des Hauses, eine fangfrische Forelle, die auf fünf verschiedene Arten zubereitet wird.

Betriebsferien vom 1.11. bis 22.12.	Montag Ruhetag
14 Zimmer und 2 Appartements	Kategorie: mittel
Kreditkarten werden nicht akzeptiert	Tagungen bis zu 25 Personen
Parkplatz und Garagen vorhanden	Hunde erlaubt

„Benediktenhof"
Familie von Reitzenstein
8107 Ettal
Telefon 0 88 22-46 37
Fax 0 88 22-72 88

Gasthof und Hotel Zur Post

Ob Goethe auf seiner Reise nach Italien im Wallgauer Postgasthof die Pferde gewechselt hat, wurde noch nirgends offiziell bestätigt. Daß Elizabeth Taylor und Richard Burton sich hier bei Bier und Brotzeit in die Augen schauten, dokumentiert die entsprechende Eintragung im Gästebuch. Ansonsten beeindruckt die ehemalige Poststation an der Straße Richtung Süden eher durch ihre Geschichte. Es war immerhin keine Geringere als Kaiserin Maria Theresia, die im Jahre 1612 der Familie Neuner die Konzession erteilte. Danach gingen 370 Jahre lang die Pferdezügel aus der Hand des Vaters an den jeweils ältesten Sohn.

Damals, während des Dreißigjährigen Krieges, als alles begann, hieß der Gasthof noch „Zum alten Wirt" und statt der Sommerfrischler aus dem Ruhrgebiet wurde das gastliche Haus von herumstreunenden Horden heimgesucht, die darauf aus waren, Küche und Keller zu plündern. Dies war Grund genug für den damaligen Hausherrn, die Küche in den Gewölbekeller zu verlegen, von dem eine geheime Treppe, die man heute noch erkennen kann, nach oben führte. Von dem, was gelegentliche Gäste und Mitreisende des Postkutschers verzehrten, konnte ein Gastwirt zu jenen Zeiten sowieso nicht leben. Das heißt: Die männlichen Mitglieder der Familie Neuner verdingten sich außerdem noch als Floßmeister und Landwirte.

Es waren ebenfalls die Neuners, die Anfang dieses Jahrhunderts mit der Erweiterung zum Gasthof eine Art Grundstein für den heutzutage blühenden Fremdenverkehr legten. Auch Bernhard Neuner, der nun als jüngster Sproß der Familie die Führung übernommen hat, ist

fest entschlossen, die jahrhundertelang überlieferte Tradition der Gastlichkeit fortzusetzen und – dem modernen Zeitgeist entsprechend – zu erweitern.

Und die Zeiten haben sich gründlich geändert, seit die ersten Fremden auf Radtour oder Wanderschaft in dem gemütlichem Gasthof einkehrten. Da, wo früher die Pferde des Postkutschers untergestellt wurden, tanzen heutzutage Braut und Bräutigam in Dirndl und Trachtensmoking vor den Hochzeitsgästen. In der Posthalterstube, wo sich vor hundert Jahren erschöpfte Kutscher den Staub aus dem Mantel klopften, nehmen Einheimische am „Ahorn-Wirte-Tisch" ihre Stammplätze ein. Früher gab es, einem alten Brauch entsprechend, ein preiswertes Tagesmenü, das auch weniger bemittelten Durchreisenden die Möglichkeit gab, zu einem anständigen Sonntagsbraten zu kommen. Heute kombiniert man seine Speisefolge selbst. Ob man nun im großen gemütlichen Speisesaal sitzt, in der ehemaligen Stallung oder der urigen „Bierstubn" – die Auswahl ist wirklich sehr groß. Unter dem Stichwort „heimatlich" findet sich ein knuspriger Jungschweinebraten mit Apfelrotweinkraut und flaumigem Semmelknödel; unter „regionale Gerichte" paradiert ein Bayerischer Bauernschmaus mit Kümmelkraut; unter „traditionell" empfiehlt sich eine fangfrische Renke aus dem benachbarten Walchensee sowie eine ofenfrische Kalbshaxe für zwei Personen, die ihresgleichen sucht. Überhaupt sind alle Fleisch- und Wurstspezialitäten von ausgesuchter Qualität. Kein Wunder: Der Hausherr ist nicht nur Wirt, sondern auch Metzger. Bei all den Würstln und Wildspezialitäten kann man höchst wohlwollend darüber hinwegsehen, daß aus der Küche dieses durch und durch bayrischen, lüftelbemalten Hauses auf Wunsch auch Mozzarella oder Carpaccio getragen werden.

Liebhaber der bodenständigen Küche kommen hier voll auf ihre Kosten.

Anfang November bis Mitte Dezember Betriebsferien	Ruhetag
kein Ruhetag	
29 Zimmer	
Kategorie: mittel	
Eurocard, Visa	
Badeseen in der Umgebung Sauna, Whirlpool, Solarium	
Parkplatz und 4 Garagen	
Hunde gestattet	

Gasthof und Hotel "Zur Post"
Familie Bernhard Neuner
Dorfplatz 6
8109 Wallgau
Telefon 0 88 25-10 11
Fax 0 88 25-16 58

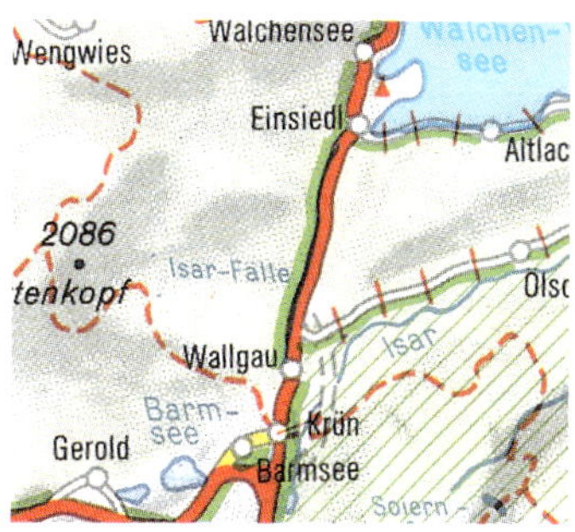

Alpenrose

Wie man in Geschichtsbüchern nachlesen kann, führte schon vor rund 3000 Jahren ein schmaler Saumpfad aus dem Süden über den Brenner nach Bayern. Später, genau gesagt 210 nach Christus, wurde dieser recht unbequeme Reiseweg über Stock und Stein, Berg und Tal als Heerstraße ausgebaut und beeinflußte seither das Leben der Menschen auf beiden Seiten der Alpen. Der alte Geigenbauerort Mittenwald erlebte seine erste große wirtschaftliche Blüte in der Zeit von 1487 bis 1679, als die Venezianer infolge interner Streitigkeiten den berühmten Bozner Markt vorübergehend nach Mittenwald verlegten. Der Markt galt als wichtiger Umschlagplatz für Händler aus Augsburg, Nürnberg und Venedig.

In dieser Zeit tauchte der Name Zunterer mehrmals in amtlichen Urkunden auf: 1642 erhielt die Familie ihr eigenes Wappen – von 1698 bis 1699 war Anton Zunterer Marktrichter in Mittenwald. Um die Mitte des 18. Jahrhunderts entstand die wertvolle Freskenbemalung der Barockkirche von St. Peter und Paul, direkt davor steht seither das Denkmal von Mathias Klotz, dem wohl berühmtesten Geigenbauer von Mittenwald, und gleich neben der Kirche die „Alpenrose" – ursprünglich nur Familiensitz der Zunterers, später Kloster und Unterkunft für Patres, die Pilger auf ihrem Weg nach Rom betreuten. Zu jener Zeit bemalte der Lüftelmaler Franz Zwink die bäuerlich-barocke Fassade mit religiösen Motiven.

Wie viele andere Klöster und Häuser, die Eigentum der Orden waren, geriet auch die „Alpenrose" im Zuge der Säkularisation zu Anfang des 19. Jahrhunderts in weltlichen Besitz. Mittenwald zählte damals schon fast 2000 Einwohner. Weitaus prominentester Gast war zu dieser Zeit der Zar Alexander von Rußland, der sich 1822 mit dem König von Württemberg in der „Alpenrose" traf.

Später kamen die Geigenschüler, im Zweiten Weltkrieg die Gebirgsjäger und nach

Kriegsende immer mehr Wanderer und Skifahrer in den inzwischen sehr beliebten Ferienort. In der frischen Bergluft, bei Bier und Brotzeit erfüllen sich nach wie vor nostalgische Träume von Alpenromantik. Kein Wunder also, daß der schöne alte Gasthof im Zentrum von Mittenwald so beliebt ist. Wie aus einem bayrischen Bilderbuch präsentieren sich die originalgetreu renovierten Räume: die kunstvolle Deckenmalerei, Kachelofen und Herrgottswinkel in der Bichlerstube, das stattliche Gewölbe im Josefikeller, die herrlichen Holzvertäfelungen im Salettl. Das gleiche gilt für die Fremdenzimmer im oberbayrischen Stil mit schweren alten Schränken und schönen bemalten Bauernbetten.

Unter dem Leitspruch „Essen und Trinken hält Leib und Seel zamm" bietet die Speisekarte alles, was das Alpenland an kulinarischen Köstlichkeiten vorzuweisen hat: Speckknödelsuppe oder Pfannkuchensuppe mit Schnittlauch, Wurstsalat Münchner Art mit schwarzem und weißem Preßsack, Obaazter (mit Paprika und Zwiebel angemachter Weichkäse), resche Schweinshaxn mit Kren, Semmelknödel und Specksalat, knusprig-zartes Spanferkel mit Dunkelbiersauce und Kartoffelknödeln, rosa gebratenes Hasenfilet mit Schwammerl und hausgemachten Schupfnudeln, fangfrische

Forellen aus dem eigenen Bassin und als kleine Dickmacher aus Großmutters Backstube Germknödel mit Mohnzucker und Butter oder Dampfnudeln mit Vanillesauce.

keine Betriebsferien	
	kein Ruhetag
18 Zimmer in der „Alpenrose"	
	Kategorie: mittel
American Express, Eurocard, Visa, Diners	
	Dépendance im „Bichlerhof" mit Schwimmbad, Sauna, Solarium und Fitneß
Parkplatz, Garage im „Bichlerhof"	
	Hunde gestattet

„Alpenrose"
Familie Zunterer
Obermarkt 1
8102 Mittenwald
Telefon 0 88 23-50 55
Fax 0 88 23-37 20

Schloßwirtschaft Maxlrain

Während viele bayrische Gasthäuser an Atmosphäre verlieren, wenn die Geranien verblüht sind, die Kastanienbäume Blätter verlieren und die Biergartentische im Keller gestapelt werden, gehört die „Schloßwirtschaft Maxlrain" zu den Adressen, die rund ums Jahr schön sind. Wenn man im Winter kommt und sich nach einem Spaziergang durch den umliegenden Wald in der gut geheizten niedrigen Gaststube aufwärmt, erweckt der Blick durchs Fenster unwillkürlich Lust auf einen weiteren Besuch im Frühling. Man möchte dann gerne sehen, wie alles grünt und blüht und die winterliche Melancholie einer sonnenbe-

schienenen Heiterkeit weicht. Wie das Schloß übrigens eines der wenigen Renaissance-Schlösser in Bayern – steht auch der Gasthof schon seit mehr als 400 Jahren an gleicher Stelle. Was viele Jahre eine einfache Tafernwirtschaft war, an deren Tischen sich hauptsächlich die Mannsbilder aus den Nachbarorten zusammensetzten, hat sich inzwischen längst zu einer der Lieblingsadressen Münchner Gasthof-Kenner gemausert. Es gehört heutzutage schon fast zum guten Ton in der bayrischen Metropole, den Namen „Maxlrain" zu kennen.

In dem winzigen Ort in der Nähe von Bad Aibling – circa 65 Kilometer Autobahn von München Richtung Salzburg – trifft man nicht nur an besonderen Festtagen ganze Familien beim fröhlichen Sonntagsschmaus an. Es gibt viele Gelegenheiten, gestandene Münchner Lebensart aus nächster Nähe zu erleben!

Man labt sich an knusprigem Schweinsbraten mit dampfendem Knödel aus der Küche, ißt hinterher einen warmen Apfelstrudel oder exotischen Schnick-Schnack wie Mousse au Chocolat (schmeckt übrigens göttlich) oder Kokosnußparfait mit Erdbeeren. Hausherr Hubert Impler, der selbst ein großer Anhänger der gepflegten bayrisch-bodenständigen Kost ist, hat sich allerdings dem allgemeinen Trend auch schon angepaßt. Wenn er nach einem hektischen Sommertag mit 200 Gästen allein im Biergarten abends Kassensturz macht, stellt er sogar immer wieder fest, daß sich Ausgefallenes wie Mozzarella mit Tomaten oder Salatbouquette mit gebratenen Langustinos besser verkauft als eine Schweinshaxe. Was allen immer noch gleichermaßen zu schmecken scheint, ist das Bier der Maxlrainer Schloßbrauerei.

Betriebsferien 14 Tage Weihnachten und die erste Septemberwoche	Ruhetag
Dienstag Ruhetag	
Mittagessen von 11.30 bis 14 Uhr, Abendessen von 17.30 bis 21 Uhr	
Reservierungen empfohlen	
Kreditkarten werden nicht akzeptiert	
Biergarten für 200 Personen, Familienfeiern bis zu 100 Personen	
Parkplatz vorhanden	
Hunde gestattet	

„Schloßwirtschaft Maxlrain"
Familie Impler
Freiung 1
8201 Maxlrain
Telefon 0 80 61-83 42

Hotel Post

Wer einen Landgasthof atmosphärisch noch so erleben will, wie es früher einmal war, gesellt sich am besten sonntags, kaum daß die Kirchturmglocke zwölf geschlagen hat, zu den einheimischen Stammgästen des „Hotels Post". Hier versammelt sich um diese Zeit alles, was in dem beschaulichen Ort am Ufer des Chiemsees Rang und Namen hat, inklusive Bürgermeister, zu einem feuchtfröhlichen Frühschoppen. Die eingefleischten Stammtischbrüder sitzen seit Jahr und Tag am selben Tisch in der berüchtigten Ludwig-Thoma-Stube, und während der Rest der Familie sich von der Kirche auf den Weg nach Hause macht, setzen sich auch noch die Kartenspieler zum Watten oder Schafkopfen in die gleiche Stube. Wobei längst nicht jeder, so wie es auch in anderen bayrischen Gasthäusern der Fall ist, den Hut vom Kopf nimmt, bevor er eintritt.

Die Stube hat ihren Namen nicht umsonst, und wer sich die Bilder und Schilder an der Wand anschaut, weiß gleich Bescheid. Der verschmitzte Heimatdichter hätte sich keinen besseren Ort vorstellen können, an dem sein Andenken so liebevoll gepflegt wird. Sicherlich würde er nur zu gerne Mäuschen spielen, wenn – speziell an den Sonntagen – am Stammtisch der bazig-bayrische Humor auf gewohnte Art vorgetragen wird. Da wird gescherzt und gelacht und gesungen und natürlich auch kräftig gebechert.

Es ist ziemlich genau 100 Jahre her, daß Ludwig Thoma in diesem Haus aus- und einging – denn, der „Gasthof zur Post" war damals im Besitz seiner Familie, genauer gesagt seiner Mutter, der königlichen Försterwitwe Katharina Thoma. Die Stube, die heute den Namen des altbayrischen Dichters trägt, ist genauso geblieben, wie sie damals war. Am Eingang des Hauses ist eine Gedenktafel angebracht.

Die Geschichte der „Post" reicht allerdings noch viel weiter zurück. Was 1501 im Auftrag des Benediktinerklosters Frauenchiemsee als friedlicher Gasthof gebaut wurde, gewann enorm an Bedeutung, als zwischen München, Rosenheim, Seebruck, Traunstein und Salzburg die ersten Postkutschen rollten. Wegen seiner günstigen Lage und natürlich auch wegen guter Führung wurden hier schließlich die königliche Postspedition und der königliche Poststall untergebracht. Seit 1986 achten die Mitglieder der Familie Mittendorfer darauf, daß im „Gasthof Post" weiterhin alles so bleibt, wie es ist. Was nicht bedeutet, daß die 80 Hotelbetten nicht moderne Matratzen hätten und sonst alles, was man im ländlichen Sinne unter Komfort versteht. Aber es geht hier noch ganz wie früher zu, zum Beispiel, wenn die Kastanien blühen und im Biergarten die ersten Sonnenschirme aufgespannt werden; wenn am hauseigenen Strand die ersten Luftmatratzen aufgepumpt werden und geräuschlose Jollen am Ufer entlangsegeln; und vor allem, wenn das gute bayrische Essen auf großen Tabletts aus der Küche getragen wird: Surhaxen mit Sauerkraut und Salzkartoffeln, pikantes Kalbslüngerl mit Semmelknödeln oder ein mächtiger Bauernschmaus aus Schweinsbraten, Ripperl, Würstel, Leberknödel auf Specksauerkraut und Salzkartoffeln.

Als Ziel für einen sonntäglichen Verdauungsspaziergang empfiehlt sich die ehemalige Benediktinerabtei Kloster Seeon, die idyllisch auf einer Halbinsel liegt. Das Kloster verdankt seinen Ruhm der Buchmalerei und galt für lange Zeit als ein Ort der Wissenschaft und der darstellenden Kunst, nicht zuletzt weil die Musik hier intensiv gepflegt wurde und noch wird. Wolfgang Amadeus Mozart verbrachte viel Zeit in dem Kloster und komponierte zwei eigens für Seeon bestimmte Werke. Die Erinnerung an diese Zeit lebt jedes Jahr neu auf, wenn im Rahmen des „Musiksommers zwischen Inn und Salzach" Kirchen- und Hofkonzerte veranstaltet werden.

Wenn man an solchen lauen Sommerabenden die Sonne im See versinken sieht, gerät man in eine ähnliche Stimmung wie der Maler Max Haushofer, der einmal schrieb:

„Was rechnest Du mit dem Weltgeschick?/ Sieh rings das Blinken und Winken!/ Nimm hin – Dein ist der Augenblick!/ Das andere laß versinken".

Ende November bis Mitte Dezember Betriebsferien
November bis Ostern Mittwoch Ruhetag
33 Doppelzimmer, 8 Einzelzimmer
Kategorie: mittel
Kreditkarten werden akzeptiert
Biergarten für 300 Personen, Tagungsräume, Familienfeiern, eigener Badestrand mit Liegewiese
Parkplätze für 100 Autos
Hunde gestattet

„Hotel Post"
Familie Mittendorfer
8221 Seebruck
Telefon 0 86 67-2 16

Zur Linde

Man kann sich kaum etwas Romantischeres vorstellen als in Prien oder Gstadt an Bord eines der kleinen Schiffe zu gehen, die zwischen dem Ufer des Chiemsees und der Frauen- und Herreninsel verkehren, auf einer der blankpolierten Deckbänke Platz zu nehmen und das wunderschöne Panorama zu genießen, das auf etlichen Postkarten wiederzufinden ist. Doch damit nicht genug: Mitten im „bayrischen Meer", dem zweitgrößten bundesdeutschen Binnengewässer nach dem Bodensee, liegt die Herreninsel mit dem traumhaft schönen Schloß Herrenchiemsee und gleich daneben die ebenfalls autofreie Fraueninsel mit ihren wildromantischen Gärten und Gasthöfen.

Der sagenumwobene König Ludwig II. hatte die Herreninsel ursprünglich gekauft, um ihren Baumbestand vor dem Abholzen zu bewahren. Doch schließlich sah er in ihr den perfekten Standort für seine ausgefallene Idee, das Versailler Prunkschloß von Ludwig dem XIV. nachbauen zu lassen. Unter der Leitung des Baumeisters Ritter von Brandl wurde im Mai 1878 der Grundstein gelegt, und der junge König kam regelmäßig zur Inspektion. Die Vollendung des Baus erlebte er wegen seines frühen Todes jedoch nicht mehr.

Auf der Fraueninsel gab es schon seit dem 8. Jahrhundert ein – im Vergleich zu dem mächtigen Stift auf der Herreninsel – ziemlich unbedeutendes Nonnenkloster. Während der Säkularisation schloß es vorübergehend seine Pforten – seit 1837 sind die Benediktinerinnen wieder in Haus, Amt und Würden.

Ungefähr um die gleiche Zeit verschlug es eine kleine Schar Künstler aus München auf die stille Insel. Hingerissen von ihrer Schönheit und der Ruhe entschieden sie kurzerhand, sich hier niederzulassen. Zwei von ihnen besiegelten ihren Entschluß, indem sie die Töchter des Gasthofs „Zur Linde" heirateten. Die Existenz dieses Wirtshauses, das zu den ältesten in Bayern zählt, läßt sich schon seit dem 14. Jahrhundert nachweisen. Zwischendurch hatte es sogar die Klosterbrauerei übernommen, die allerdings Mitte des 19. Jahrhunderts endgültig stillgelegt wurde.

Etwa um die gleiche Zeit begannen die Mitglieder der Künstlerkolonie, die ihren Stammtisch in der „Linde" hatten, gemeinsam eine Chronik zu führen. Einige ihrer Namen seien erwähnt: Max Haushofer, Hermann Kaulbach, Eduard von Schleich und Wilhelm von Leibl unter den Malern – Ludwig Steub, Viktor von Scheffel, Hermann Roth, Ludwig Thoma und Ludwig Ganghofer unter den Dichtern. Den Stammtisch in der „Linde" gibt es heute noch. Die Wände und die bunten Butzenscheiben der Fenster sind mit Wappen verziert. Über dem massiven Holztisch hängt ein Schild mit einer Palette, die auf einer Seite den Giebel des Gasthofs und auf der anderen Seite das Künstlerwappen Kaiser Maximilians zeigt.

Insgesamt gibt es fünf große, im Original erhaltene Gaststuben. Sie werden alle noch mit Kachelöfen beheizt. Vom Garten aus reicht der Blick weit über die Alpen – vom Wendelstein bis zum Salzburger Land. Die Stuben eignen sich hervorragend für kleine Familienfeiern wie auch für große Betriebsfeste.

Wer die Fraueninsel besucht, sollte sich darüber im klaren sein, daß dieses schöne Fleckchen Erde während der

Sommermonate ungezählte Schiffsladungen Touristen aufnehmen muß. Wer dem entsprechenden Massenandrang aus dem Weg gehen will, kommt besser im Winter.

Die „Linden"-Wirtin Regina Obermaier kümmert sich das ganze Jahr um die ausgefallen schöne Dekoration der Räume – Ehemann Sebastian, der bei den besten Köchen in München und Zürich gelernt hat, sorgt für schmackhafte und raffinierte Mahlzeiten. Angefangen bei den heimischen Fischen, die er auf geschickte Art verfeinert – zum Beispiel als Chiemsee-Räucherfisch mit Sahnemeerrettich oder Renkenfilet in Bierteig gebacken mit Tomatensauce, Schwenkkartoffeln und Salat – über bayrische Schmankerl wie Krautinsler Kasspatzn, gemischten Pressack oder gekochten Ochsenschwanz mit Wurzel-

gemüse bis zum knusprigen Jungschweinebraten mit Semmelknödeln und Speckkrautsalat oder Kalbsschulter gebraten mit verschiedenen Gemüsen und Spätzle. Bei der Veredelung der fantasievollen Desserts kommt der hauseigene Klosterlikör häufig zum Einsatz.

auch im Winter geöffnet	kein Ruhetag
15 Hotelzimmer	Kategorie: mittel/gehoben
Kreditkarten werden nicht akzeptiert	Tagungen, Familienfeiern, Betriebsfeste
Die Insel ist autofrei Schiffsverbindungen von Prien und Gstadt	Hunde nicht gestattet

„Zur Linde"
Familie Obermaier
8211 Fraueninsel im Chiemsee
Telefon 0 80 54-316
Fax 0 80 54-72 99

Zum Goldenen Pflug

Nach einem morgendlichen Sonntagsspaziergang am Ostufer des Chiemsees läßt sich wohl kaum etwas mehr empfehlen als ein zünftiger Frühschoppen mit anschließendem Feiertagsbraten in den stilvollen Räumen des Gutsgasthofes in Ising. Im Vergleich zu vielen anderen Wirtshäusern rund um den größten See in Oberbayern zeichnet er sich durch ein gehobenes Niveau aus. Sein besonderes Flair erhält er unter anderem durch die unmittelbare Nachbarschaft einer renommierten Internatsschule sowie die Verbundenheit der Fürstenfamilie Magalow mit dem internationalen Reitsport. Die Magalows, ein georgisches Adelsgeschlecht, bewirtschaften Gut Ising nun schon seit drei Generationen. Die Geschichte des Hauses beziehungsweise die Geschichte Isings reicht allerdings noch viel weiter zurück. Schließlich gehört der kleine Ort zu den ältesten Siedlungen am Chiemsee, deren Spuren sich bis zu Kelten und Römern zurückverfolgen lassen. Ising lag damals unmittelbar an der sogenannten Römerstraße, die vom heutigen Salzburg zum Nordostufer des Chiemsees führte. In den Geschichtsbüchern Oberbayerns taucht es im 8. Jahrhundert als Villa Usinga auf, das war ein winziger Marktflecken, dessen 14 Einwohner vorübergehend zum Bistum Salzburg gezählt wurden.

Erst mit dem Bau der Kirche im Jahre 1384 tauchten neue Urkunden auf. Nachdem sie lange als Wallfahrtsstätte galt, wurde 1630 dem ursprünglich spitzen Kirchturm die typisch bayrische Zwiebel aufgesetzt.

Das heutige Schloß Ising steht zwar auf historischem Boden, wurde allerdings erst gegen Ende des letzten Jahrhunderts gebaut. Seit geraumer Zeit ist in seinen alten und neuen Räumen das Landschulheim Schloß Ising untergebracht.

Laut Geschichtsschreibung bestand Gut Ising ursprünglich aus drei Bauernhöfen. Zu einem

davon, dem „Niedermayr-Hof", gehörte schon Ende des 16. Jahrhunderts ein Gasthof, das St. Peter-Haus. Im Laufe der Jahre wurden alle drei Gehöfte mit Anbauten, Stallungen und landwirtschaftlichen Grundstücken zu einem großen Besitz zusammengefaßt und schließlich von den Magalows übernommen. In der Zeit danach ging man dazu über, die zweckbezogenen Einrichtungen, d.h. den eigentlichen landwirtschaftlichen Betrieb, des Gutshofs immer mehr nach außerhalb zu verlegen – und aus den schönen alten Gebäuden wurde allmählich der Gutsgasthof „Zum Goldenen Pflug". Mit dem stetigen Anwachsen von Hotel und Gastronomie wurde der landwirtschaftliche Betrieb nach und nach aufgegeben. Im früheren Gutshaus ist heutzutage im Parterre die Empfangshalle, und darüber auf drei Etagen befinden sich die Hotelzimmer. Der frühere Pferdestall und die Alte Schmiede sind ebenfalls zu Fremdenzimmern umgebaut worden.

Pferdezucht und Reitschulbetrieb wurden in all den Jahren gleichermaßen weitergeführt. Die Achal Teckiner gehören zu den ältesten Pferderassen der Welt. Aus einer ehemaligen Scheune wurde inzwischen ein bemerkenswertes Kutschenmuseum, aus einer anderen die Tennishalle. Darüber hinaus gibt es einen Golfplatz, einen Polo-Club, Squashcourts, eine Sauna und ein Kosmetikstudio.

Doch schon der Gasthof mit seinen alten Gewölben, den herrlichen Holzdecken und schönen alten Gemälden ist einen Besuch wert. Er ist der perfekte Rahmen für ein Sonntagsmenü bestehend aus „Bayerischer Festtagssuppe" – Leberspätzle, Mark- und Grießklößchen in Tafelspitzbouillon-, einer halben Bauernente auf Portwein-Majoranjus mit Apfel-Rotkohl, glacierten Maronen und Kartoffelknödeln und zum Abschluß einem Isinger Eiskrapfen nach Gutsherrenart auf Vanillesauce mit frischen Früchten.

Die bayrische Edelkost wird regelmäßig variiert durch Spargelwochen, Internationale Steakwochen, Ungarische Wochen, Salat- und Vollwertspezialitäten.

keine Betriebsferien	Ruhetag
kein Ruhetag	
86 Zimmer	
Kategorie: mittel/gehoben	
Kreditkarten werden akzeptiert	
Sauna, Solarium, Fitneß, Golfodrom, 9-Loch- und 18-Loch-Golfplatz, Polo-Club, Tennishalle, Reitschule	
Parkplatz, Garagen	
Hunde erlaubt	

„Zum Goldenen Pflug"
8224 Ising am Chiemsee
Telefon 0 86 67-7 90
Fax 0 86 67-94 32

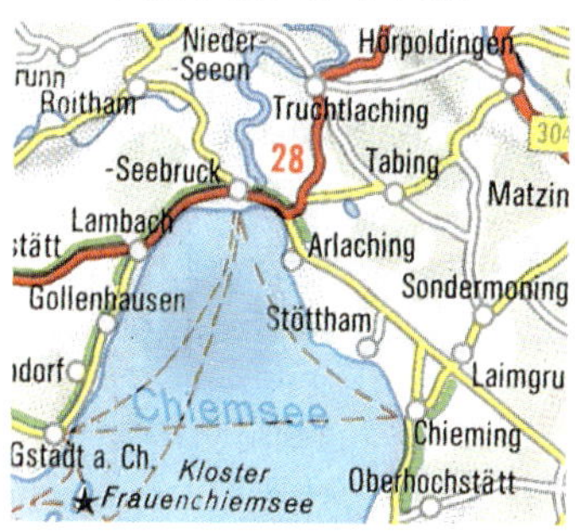

Rote Wand

Zwischen Schliersee und Bayrischzell liegt zu Füßen des Wendelsteins das Dorf Geitau. Außer einer Handvoll stattlicher Bauernhöfe findet man dort auch den Gasthof „Rote Wand", der seinen Namen dem benachbarten Gebirgszug verdankt. Er wurde 1907 gebaut und 1912 von der Familie Pellkofer übernommen, die ihn heute noch bewirtschaftet. Die Seniorchefin erinnert sich noch gut an die Zeit vor dem Krieg, als das Leben noch beschaulicher war, die Menschen noch mehr Zeit füreinander hatten und es an den Stammtischen noch richtig gemütlich zuging.

Der spektakulärste Gast aus der guten alten Zeit war der bayrische Komiker Karl Valentin, von dem noch ein verblichenes Foto über dem Kamin hängt. Dem Stammtisch galt, wie die Wirtin bestätigt, seine ganze Leidenschaft. Da hockte er viele Stunden mit seinem Spezi, dem Bichler Sepp, und Fritz Pellkofer, dem Wirt, und konnte endlos Gruselgeschichten erzählen. Seine größte Freude war es, wenn die beiden auf seine Scherze hereinfielen. Fritz Pellkofer und Liesl Karlstadt machten sich zum Ausgleich einen Spaß daraus, den Komiker, der als ängstlich und unsportlich galt,

hin und wieder auf die Skier zu stellen. Valentin behielt die Ruhe und seinen Hut auf dem Kopf und machte im Flachland seine Faxen. Das Ergebnis kann man in Form von komischen Bildern in Pellkofers Familienalbum betrachten. Fritz Pellkofer hatte nicht nur einen guten Ruf als Wirt – er war auch ein tüchtiger Skifahrer, der seine Heimat 1928, 1932 und schließlich auch 1936 als Leiter der Olympiamannschaft in der nordischen Kombination vertrat.

Nach dem Krieg veränderte sich auch vieles auf dem Land. Nachdem ihr Mann zu den Soldaten zählte, die als vermißt galten, übernahm Leni Pellkofer, die allein mit drei kleinen Kindern dastand, die Leitung des Gasthofs. Inzwischen wird sie längst von ihrer Tochter Annemarie und deren Mann Michael Gaukler unterstützt – Enkel Michael ist bereits Küchenchef im Familienbetrieb. Daß es heute keinen Stammtisch mehr gibt wie früher und die Leute lieber zum Fernsehen heimgehen, bedauert sie sehr. Daß heutzutage auch „Weiberleut" im Wirtshaus akzeptiert werden, gefällt ihr schon besser.

Wie in alten Zeiten ist die Küche auch heute noch gutbürgerlich, und die Speisen werden zu ausgesprochen reellen Preisen angeboten. Die Auswahl an Suppen könnte nicht bayrischer sein: Bratnockerlsuppe, Eierschöberlsuppe, Leberknödelsuppe und Pfannkuchensuppe. Dies gilt ebenso für die meisten Hauptgerichte: Schweinshaxe mit Knödeln und Speckkrautsalat, saures Kalbslüngerl mit Semmelknödeln, Bauernschmaus mit Sauerkraut oder Ochsenfleisch mit Meerrettichsoße. Schon etwas „neumodischer" präsentieren sich der Feldsalat mit Räucherlachsstreifen, drei Filets vom Grill in Whiskyrahmsoße mit Kartoffelkroketten und Grilltomate oder St. Peterfisch in Dillrahmsoße mit Wildreis. Dazu kommen eine ganze Reihe klassischer Tellergerichte aus der Pfanne und vom Grill wie Holzhackersteak, Zigeunerkotelett, Jägerschnitzel und Zwiebelroststeak. Vegetarier freuen sich über Spinat-Käsespätzle mit Salat oder eine Gemüseplatte mit Spiegelei. Die Jüngsten unter den Gästen haben ihre eigene Karte und bestellen vorzugsweise Wiener Würstchen, Schinkennudeln oder Pommes frites mit viel Ketchup.

Betriebsferien von Anfang November bis Mitte Dezember, im April eine Woche geschlossen	Ruhetag
Dienstag Ruhetag	
50 Hotelbetten	
Kategorie: einfach	
Eurocard, American Express	
Eigene Konditorei, Kaffeegarten	
Parkplatz, Garagen	
Hunde nach Absprache	

„Postgasthof Rote Wand"
Familie Gaukler-Pellkofer
Geitau 15
8163 Bayrischzell
Telefon 0 80 23-6 61
Fax 0 80 23-6 56

Röslerhaus und Mumeis Schoppenstube

Genervte Werbetexter, erschöpfte Zeitungsschreiber, exzentrische Fotografen aus New York, die für Münchner Hochglanzmagazine angereist sind, aber auch Ärztehepaare und deren Kinder betrachten das „Röslerhaus" schon seit Jahren als ihren persönlichen Schlupfwinkel. Schon der Weg dorthin gibt einem das Gefühl, ab sofort von niemand mehr erreicht werden zu können. Es liegt nur eine knappe Stunde von München entfernt und ist über die Salzburger Autobahn zu erreichen. Dennoch meint man, in der Einsamkeit dieser bayrischen Berglandschaft unendlich weit von allem weg zu sein. Man verläßt die Autobahn bei der Abfahrt Bad Feilnbach, nimmt die erste Abzweigung nach rechts in Richtung Hundham und hält nach Kilometerstein 4 die Augen offen: In einer großen Linkskurve deutet ein dezenter hölzerner Wegweiser von der Straße weg auf eine Nebenstrecke von circa einem Kilometer, die bis direkt vors Haus führt.

Schöne alte Bauernhöfe mit leuchtend roten Geranien rund um den Balkon sind zu Füßen des Wendelsteins keine Seltenheit, und doch fällt das „Röslerhaus" in vieler Hinsicht besonders auf. Es liegt inmitten von herrlichen Wiesen und Tälern, und man hat einen großartigen Blick bis zum Chiemsee und zu den zackigen Gipfeln der Alpen. Das Innere des Gasthofs besteht aus einer gelungenen Kombination von behaglichen Biedermeiermöbeln, Geschirr mit altem Zwiebelmuster, englischem Silber und vielen frischen Blumensträußen. Hunderte von Büchern, die sich an allen freien Plätzen stapeln, weisen auf die jüngste Vergangenheit des 500

Jahre alten Hauses hin. Es war bis vor nicht allzu langer Zeit das Refugium des Schriftstellers Jo Hanns Rösler, der seine Frau Kitty und seine beiden Töchter, Christine und Mumei, in viele seiner heiteren Romane einbezog.

Nach seinem Tod wurde aus dem Familienbesitz ein Gästehaus. Tochter Christine verwaltet das Haupthaus mit vier Doppelzimmern und einem Einzelzimmer und serviert den Hausgästen allmorgendlich ein Frühstücksbüfett, das in seiner Üppigkeit und lustvollen Dekoration an Bilder von Pieter Breughel erinnert. Die Früchte für die hausgemachte Marmelade liefert der große Obstgarten, an dessen anderem Ende ihre Schwester Mumei schon vor Jahren den alten Heustadel umgebaut hat. Zum Teil ist es ihr eigenes Wohnhaus – zum Teil wurde daraus „Mumeis Schoppenstube", in der sie mit Leidenschaft für ihre Gäste kocht. Der Platz ist begrenzt – rund 25 Personen passen bequem in die gemütliche Kaminstube – die Gäste müssen dementsprechend vorbestellen. Viele Stammgäste haben Sonderwünsche, ansonsten stellt Mumei das Menü nach ihren Vorstellungen zusammen, immer im Hinblick darauf, was es gerade frisch gibt. Das Ergebnis kommt meist bei Kerzenlicht auf den Tisch und kann sich sehen lassen. Serviert wird nicht portionsweise, sondern jeder bedient sich aus den schönen alten Silberschüsseln. Brotzeiten, eine Auswahl an Bier und ein gutes Dutzend offener Schoppenweine hält sie immer für ihre Gäste bereit. Kalbsgeschnetzeltes, Tafelspitz, eine knusprige Bauernente oder viele andere Hausrezepte liefert Mumei auf Bestellung.

Bei Sonnenschein empfiehlt sich ein Ausflug zum nahegelegenen Chiemsee, ein Besuch von Salzburg oder eine Wanderung auf den Hohenkogel. Die Gäste des „Röslerhauses" scheinen das alles schon abgehakt zu haben. Sie stellen sich am liebsten einen Liegestuhl in den Garten, schmökern in den Büchern des verstorbenen Hausherrn und freuen sich auf selbstgebackenen Kuchen zum Tee, auf das Abendessen am Kamin und auf das nächste interessante Gespräch mit ihren Gastgebern.

„Röslerhaus" und
„Mumeis Schoppenstube"
Kogl 2
8165 Fischbachau
Telefon „Röslerhaus"
0 80 66-16 01
Telefon „Mumeis Schoppenstube" 0 80 66-12 44

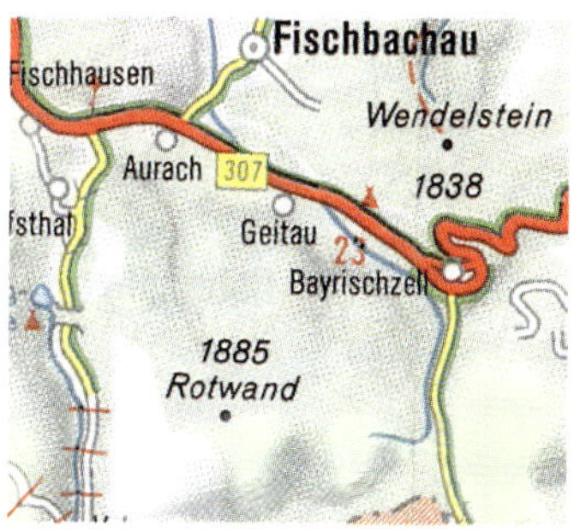

Gästehaus ganzjährig geöffnet	Sonntag und Montag Ruhetag
4 Doppelzimmer, 1 Einzelzimmer, Gemeinschaftsbäder	Kategorie: mittel
Kreditkarten werden akzeptiert	Ausflüge zum Chiemsee oder nach Salzburg
Parkplatz vorhanden	Hunde nach vorheriger Absprache gestattet

Alter Wirt

Besonders euphorische Betrachter, die dazu neigen, Neuseeland mit Schottland und Sylt mit Long Island zu vergleichen, sind auf die Idee gekommen, die ländlich-idyllische Gegend zwischen Wörnsmühl im Norden und Fischbachau im Süden als die Toskana Bayerns zu bezeichnen. Die Tatsache, daß an den meisten Wochenenden des Jahres der allgemeine Treck Richtung Süden besonders viele Großstädter in diesen Teil des weiß-blauen Freistaats bringt, spricht auf jeden Fall für seine Beliebtheit.

Vor oder nach dem obligatorischen Sonntagsmarsch trifft man sich auf einen Schweinsbraten beim „Alten Wirt" in Hundham. Das gestandene oberbayrische Bauernhaus mit dem breiten Holzgiebel steht auf historischem Boden. An dieser Stelle existierte schon Mitte des 15. Jahrhunderts eine Wirts-Taverne, in der regelmäßig das Dorfgericht tagte. 1681 gestaltete Georg Herrnbau das Wirtshaus nach seinen Vorstellungen um – aus dieser Zeit stammt noch die bunte Bemalung der Holzdecke im Leonhardi-Stüberl. Seit Mai 1992 ist ein Biedermeierstüberl dazugekommen – das Mobiliar aus alten Zeiten haben die Mitglieder der Wirtsfamilie Reisberger-Linder mit viel Mühe zusammengetragen. Aber egal, in welcher Stube man Platz findet (was am Wochenende gar nicht so einfach ist) oder ob man mit Blick auf die Berge an einem der Tische im Garten sitzt – man kann sich beim „Alten Wirt" blind darauf verlassen, schmackhaftes Essen zu zivilen Preisen serviert zu bekommen.

Zu einer richtigen Feiertagsmahlzeit gehört im oberbayrischen Leitzachtal auch eine anständige Suppe. Deftiger geht es nun wirklich nicht: Man hat die Wahl zwischen Brotsuppe mit Zwiebeln, Backerbsensuppe, Speckknödelsuppe und Le-

berspätzlesuppe. Zur Pilzsaison sollte man sich anschließend die Rahmschwammerl mit Semmelknödeln nicht entgehen lassen. Durch und durch bayrisch präsentieren sich die Leber sauer mit Kartoffeln und grünem Salat, das geräucherte Wammerl mit Kraut und Knödeln oder ein krosses Spanferkel mit Kartoffelknödeln und Krautsalat. Ein echter Bayer pocht auf Tradition: Er zieht am Sonntag seinen besten Trachtenjanker an, geht selten ohne Hut aus dem Haus, freut sich, wenn der Nachbar seinen Schnupftabak dabei hat, sitzt am liebsten am Stammtisch und bestellt – ohne auf die Karte zu schauen – den obligatorischen Schweinsbraten. Die Qualität desselben – das relative Gleichgewicht zwischen fett und mager und vor allem die Frage nach der knusprigen Kruste – gilt dementsprechend auch als Dreh- und Angelpunkt bei der Beurteilung der jeweiligen Küche. Wenn die Kruste in den Augen des Kenners keine Gnade findet und unberührt in die Küche zurück geht, ist das ein ganz schlechtes Zeichen.

Im „Alten Wirt" muß man sich da keine Gedanken machen: ob Schweinsbraten oder -haxe, Kalbshaxe oder Spanferkel – der Einheimische findet die gute Qualität selbstverständlich, der Zugereiste lobt die Küche über den grünen Klee.

Wer noch auf den Schwarzenberg kraxeln will, bescheidet sich lieber mit einer stärkenden Brotzeit und muß auch dabei auf nichts verzichten. Nur die Wahl fällt schwer zwischen Preßsack mit Essig und Zwiebelringen, eingelegtem sauren Rindfleisch und hausgemachter Sülze mit Brot oder Bratkartoffeln.

Ein gutgemeinter Tip: Wer noch ein winziges Plätzchen im Magen frei hat, sollte, bevor er sich wieder auf die Autobahn Richtung München begibt, einen genußvollen Abstecher machen. Zwischen Elbach und Hundham findet man problemlos das „Winkelstüberl". Die vielen parkenden Autos und Fahrräder vor dem Haus bestätigen: Hier ist der absolute Lieblingsplatz der Wanderer und Spaziergänger für Kaffee und Kuchen.

Betriebsferien ab Aschermittwoch für vier Wochen	Mittwoch und Donnerstag Ruhetag
10 Gästezimmer im bayrischen Stil	Kategorie: einfach
Kreditkarten werden nicht akzeptiert	großer Biergarten
großer Parkplatz vorhanden	Hunde gestattet

„Alter Wirt"
Familie Reisberger-Linder
8165 Hundham
Telefon 0 80 28-5 09

Karner

Wenn in der Beschreibung dieses Edelgasthofes im schönen Chiemgau zu lesen steht, daß es in der Küche desselben keinen Gefrierschrank gibt, so ist das ein deutlicher Hinweis auf die Tatsache, daß hier nur frische Produkte verarbeitet werden. Für Laien, die von der Organisation einer Großküche keine Ahnung haben, ist dies eine erstaunliche Neuigkeit – für die 16 Profiköche, die unter der Leitung des Elsässer Bocuse- und Haeberlin-Schülers Maurice Schnebelen die Küche des „Landgasthofs Karner" im Griff haben, ganz und gar selbstverständlich.

Das Küchenteam muß auf einen Gefrierschrank verzichten, und die Gäste müssen ohne Schweinshaxe und Leberknödelsuppe auskommen. Statt dessen nehmen sie den gut halbstündigen Sprint von München über die Salzburger Autobahn in Kauf, weil sie wissen, daß verwöhnte Gourmets in Frasdorf voll auf ihre Kosten kommen.

Daß dem so ist, dafür sorgen Günter und Christl Karner, ein Paar, das sich beruflich wie privat gesucht und gefunden hat. Er ist Österreicher, gelernter Konditor und Patissier und arbeitete gerade als Geschäftsführer für eine internationale Restaurantkette in Kanada, als er seiner Frau begegnete. Sie stammt ebenfalls aus dem Hotelfach und war zur gleichen Zeit auf dem Rückweg von der New Yorker Weltausstellung. Gemeinsam kehrten sie nach Bayern zurück, wo Karner nach einem kurzen Intermezzo im „Arabella Hotel" sein erstes eigenes Haus, das „Hotel Stolberg Plaza", aufmachte. Dem Landgasthof allerdings merkt man sofort an, daß die Karners hier ihre ganze Liebe zum Metier hineingesteckt haben. Das, was sie als Bausubstanz vorfanden – ein altes böhmisches Gewölbe und einen Marmorsteinboden, von dem man sagt, er stamme aus dem Schloß Herrenchiemsee – verbanden sie auf so sensible Art wie möglich mit rustikalem

Bauernmobiliar, wertvollen Teppichen und vielen bäuerlichen Kunstgewerbeartikeln. Dabei kam es ihnen nicht nur darauf an, eine geschmackvolle Atmosphäre für zukünftige Gäste zu schaffen, sondern auch darauf, die vorhandene historische Bausubstanz zu erhalten.

Immerhin ist das Haus schon 360 Jahre alt und seit 1663 offiziell ein Gasthaus. Damals erwirkte Kurfürst Ferdinand Maria für den Hof das Schankrecht, um die Bewirtung der Kaufleute, die zwischen Salzburg und Bad Reichenhall unterwegs waren, zu gewährleisten. Die beiden Figuren rechts und links vom Haupteingang – die Schutzheiligen des Wassers und Getreides, die heilige Johanna Katharina und der heilige Nepomuk – geben Zeugnis davon, daß das Haus einmal eine Mühle war. Viel später wurde aus dem ehemaligen „Itakerhof" das „Wirtshaus Niederauer" mit angeschlossener Schreinerei, und das blieb so, bis die Karners ihren Traumgasthof vor ein paar Jahren entdeckten.

Wie gesagt, mächtige Surhaxen und bayrischer Wurstsalat sind in Frasdorf nicht an der Tagesordnung. Maurice Schnebelen war vormals Küchenchef im Münchner Feinschmecker-Tempel „Le Gourmet" und kocht, wie er sagt, vor allem das, was ihm selber schmeckt. Auf der Speisekarte liest sich dies folgendermaßen: Kalbsbries gebraten auf Artischockensalat, Lammrücken in Senfsaatkruste oder Carpaccio von der geräucherten Entenbrust an Morchelvinaigrette.

Es gibt mittags wie abends Menüvorschläge, man kann sich die Speisefolge jedoch auch à la carte zusammenstellen, wobei Salate und Sorbets nicht extra berechnet werden. Entsprechend der Konditor-Vergangenheit des Hausherrn kommen Brot, Gebäck, Pralinen und Schokolade aus der eigenen Herstellung.

Ein Blick ins Gästebuch bestätigt, daß Karners Konzept von Erfolg gekrönt ist: Prominente Politiker wie Kurt Biedenkopf und Franz Josef Strauß oder TV-Stars wie Christian Wolff verleihen ihrer Begeisterung darin schriftlich Ausdruck. Wer sich in gesunder Alpenluft einmal richtig ausruhen will, ist beim „Karner" an der richtigen Adresse. Er bietet 20 gemütlich-stilvoll eingerichtete Zimmer und Suiten.

Im „Landgasthof Karner" kann man sich in angenehmer Atmosphäre verwöhnen lassen.

„Landgasthof Karner"
Familie Karner
Nußbaumstr. 6
8201 Frasdorf
Telefon 0 80 52-40 71
Fax 0 80 52-47 11

Betriebsferien über Weihnachten	Ruhetag
kein Ruhetag	
20 Zimmer und Suiten	
Kategorie: gehoben	
American Express, Eurocard, Visa, Diners	
Garten, Tagungsräume, Schwimmbad, Sauna	
Parkplatz vorhanden	
Hunde gestattet	

Sebastian Waller

„Wer das erste Mal die in der Mitte geteilte Haustür öffnet, das Kreuzgewölbe durchschreitet und die Gaststube betritt, dem bleibt vor Staunen der Mund offenstehen: Die Stube ist ein wahres Kleinod. Ach wären doch alle bayrischen Dorfwirtshäuser sich so treu gebieben!" So schrieb die Münchner Abendzeitung im Januar 1990 in ihrer Serie über Landgasthöfe in Bayern. Dabei war die Wirtsfamilie Waller vom Schicksal schwer geschlagen: Ein Großfeuer verwandelte in einer Oktobernacht 1985 die stolze Gast- und Landwirtschaft in eine Ruine. Das Feuer war in der Tenne ausgebrochen und hatte im Handumdrehen auf den benachbarten Wohnbereich und das Gasthaus übergegriffen. Der Dachstuhl brannte völlig aus – nur Schuppen und Stallungen kamen einigermaßen glimpflich davon.

Wenn Kriege Katastrophen dieser Art verursachen oder – wie es auf dem Land immer noch passiert – der Blitz einschlägt, ist man wohl eher bereit, das Schicksal anzunehmen. Einziger Lichtblick in den Stunden der Verzweiflung war der bewundernswerte Gemeinschaftssinn der Niederauer, die es für ganz selbstverständlich hielten, einen großen Teil ihrer Freizeit dafür zu opfern, beim Wiederaufbau des Hauses zu helfen. Mit Fach- und Sachverstand legte man größten Wert darauf, das Mauerwerk aus Findlingen und Ziegeln Baujahr 1749 möglichst originalgetreu wiederherzustellen.

Die Geschichte des Gasthofs ist eng mit der Geschichte des Karmeliterklosters Reisach verbunden. Als man 1730 Kloster und Kirche baute, wurden Gasthof und Landwirtschaft gleich mit eingeplant. Der alles überragende Kirchturm ist heute ein guter Wegweiser zu dem etwas abgelegenen Gasthof.

Seit der Jahrhundertwende bewirtschaften die Wallers das stolze Anwesen und haben ihm auch ihren Namen gegeben. Auch nach dem Wiederaufbau hat die geräumige Gaststube ihre einmalige Atmosphäre behalten. Die Mitglieder des Trachtenvereins, der Schützengesellschaft und des Männerchors waren heilfroh, als sie endlich wieder ihre angestammten Plätze einnehmen konnten. Von Waltraud Wallers Talent im Bereiten von Mehlspeisen ist Gott sei Dank auch nichts verlorengegangen. Wer sich fest vornimmt, trotz Spanferkel, Gänsebraten, Krautwickerl oder Wildschweinschlegel noch ein kleines bißchen Platz zu lassen für eine süße Sünde, wird schon wegen Schmalznudeln, Scheiterhaufen, Zwetschgenknödel und Apfelstrudel bald wieder nach Oberaudorf kommen.

	Betriebsferien 3 Wochen ab Ende April	Ruhetag
	Montag Ruhetag	
	Mittagessen von 11.30 bis 13.30 Uhr, Abendessen von 17.30 bis 20.30 Uhr	
	Spezialität: Spanferkel, Gänsebraten, Wildschweinschlegel	
	Kreditkarten werden nicht akzeptiert	
	Biergarten, Familienfeiern	
	Parkplatz vorhanden	
	Hunde gestattet	

„Sebastian Waller"
Familie Waller
Urfahrnstr. 10
8203 Reisach
Telefon 0 80 33-14 73

Hotel Geiger

Am Rande von Berchtesgaden, genau gesagt am Südhang des Kälbersteins, liegt das „Hotel Geiger" so wie man es sich nur wünschen kann mitten in einer lieblichen Wald- und Wiesenlandschaft, rundum von der Sonne verwöhnt, mit Blick auf den benachbarten Alpen-Nationalpark. Der königlich bayrische Oberzoll-Kontrolleur Hugo Geiger, Urgroßvater des heutigen Besitzers, hatte genau dieses Bilderbuch-Panorama im Visier, als er sich 1865 in seinen verdienten Ruhestand begab. Seiner Frau allerdings wurde es in der Einsamkeit des Berchtesgadener Landes schon bald entschieden zu ruhig – sie ließ das Bauernhaus kurzerhand umbauen und begann mit der Zimmervermietung. Aus Kurzurlaubern wurden allmählich Stammgäste, und nach wenigen Jahren wurden die Betten knapp. Stück für Stück wurde vorsichtig um- und angebaut – bis zum Ersten Weltkrieg verfügte das Haus schon über 100 Betten.

Auch die nächsten Generationen waren in bezug auf das Hotel nicht untätig. Doch während man zu Recht sagen kann, daß es vielen alten Bauernhäusern besser getan hätte, sie in ihrem ursprünglichen Zustand zu belassen, gilt im Hause „Geiger" die Devise: vergrößern und verändern ist gleich verschönern. Im Sommer wohnen bei Hugo und Monika Geiger hauptsächlich Golfer, Wanderer und Bergsteiger, im Winter überwiegend Skiläufer. Und außerdem reisen genügend weitere Gäste an, die nichts anderes im Sinn haben, als sich in der gesunden Alpenluft von den Anforderungen des Büroalltags zu erholen. Dabei beginnt das persönliche Wohlbefinden mit der Behaglichkeit des Hotelzimmers, der Qualität der Küche und orientiert sich gleichermaßen an einem aufmerksamen und unaufdringlichen Service. Im „Geiger" sind alle Gästezimmer unterschiedlich, aber auf jeden Fall im alpenländischen Stil eingerichtet. In dem sehr persönlich geführten Haus fühlt man sich vom ersten Moment an geborgen. Gaststuben und Gesellschaftsräume vermitteln wohlige Wärme, man möchte stundenlang am knisternden Kamin sitzen und die Zeit verplaudern. Wertvolle alte Teppiche, edle Holzvertäfelungen, antike Kacheln und Geweihe an den Wänden schaffen eine ländlich-gepflegte Atmosphäre.

Die Speisekarte könnte man als neu-bayrisch bezeichnen. Die Auswahl ist groß – von herzhaften Brotzeiten über regionale Spezialitäten bis zu internationalen Gerichten und Diätkost bekommt man alles. Lachs- und Bachforellen kommen aus heimischen Gewässern, Wild kommt aus den Bergen in der Umgebung. Kinder lieben den Schlumpf-Teller (Spaghetti mit Tomatensauce und Salat) und hinterher einen Biene-Maya-Teller (Grießbrei mit Himbeersirup).

Wer sich im „Geiger" verwöhnen lassen will, muß nicht weit laufen. Im Haus selbst gibt es ein Hallenbad mit Sauna und Solarium, um das Haus herum einen herrlichen Park mit Swimmingpool und großer Liegewiese. Für Aktivurlauber liegt alles zum Greifen nahe: der Nationalpark zum Wandern, die Alpen zum Bergsteigen und Skilaufen, Golfplätze sowie Tennis- und Squashanlagen. Kulturfreunde genießen die humorvollen Heimatabende im Bauerntheater von Berchtesgaden und natürlich die Festspielzeit in der Mozartstadt Salzburg.

Im Winter finden sich zahlreiche Skibegeisterte im „Hotel Geiger" ein.

Betriebsferien vom 15. November bis 15. Dezember	kein Ruhetag
55 Zimmer und Appartements	Kategorie: mittel
American Express, Diners, Visa	Hallenbad, Freibad, Solarium, Sauna, Familienfeiern
Parkplatz vorhanden	Hunde gestattet

„Hotel Geiger"
Familie Geiger
Stanggaß
8240 Berchtesgaden
Telefon 0 86 52-50 55
Fax 0 86 52-50 58

BILDQUELLENVERZEICHNIS

Ein Großteil des Fotomaterials wurde uns von den Inhabern der aufgeführten Landgasthöfe zur Verfügung gestellt. Hierfür bedanken wir uns noch einmal an dieser Stelle.

Weitere Fotos:
Dietmar Attenberger S. 170, 171
Peter Büchler S. 36 - 45
Fremdenverkehrsverband Franken e.V. S. 6
Fremdenverkehrsverband Schleswig-Holstein e.V. S. 6, 17, 19
Andreas Kühn S. 74, 75, 78 - 83, 94, 95
Landesfremdenverkehrsamt Bayern e.V. S. 7
Landesfremdenverkehrsverband Baden-Württemberg e.V. S. 127, 169
Adolfo Recchia S. 140, 141, 174, 175, 178, 179, 188, 189, 190 - 195, 198, 199
Verkehrsamt Radolfzell am Bodensee S. 7